U0361164

领导者的极简财务课

王峰 著

机械工业出版社

CHINA MACHINE PRESS

越来越多的领导者意识到财务能力的重要性，可是想要学会财务却不是一件简单的事情。

本书将财务知识在企业中的应用以"极简财务金字塔"搭建起来，从领导者最擅长的底层逻辑解析开始，用塔型七阶财务知识让领导者一眼看全貌。每一章内容也都与框架直接连接，任何一点都能与实战结合，具体包括一个框架构建财务认知体系、两个平衡关注企业发展规模、三个现金看企业生存、四个利润看业绩增长、五个指标纵览公司全貌、六个等式贯穿业务管理，以及企业管理中怎样充分发挥预算、定价、内控、绩效、投资、融资、IPO 七个应用方面的财务价值。全书逻辑清晰，帮助领导者从底层到框架、从理论到实战地全面掌握财务数字化决策能力，带领组织持续均衡地长久发展壮大。

图书在版编目（CIP）数据

领导者的极简财务课 / 王峰著；— 北京：机械
工业出版社，2020.3（2025.1重印）
ISBN 978-7-111-65194-9

Ⅰ.①领… Ⅱ.①王… Ⅲ.①财务管理 Ⅳ.①F275

中国版本图书馆CIP数据核字（2020）第052076号

机械工业出版社（北京市百万庄大街22号 邮政编码100037）
策划编辑：曹雅君　　　　　　责任编辑：曹雅君
封面设计：马书遥　　　　　　责任印制：张　博
责任校对：郭明磊
北京联兴盛业印刷股份有限公司印刷

2025年1月第1版第7次印刷
145mm×210mm·9.875印张·3插页·246千字
标准书号：ISBN 978-7-111-65194-9
定价：89.00元

电话服务　　　　　　　　　　网络服务
客服电话：010-88361066　　　机 工 官 网 www.cmpbook.com
　　　　　010-88379833　　　机 工 官 博 weibo.com/cmp1952
　　　　　010-68326294　　　金 书 网 www.golden-book.com
封底无防伪标均为盗版　　机工教育服务网 www.cmpedu.com

推荐序一

2004 年我上中欧工商学院的时候，财务课程是最令同学们头疼的，很多领导者在财务课程考试上都遭遇了"滑铁卢"。我记得中欧工商学院的会计学教授说过：财务是一门艺术，从财务报表可以看出一个公司的业务情况、兴盛衰亡。对于很多中国的企业家和高层管理者来说，我们更熟悉的是市场和战略，对于财务的知识了解非常少，更不用说系统化地把"成本控制""全面预算"以及"投资融资"方面融会贯通了。所以，经常发生的情况就是高管和财务人员"鸡同鸭讲"，双方都认为财务很重要，但是又都觉得很委屈，因为无法理解对方的诉求。

"如何能让领导者快速理解财务、掌握管理会计呢？"带着这个问题，我一直在寻找可以真正提升领导者财务能力的课程。

结识王峰是因为我看到他 2015 年出版的书《财务也就那点事儿》，真是有眼前一亮的感觉，能够用业务语言和管理者理解的方式解释财务，让领导者掌握财务的一些独门技巧并且应用到日常管理中，这对提高企业管理水平和高效决策能力是非常有帮助的。我们自 2015 年以来一直保持密切的合作，他的线上课程和线下工作坊都非常受企业领导者的欢迎。

本书是对领导者财务知识认知和实践的又一次提升。随着外界环境的变化，对企业决策的效率要求越来越高，数据对决策的支持力度也越来越强，在这个信息时代，领导者如果没有了解财务数据的能力，是无法生存的。本书不仅深入浅出地阐述了企业财务管理的逻辑、财务报表的框架，以方便领导者理解；更为重要的是从应用的角度帮助领导者从各个方面了解企业的生存能力、发展规模、业绩增长能力和公司全貌；并且从七个具体的应用层面让领导者可以把这些知识用到实践中，最后还对财务团队的建设和职能要求也做了详细的阐述，从而帮助领导者建设高效的财务团队。内容之全，可谓面面俱到。

本书对创业公司有用，可以帮助快速建立基于财务数据的全面公司框架；对正在快速成长的公司有用，可以避免很多决策错误，建立数据化的决策体系；对正在转型中的传统公司有用，可以了解投入产出，避免出现一味追求转型而导致的失败；对行业头部公司也有用，可以提升各级领导者理解集团战略和各自业务数据的能力。

一本好书是经典，而能够用专业的知识帮助更多人是福泽。相信阅读本书后，你会和我一样，有深深的感激之情，愿意把本书介绍给更多需要提升财务能力的领导者。

云学堂科技信息（江苏）有限公司联合创始人、总裁

丁捷

　　总结自己作为多年跨国公司企业高管的经历，如果将我的职业生涯分成两个部分，就读中欧工商学院无疑是其中的分水岭。中欧工商学院 EMBA 课程的学习帮助我系统地建立了现代企业的管理思维，而其中对我改变最大也令我最为受益的课程无疑是所有的财务课程。《管理会计学》《公司财务》《财务报表分析》等课程为我开启了多角度审视公司战略、市场营销及运营管理的新视角，也让我从一个厌烦谈论财务报表和抵触财务分析的人变成了将财务思维和工具用来深入影响自己经营管理和决策的实践者，并受益良多。

　　过去几年描述企业经营最流行的词汇无疑是"企业的转型升级"。其内涵除了包括技术的更新换代、消费行为改变等要素以外，更重要的是意味着企业的经营管理必须要从资源依赖型向精细化运营型转变。同时，对于更多创新型商业模式的有效打造和前瞻性验证，也更需要理性的思考和推演。管理大师彼得·德鲁克先生在他的《创新与企业家精神》中谈道："创新是有目的性的，是一门学科"。由此联想我们所能观察到的各种互联网补贴大战，从成功和失败的案例中可以看到，财务模型的构建在指导企业的创新模型打造和竞争策略制定上，都扮演了重要的角色。与此同时，随着人工智能技术的应用和大量平台的涌现，企业在长期用工策略和外包服务策略的制定上也更需要依赖财务模型做出正确的判断和选择。换而言之，财务思维和财务管理工具的有效应用已经成为企业管理者保证企业生存、发展、不断自我更新不可或缺的能力。

数字化经营成为中国企业在下一个十年所要经历的最为迫切的转变。而实现数字化运营的核心基础是企业运营流程的健全和结构化。高效的财务管理能力和思维是实现上述转变的基础而并非是 IT 技术本身。越是能通过财务分析和财务视角将管理单元最小化，数字化经营的灵活性和潜力就越大。同时结构性的业务拆解和组织单元赋能也会令企业发现更多的创新机遇，激发组织活力，从而创造更多价值。让企业从传统的收入/利润经营视角向价值最大化的目标扩展，从而带来更多的用户价值和企业价值。而领导者无疑是推动企业数字化转型的第一人，他能更好地运用财务底层思维逻辑和工具将用户需求与企业价值创造链接起来就显得更加迫在眉睫。同时推动企业内部员工掌握相应的财务知识和思维逻辑，也为企业管理单元最小化、保持企业活力提供了必要的条件。

《领导者的极简财务课》正是用轻松诙谐的语言，将复杂的财务知识和财务底层逻辑思维方式借以简单的概念进行了清晰的描述，并巧妙地与现代物理学的基础逻辑链接起来，从而帮助读者加深和扩展了对财务底层逻辑的认知。同时提供了诸多的简洁框架和工具，帮助非财务人员出身的领导者可以快速建立财务思维体系。同时，通过对业务现象与财务数据之间关系的论述，更多地鼓励和支持财务从业人员打破自身束缚，为企业决策和商业模式探索以及运营管理提供更有效的建议和支撑。因此，阅读此书对企业经营者和财务管理者都会有益。

作者本着简洁、实战原则完成了此书的写作，也祝愿有更多的读者可以经由此书产生更多的企业创新和管理的成功经验，从而为此书的传播和后续应用的深化创造更多的可能。

摩托罗拉移动原全球副总裁、中国区总经理

李艳

为了追求尽善尽美，我们需要不断增加行而知的频率，提高学而思的效率。"读万卷书，行万里路"，既是一种学习态度，也是一种成长轨迹。经济高速发展，科技日新月异，社会急剧变化，世界再也不是原来的模样。我们不断地重新定位自己，标示方向。只怕弹指一挥，斗转星移。既找不到来时的路，亦不知哪里是归宿。这是一个物质丰富的时代，这是一个知识爆炸的时代。环伺着我们的不仅有益生菌，还有新冠病毒！因之我们应改变多多益善的生存策略，学会"轻奢简慢"，尝试"断舍离"。

书籍是人类进步的阶梯，我们通过阅读滋养而成长。多读书、读好书是我们的读书原则。专业人士适合精读而提炼，管理人士适合泛读而贯通。

这次我见到王峰又一本财务管理著作成书，心里甚为激动。从题目上看就符合"大道至简"现代审美观。非财务领导者看待财务工作往往是雾里看花、水中望月，而会计准则等专业制度更是令大家感到生涩难懂。领导者不必全面深入掌握财务相关知识细节，但却应了解财务工作的内容逻辑，普及财务管理知识是管理需要。这本财务管理书名曰极简，简在提炼后的浓缩，读起来深入浅出，通俗易懂，但实际上内容却非常丰富。读者群体覆盖范围很广，适用者从初期创业者直至上市公司的领导者，既包含投资人也包括职业经理人。

其实每一个自然人都应该具备基本的财务知识，现代经济发展已经给自然个体带来了越来越复杂的资产负债表。从最基本的现金存储方式多样性，到各式各样的基金与理财；从日常的吃穿用度到特殊的物资储备；从股票买卖到房产投资；从短期小额贷款到房贷消费贷款等等……无论你关不关心，那张表就在那里，不远不近，不离不弃。而要驾驭好自己的生活，就要学会看懂并做好资产负债表相关内容的管控。

王峰常年积累的实战经验让这本书的可读性很强。提出的问题和解决的方式来源于对公司财务的深刻理解。对公司投资人来说，极简财务课知识帮助我们管理资产、控制风险、合规经营、有效组织资源、保障投资回报。公司是以营利为目的的企业法人，财务报表内容反映了基准日财务状况和一定时期的经营成果。投资人亦可以通过借助财务报表及其他财务指标考核经理人及经营团队的经营业绩。

公司经理人对公司的管理目标与投资人会有差异。一般来说，投资人更注重企业价值最大化，关心公司长期发展。经理人更注重当期管理目标的实现。通过极简财务课知识学习，可以帮助经理人使用财务工具分解目标，有效沟通，实现双赢。

这本书的出现也将是财务工作者的福音。在企业发展的扩张期，尤其是在业务为先的管理体系，领导者与财务人员的信任危机通常会起伏不定。财务部门在预算管理、资金管理、收入成本管理中往往非常被动，难与领导者达成一致。这一时期的发展特点就是如此，领导者的管理目标与财务部门管理目标有差异。极简财务课的有效学习将帮助领导者提升企业管理效能，减少管控分歧。可以帮助领导者与财务人员之间建立互信。

由简入繁是王峰作为财务管理专家孜孜不倦的治学作风，由繁入简是王峰作为财经作家谨言凝练的艺术修为，至简至纯是王峰为人父为人夫宁静致远的生活态度。读一本好书，享受一种人生！

中晟宝来资本控股有限公司董事长

王庚

前　言

组织的领导者大多会将组织的目标确定在稳步发展上，无论这个组织是营利性企业还是非营利机构。发展可以用各种指标来确定，比如业绩增长幅度、用户数量、产品销量、客户美誉度、销售收入和利润增长等，但最终无一例外都是以数字的计算结果为呈现形式。当一个目标数字孤立存在的时候，往往组织发展就会遇到不平衡的状况，甚至是发展越快越导致公司加速倒闭。这其中的原因究竟是什么，难道增长是错的吗？

增长本身没错，但是不均衡的增长就会存在隐患。许多公司注重规模增长、业绩增长，快速占领市场领导地位，导致资源无法及时配给，甚至导致资金链断裂，在没有获得其他资金支持的状况下瞬间倒塌，黯然退出历史舞台。究竟什么是均衡的发展，这个均衡是在什么维度上的均衡呢？

为了解决管理问题，各种管理理论层出不穷。传统管理理论注重以提高效率、增加管控、降低成本来实现利润增长，现代管理理论更加注重人本身的因素，注重把人性的把握以及影响人决策的各种环境因素考虑到位。其实无论什么管理理论，最终所要获得的目标依然是今天的或者未来的利润。更烧脑的问题是，究竟什么是利润？为什么亚马逊长期亏损却成为全球市值最高的企业，而我的公司一直盈利却很难获得银行贷款？这之间的逻辑究竟是什么？

所有的管理理论都离不开数字，特别是财务数据。财务数据提供了一套完整的底层商业逻辑架构，是最完整也是当下最完美的数据呈现方式，它几乎关注了组织管理中除了"人"以外其他所有的价值衡量。"人"当然是不能计价的，尽管每个人都有工资，但那也仅是个人价值的短期体现，绝不是每个人价值在企业中的综合计价。除了人，企业几乎所有的资产负债全部都可以在三大报表中体现，而三大报表的形成过程都是对管理的客观记录，也是对各种管理理论的有效性过程验证，除非你公司的财务仅停留在基础的借贷记账状态。

很多情况下，人的决策都存在不理性的状况，领导者也不例外。如果在决策前有足够的数据支持，就算是不理性的决策者也能够在众多数据的支撑下做出尽量理性客观的决策。如果这个数据是具有底层逻辑贯穿的相互之间可验证、可推导的数据，那么对于决策的可依据性就更强了。有基础逻辑的数据远胜过单一化、碎片化、孤立化的数据，财务数据就具备这样的逻辑。

领导者和财务工作者的角色转换

领导者在粗犷式管理阶段就好像是"汽车油门"，一脚踩到底，一切都为发展让路，的确有很多创业家因此而成功，但也确实有更多的企业因此而倒闭。财务人在最初企业管理中的角色往往像是"刹车"，领导做什么都不行、都有风险、都好像马上就要被税务部门罚款了一样，可是过了好久都没有见到风险出现。于是，财务人就成了喊"狼来了"的牧羊小哥，领导再也不相信财务人的警告。

过了粗犷期，领导渐渐放手，自己从"油门"变成了"方向盘"，只管把握方向，具体操作都交给手下人去办，甚至成了不管不问的甩手掌柜。这又走向了另外一个极端，有的领导者则被实质性架空，失去了对公司的实质性管理控制。随着公司的业务成熟以及财务能力的增长，财务人也逐渐从"刹车"变成了"仪表盘"，以前总喊"狼来了"领导都不理，也的确没有被查到，那干脆就别做那个让领导讨厌的人了，财务人就把数据摆在那，领导自己看、自己做决定吧!

这个阶段的财务人同样也走向了另外一个极端，即便是"狼真来了"也不是我的事，由领导自己决断。

发现了吗？无论是领导者还是财务工作者，在很长一段时间里都很难保持自己的客观性和有效性。那么，领导者和财务工作者怎么做才能真正保持自己与组织发展的均衡呢？

领导者应当更像一个"驾驶员"，同时控制"油门""方向盘"和"刹车"等，熟知运营管理的各个功能且善用这些功能，以达成最终目标。财务工作者不仅要提醒"刹车"、呈现"仪表盘"数字，更要把自己当作"导航"系统，在目标保持不变的情况下预判风险，给出多条可选路线，并分析所有路线的利弊和可实现速度，推荐一条最佳路线给领导者，最终共同达成管理目标。

其实，不管是"驾驶员"还是"导航"，都是比喻的说法，就是应当让各个角色回到最应当成为的样子。尽管这样看起来"不潮不酷"，但管理本身就不是一个酷炫的东西。对于绝大多数领导者来说，这个时代也几乎没有什么不为人知的"一招制敌"拿下市场的奇招。在学习"奇招"之前，最好先把基础的那些长期不变的能力掌握住。

亚马逊的创始人贝索斯常被人问"未来十年什么将会发生变化"，而贝索斯的回答却是"应当更加关注在未来十年内什么将保持不变"。只有那些长期不变的才能成为可以长期依靠的底层逻辑，财务就是一个绝佳的呈现商业底层逻辑且长期不变的管理思维模式。财务逻辑能力能够帮助领导者均衡健康发展，不仅能够让领导者多一个可信赖的"定量"视角，还能让领导者的决策更加有底气。同样，财务逻辑也可以帮助财务工作者理解业务，让本身看起来枯燥的数字真正能够满足管理者的决策需求，预估各种发展路径的不同利弊，同时也能够帮助组织实现内部管控，以及满足外部无论是投资人还是税务部门对公司客观状况的了解需求。

我们的底层逻辑

无论什么时代的人都离不开"商业逻辑",而这个逻辑离不开财务的记录和分析,最佳的财务逻辑记录就是会计的记账。而会计的第一性最佳状态是"双轨多维最小单元分类"。"双轨"就是"借贷记账",任何业务都会在两个或两个以上的地方做记录,且平衡相等。"多维"就是对业务尽量多地标签化记录,标签越多,可分析的维度就越多,对领导者的决策支撑就越强。随着大数据和人工智能技术的应用,这种"多维"会得到史无前例的发展。"最小单元分类"就是尽可能将分类细分到无法再细分的状况来加以标签化记录,充分符合"多维"的记录需求。

财务工作者最擅长的就是"借贷",也就是我说的"双轨"。"借贷"的优势就在于任何的数字都可以被双轨记录,都可以被交叉认证,确保记录资金的同时记录下来业务实质。尽管这种借贷记账还不能百分之百反映公司的全部业务实质,但这种方法已经是目前人类所掌握的最佳记录方式了。可惜,这对于领导者来说却是最大的障碍,大多领导者都缺乏财务这个双轨可验证能力。其实,领导者是最希望将数字得到各种验证的人。只要掌握了这个"双轨"思维模式,领导者就能够获得这种能力。

领导者的思维里天然存在"多维"模式,好像每个领导者都能"眼观六路耳听八方",都是思路超级跳跃的人,对于任何一个事物都能从不同的角度去思考和创新。这恰恰又是财务工作者的最大弱项,财务工作者往往被"借贷"思维桎梏,除了借贷其他各种维度都不过多考虑,最怕打破了这个双轨模式而全盘皆乱。每当领导者询问财务工作者某项业务数据时,往往得到的回答是"这都是业务的事,财务没这些数据",这也导致了财务工作者逐渐"失宠"的事实。财务工作者成天跟数据打交道,领导者却要不到想了解的数据。如果财务工作者能够将记账手段收集到足够多维度的标签记录,那么无论领导者希望获得什么样的数据,财务工作者都能够立即分析出来,给领导者一个满意的答复。

领导者和财务工作者需要共同解决的问题

领导者需要懂财务。这不仅仅是增加一项管理技能,更是让领导者懂得运用财务逻辑和财务工具实现开拓、创新、均衡增长的现实需求。尽管要做到真正懂得运用财务逻辑并不容易,但只要掌握了财务能力,就好像是获得了通往成功管理捷径之门的钥匙。领导者借助高校、商学院、培训班学不精财务,因为这些方法太过高大上,听起来很嗨,用起来不落地,仅满足了那一两天获取知识的快感。而长篇大论的财务知识书籍又太枯燥,实在没法坚持完整阅读。

财务人需要懂业务。财务工作者大多不缺乏精益求精的工作精神,却太过害怕犯错,对创新有天然的恐惧。因为任何的创新都有可能动摇常年积累下来的紧密的会计逻辑,以及税务风险和资金风险的未来极大不确定性。这就更加应当打破这种桎梏,当然是在不破坏财务最基本逻辑框架的基础上,而不是破坏这个完美逻辑。让财务工作者懂企业管理,理解领导者的需求并持续提供决策依据,才是财务工作者未来不被人工智能替代的唯一出路。

财务需要助力提升管理效能,让财务能力在企业各个管理层级里真正发挥事半功倍的作用,是领导者和财务工作者共同努力的目标。

知识点的呈现方式以及本书最大的特点——极简与实战

摆问题。每个章节都会讲述一些问题或案例,用一个身边发生的故事来描述你可能遇到过的管理困困。作者常年为企业提供咨询服务,整理了大量真实案例,隐去行业、公司和人名等信息,仅突出困困事情本身阐述。

谈原因。管理问题层出不穷，但底层的逻辑不会太多，只要分析透底层的原因就有可能找到彻底解决问题的方案。正像日本的"经营之神"松下幸之助曾说过的，"发现不了问题才是最大的问题"，发现问题是解决问题的首要条件。

讲系统。如果就事论事地解决问题，还只是碎片式的方式，管理者只是享受到了结果，而无法获得方法论。只有系统地掌握知识本身，未来遇到同样的问题才能够用方法论来解决一系列问题。所以我们会就此问题展开此领域的系统知识讲解，让领导者系统地学会这种方法论，成为自己的管理能力。从语言上，除了财务用语解释以外，其他都尽量不用过多晦涩的财务用语，只用管理语言来进行讲述，并且运用一些容易记忆的方法来把复杂的财务知识简单化，毕竟能学会的才是自己的。

解问题。归根结底，问题还是要解决的。只学会方法是没法解决问题的，只有行动起来才可以。不仅是解决一个问题，而是用系统思维逐一解决系列问题，我们也用这样的方法论对前面故事里出现的问题进行逐一解决。

感谢我的妻子和女儿在我创作本书时给我的大力支持，感谢我的父母教会我很多人生道理和对我的默默付出。感谢我的大姐一家和二姐一家，给了我人生的指导、专业上的帮助以及生活上的照顾。

特别感谢推荐人戚为民、吴江涛、丁捷、李艳、王庚、金慧。

感谢出版社在本书创作过程中给了很多的帮助和指导。

感谢所有曾经帮助过我的人，我的一生都是在你们的帮助下逐渐成长起来的，没有你们就没有我的今天。

衷心感谢！！

王峰

2020 年年初

目　录

01

第一章 —— Chapter
财务与管理逻辑 one

▼
本章纵览：
▼

　　财务永远都脱离不了管理范畴，管理也离不开财务的支持。只是在管理与财务各自的发展中，人们都注重了对细节与深度的挖掘，管理上总希望能找到一种"一招制敌"的方法，从而能够迅速扩大市场、秒杀竞争对手、成本迅速下降、利润逐年增高，抑或是财务上将会计准则细化到企业出现任何稀奇古怪的状况都能核算到。而两者可能都对最基础、最底层长久不变的商业逻辑藏得太深，领导者应当回到最初的商业逻辑来审视自己的管理行为，财务工作者应当将复杂的财务逻辑回归到商业逻辑下用"人话"来讲财务，才能为领导者提供真正的决策依据。这种决策依据并不是高大上的并购或者生死攸关的决策，而是在日常工作中随时的帮助、滚动的管理数据支撑。领导者掌握财务语言也能使自己不再被数据所困惑，发挥自己的最佳优势，在商业逻辑的基础上用财务思维构架自己的业务发展。

　　总经理又一次在管理层会议上暴怒："为什么销售部跟财务部的数字永远都不一样，你们都有自己的道理，让我怎么决断？到底应该信谁的话？你们就不能先沟通好再上会！！"这是很多公司的管理会议上经常出现的场景。销售部门提供的经营业绩数据与财务部门提供的销售收入数据总是相差甚远，销售部对自己的数字非常自信，绝对不会出现任何差错；而财务部对自己的数据也相当自信，所有的账都是有依据的，记录的数字都是真实准确的，怎么可能出错！

　　"再没有回款的话，下个月的工资都发不下来了，而且这个月要交不少税，都没什么进项抵扣。"会计跑到老板办公室里紧急汇报。老板也很恼火，客户难缠就是不给钱，请客吃饭是必须的，每个月也没给多少钱。公司没有赚到钱马上要关门了，还告诉我要交不少税，这不是火上浇油嘛！难道不赚钱还要交税？哪来的钱交税？

　　"您的财务报表明显不符合真实情况呀，这让我们怎么给您投资呀，您还是先把财务整好了咱们再谈吧！"这已经不是第一次听到投资人说自己的财务账有问题了，再融不到资金恐怕公司就开不下去了。财务不是每个月都按期交税了吗？投资人是怎么看出来我的财务报表有问题的呢？我代理记账的会计也很负责任，每次交税前都很积极地通知我，好像从来没有说过我的业务发展数据，什么样的财务人员才能做出让投资人满意的财务账呢？

"老板，您要的销售明细在市场部，财务部没有这些数据呀！"

"老板，您想要分析客单价对比的数据都在销售部手里，财务部没有这些数据呀！"

"老板，用户转化率和回购率在网店运营部，财务部没有这些数据呀！"

"我想要的数据你财务都没有，我要你财务有何用？？"老板愤然离开财务部办公室。

老板心想，人家都说财务对于老板的经营有很大帮助，为什么我身边的财务就什么用都没有？真不知道我花钱雇了财务人员究竟给我创造了什么价值。

而财务也极其冤枉，业务部门的数据那么乱，搞到财务部就会把会计工作全部打乱，万一算不对税额被税务部门罚款了又要怪罪我们。我们天天累死累活地给各个部门收拾残留数据，还得求着他们把票据算对贴好，更可气的是他们出去请客、送礼，回头还要我们到处找发票，这么大的风险，真不想在这里干了。

估计很多人对这些场景都不陌生，看起来都没错儿，可就是没法满足所有人的需求，归根结底是因为大家没有在一个平台上说话。领导者如果不懂财务，就不知道如何利用最基本的商业逻辑管理企业。财务工作者也不是都懂"财务"，而仅仅是干了"会计"的工作，就是每天把账记录完就结束了，并没有将财务数据结合到管理中加以分析。领导者需要财务数据来支撑管理决策，财务工作者需要给领导者提供有管理价值的数据，这才是完美的结合。对于各个营运部门来说，财务部门应当在监管底线的前提下做好充分的服务。当然，财务工作者也应当具备相当的管理思维才能够做到这一点，这才是真正有价值的财务工作者。

管理者学不会的财务和财务人对接不上的管理

绝大多数领导者关心最多的是企业增长与解决商业困境，企业增长更多的是依靠创新与开拓。面对众多的商业困境，内忧外患，领导者又能怎样放开手脚大干一场呢？如果每天都面临同样的困扰却无法彻底解决，那么领导者就变成了消防队员，每天一睁眼就开始解决鸡毛蒜皮的杂事，而忽略了领导者最应当做的事情。

传统并不全是落后的，这要看传统是否背离了底层商业逻辑。所谓的现代也并不代表就一定先进，还要看是短时间的有效还是符合商业逻辑的长期有效。传统并不是失去价值，它往往是长期总结的逻辑基础；不具备基础的商业思维很可能难以持续有效，终将变成一个阶段的"噱头"。当然，如果始终停留在基础上不去挖掘深层的商业思维，就无法获得持续发展的能量。那么，哪一个底层商业逻辑表现方式最有效、最靠谱呢？

传统企业几十年做不到的，新兴企业几年就能完成，而更加新兴的企业能用更快的速度追赶上来。比如，美团这家做外卖的企业，酒店订房量几年就超过了已经在订房行业深耕十几年的携程。滴滴打车几年时间就撼动了几十年的出租车行业，甚者让政府都不得不为这个行业单独制定管理政策。拼多多这个不知道什么时候冒出来的品牌的成交量居然很快就超过了京东。一个微信就让整个中国的通信行业三大运营商的通话量骤减，几乎没有人再使用短信作为主要沟通工具。

这些热闹的场景让人兴奋不已，冷静下来思考一下，这些企业的发展和行业的巨变到底对你有多大影响呢？从另一个角度讲，这些巨变对你有什么可借鉴的作用吗？巨变虽然有其必然的因素，但过程也一定充满了各种不确定因素。创新是领导者的天性，但并不是每一个好的创新都能有美好的未来，大量优秀的企业都止步在发展壮大的道路上。如果这些创新都能镶嵌在一个正确的商业逻辑下均衡发展，或许成功概率会高出很多。

亚马逊的创始人贝索斯关注的不是未来什么将发生变化，而是深切关注那些长期不会发生变化的。那些长期不变的底层逻辑才能成为可以长期依靠的。财务这一管理方式就是呈现商业底层逻辑且长期不变的绝佳管理模式，成熟的领导者总是能找到一个可信赖的"定量"视角，而财务逻辑能力是所有"定量"视角中最能够均衡健康发展的考量，掌握这种能力让领导者的决策更有底气。不是每个财务人员都具有财务逻辑，掌握财务逻辑才能真正理解业务，让看起来枯燥的数字帮助领导者决策，预估各种发展路径的利弊，同时也帮助组织实现内部管理管控，以及帮助外部无论是投资人还是政府了解公司客观状况。

重新审视管理者需求与财务能力对接

道理我们都懂，也几乎没有哪位领导者从心底深处就觉得财务完全没有价值，只是总觉得自己公司的会计提供不了可用的信息，没法给自己的决策提供依据。抑或是虽然会计每个月都给自己财务报表，但就是看不懂，又不好意思去问会计财务报表怎么看，担心会计认为自己不懂财务以后没法管理。而会计也很为难，每个月给领导的财务报表都没啥反馈，也没人追问自己报表项目都是什么，每次老板只问那些业务数据，财务只有报销数据，日常没有收集业务数据，而且销售采购部门的数据总是那么乱，给到财务也没法记录，结果老板除了账上还有多少钱以外就不再问财务其他数据了，搞得财务好像没啥价值。许多领导者与财务人好像总是没法和谐相处，难道这就是正常的状态吗？

一、领导者的"财务诉求四宗最"

1. 最想学会的"财务报表"

在长期无法得到报表解读知识的时候，一些领导者就想当然地认为财务报表只是给投资人看的，或者就只是为了交税用的。就好像化装舞会上人们的面具，并不是真实的样子。既然长期看不到报表依然还能将公司管理得井井有条，那么就说明报表本身就没有什么价值。真的是这样吗？当问到领导者认为什么能力是标志着"你懂财务"了，绝大多数的回答都是"看懂财务报表"。几乎所有的回答都是"不懂财务报表就不知如何通过报表检查问题，不懂财务报表就没法通过数字的变化来掌握公司的发展动态，不懂财务报表就不知道别人在看到我公司报表后会产生什么反应和对公司留下什么印象。"

2. 最想实现的"成本控制"

领导者在与属下沟通的时候总会发现"本位主义"严重，各自都在看自己的利益而不关心公司利益，总是试图向公司要更多的资源而给公司最少的可量化贡献。于是，对公司领导者而言，就认为自己的中基层领导者缺乏经营意识，不懂得站在更大的平台上运营一个组织，只懂得管好自己的"一亩三分地"，这怎么能让公司大发展呢？那么就先从最缺乏的成本意识开始，学习一些盈亏意识，至少懂些"持家之道"总归是好的。可这种学习对于领导者来说是偶发的，是被动的和割裂的。当对于一个重要知识的学习出发点不是由内而外的，而是外部强压的，我们善于考试的功底就显露出来了。考试成绩能很高但跟日常工作还是不关联，这也就是企业做领导者成本意识教育始终只是昙花一现的原因。

其实，领导者自己也同样被"成本控制"的思维禁锢。每位领导者都一定不是"小气人"，对于他认为有价值的东西是很舍得投入的，而对于他认为没有价值的东西多付一分钱都觉得不值。对于财务人员的配置，宁愿多花一点钱请特别懂行的财务总监，也不愿多花一分钱培养基层会计。试想所有的基础数据都是从基层会计手里计算出来的，如果基层不牢固，上层就不可能得到及时准确的数据，又如何获得决策依据呢？

领导者也不是没有道理，他从财务那里得到的工作汇报永远都是"钱不够了""要交税了""税务会罚款的""快没钱发工资了"。于是，领导者就想："财务是不是太过于厌恶风险了，一点点风险就喊破天，我都经过多少大风大浪了，还能让财务给唬住？你连税务都搞不定，要你何用？或许企业的财务也就只是应对一下税务别找麻烦，我自己根本不用懂财务，企业不是经营得也挺好，也在不断地壮大起来嘛！"

3. 最想实现"全面预算"

领导者最希望在企业内部能够自然运行"全面预算"管理体系，"人人有事做、事事有人管、收钱按计划、花钱有预算"；希望任何行动都能有预算体系来支撑，就像带兵打仗的将军排兵布阵以后，现场指挥战斗时总能了解现状与原先排兵布阵的差距是多少，进而能够随时做出正确的决策。遗憾的是，现实中能够做到这一点的企业很少，原因主要集中在公司的预算体系缺乏系统性和不够成熟上。一方面，公司领导对预算体系理解不深，认为交给属下运行就可以；另一方面，公司建立预算体系的人员对业务与预算体系的理解不深，要么过于强调业务的客观性，要么过于强调财务的系统性，导致公司内部制定的预算本身就存在不合理性，在执行中遇到阻力无法排解，最终让预算形同虚设。在这种状况下，领导者往往只能听到报喜不报忧，或者选择性地、避重就轻地"报忧"，却看不到真实的客观情况。倒不是员工故意"欺骗"领导，其实员工也不知道究竟发生了什么事情，看不到问题的本质，不知如何汇报。作为领导者，只有自己了解预算体系的整体框架，才能够真正了解为什么财务数据没法转换成业务语言相互支撑，才能够看清为什么公司的进销存总是盘点不准确，才能够搞明白预算执行不下去的真实原因。很多企业家追逐"阿米巴"管理模式，就是企业里每个人都是一个独立的经营主体，但却少有听说真正执行成功的。究其原因，很大程度上由于数据的归集与统计无法建立，就好像时至今日公司出具三大财务报表都要月度结束好几天才能完成，更何况是给每人都出具一份财务报表。如果数据不能细致、及时记录，那么即便是公司制定了所谓的预算，也很难让最基层真正执行预算的员工将日常工作及时采集到位，归集到公司层面与预算执行进度匹配。不可量化的预算同样也存在不可监督性，只要是不具备监督性的预算，基本上都无法真正实现其价值。

4. 最想搞懂如何做好"投资融资"

在公司刚起步的时候，绝大多数领导者考虑的都是如何能够融到资金，无论是债权性质的融资还是股权性质的融资。当发展到一定阶段公司的资金相对充足的时候，领导者又会考虑对外投资，无论是财务性质的投资还是战略性质的投资。无论是融资还是投资，都有其固有的逻辑和代价，如果不了解这些底层逻辑，那么很有可能会为未来埋下早晚会爆炸的地雷。有些公司在做股权融资的时候，既想高估值又想少交税，虽然嘴里说着公司要做"市值"管理，却不知道究竟什么是"市值"，更不知道如何运营"市值"。在不了解融资方逻辑的情况下盲目融资，抑或在不了解被投资方真实经营情况下就盲目投资，都会为此而付出惨痛的代价。所以，很多领导者都非常想要掌握投融资的逻辑，至少在对方做出不合理的描述时能够第一时间做出正确的判断。

领导者对财务的诉求可能大多都集中在上述四个方面，即财务报表、成本控制、全面预算和投资融资。至于如何记账、如何建立更高效的核算系统、如何符合税法规定并合理规划，都应当是财务工作者的事情。领导者只关心整体性的问题，财务工作者就应当关注一些细节性的问题。当然，并不是说财务工作者仅关心细节，更应当站在高层次的宏观角度看当下所做的所有细节是否能够为宏观管理服务。

二、财务人的"财务提升四宗最"

对于财务人来说，要满足公司发展需求、满足业务配合需要、满足职业生涯提升，就应当从自身能力的打造下功夫。这里就不提财务人"想要"怎样了，主要说说财务人"应当"怎样。我国每年都有大批财会专业的学生毕业，很多从学校走入职场的大学生几乎完全不懂得企业对财务岗位的期望和要求，而自己能够学习的前辈和师傅的水平也参差不齐，导致财务工作者的水平普遍不高，除了不断考取各类证书以外就没有更好的提升渠道了。企业需要高端财务人员，与大量财务人员长期处于低水平的状况形成鲜明的错位。一方面企业找不到好财务人员，另一方面财务人员找不到好工作。究其原因，主要是财务人员缺乏以下四个方面的能力而导致的。其实，所有财务人员都应当用这四项能力来打造自己的稀缺性与不可替代性。

1. 专业能力——好财务应当熟知会计准则

我们调研过大量财务专业的学生和职场人士，发现没有读过会计准则原文的人占绝大多数，或者说只有极少数人读过会计准则，而且并不是精读、研读。绝大多数财务工作者的学习途径都是来源于对职称或执业资格的考试，诸如"初级会计师""中级会计师""注册会计师"等。当然，这些考试教材也很好，其知识体系来源也是会计准则，而且是掰开了揉碎了讲解，能够很容易理解。

但毕竟考试对于实践经验来说只是基础敲门砖，还达不到真正的融会贯通。

作为一名财务工作者，会计准则是必不可少的工作依据和判断依据。当对财务工作还不是很熟练的时候，财务工作者可以参考一些教材或数据来辅助建立自己的财务知识体系。必须从这一步开始，否则，会计准则里极其精炼准确的语言会让读者搞不清其背后究竟是什么意思。毕竟，会计准则对于普通读者来说的确难以理解。作为财务工作者也不能只停留在听别人解读的水平，而应当逐渐过渡到自己阅读准则原文。别人的解读毕竟有倾向性和重点选择性，自己能够解读才是真正的能力。所以，财务工作者的专业能力必须建立在对会计准则深入理解的基础上。

2. 法条能力——好财务应当熟知相关法条

要说对税法的了解，可能我国的会计都不会太陌生，或者是说了解一些实操性的基础知识，而对于商法、经济法等综合法律知识却十分欠缺。很多财务工作者对法律条文的理解都聚焦在税法上，而税法也都聚焦在增值税和企业所得税这两个税种上。知道每个月什么时间报税就不会被处罚，知道税表应当如何填写就不会出错误。可惜很多会计就停留在此而不再进步了，殊不知这还不算是对法条的理解运用。

一次给某行业的会计人员讲课，我在课堂上做调研，考查他们对此行业五年前发布且当下依然还在有效执行期的税收优惠政策的了解程度，结果现场绝大多数财务人员都不了解。虽然这些财务人员每月、每季度都报税，看起来日常工作也是井井有条，但其实对于与其自身工作和所在行业有关的法律了解还有欠缺。税收筹划的基础就是全方位了解所有相关法律规定，否则要么就是过高地估计法律风险而处处不敢尝试，要么就是给管理者提出一些明显违规甚至违法的节税建议。总之，这些都不是一名好财务人员应当有的行为。

3. 业务能力——好财务应当了解业务逻辑

许多财务工作者不了解所在企业的业务逻辑，仅仅是见到单据就报销、做账、报税。财务工作最重要的目标就是要为业务成长服务，如果不懂业务流程，如何能够做出符合业务逻辑的数据呢，就更别说在业务层面做数据分析了。许多财务部门做出来的分析都是"用数据来解释数据"，而不能站在业务层面做客观分析。

所以，任何组织的财务人员都应当懂业务逻辑。我在制造行业工作过多年，那时候我更多的时间都不是在办公室里做账，而是花费许多精力在一线车间里观察生产全过程，以及在一线销售场合观察客户谈判，甚至到客户公司里观察客户的生产全过程。通过这样的积累能够更快地懂得所在行业的业务逻辑，也能够在这个逻辑的驱动下找出优化流程和成本结构的方法。基于这种流程和结构，就能够做出更加符合管理口径的数据分析。

4. 战略能力——好财务应当站在战略层面

把战略做实的公司并不多，以至于这些公司的财务工作者并没有意识到战略的重大意义。战略其实是公司为实现长期目标而设定的可实现路径，"条条大路通罗马"，而你只能选择其中一条往前走。一旦选定路径，全公司上下都应当围绕战略来行事。财务工作者更应当具有战略思维，在战略层面上审视财务数据对战略过程的贡献。有了一定的高度，才能让自己有更宽的视野和更强的能力。

战略能力的焦点在于所有数据分析都最终落在长期目标上，以及对目标实现路径的过程数据反馈。战略能力不仅是数据分析，也是建立相关流程内控以及公司预算体系的能力。当你了解了会计准则，对相关法律也了如指掌，再加上对公司业务的熟识，假以时日，具备战略能力是水到渠成的。总体来说，战略能力是前三项能力的综合表现。

相信许多财务总监都不具备上述四项能力，但如果一位财务工作者具备了以上四项能力，其市场竞争力就会大增，也会同时建立起市场稀缺性。

没有好财务，为何企业照样活得很好，还依然在发展壮大

无可厚非，在企业发展初期，有没有好财务并不显露差异。有时甚至恰恰相反，正是因为没有一个"踩刹车"的人在旁边"限制"，再加上一点点运气，企业会突破重重困难而快速成长。

奇怪，不是说要懂点财务才能让公司管理更好吗？不懂财务反而成了公司成功的必要因素了，究竟是怎么回事？其实，只要了解了事物的底层逻辑，一切就都清晰了。

一、毛利足够高

毛利是收入减成本的差额，这里说的成本是只跟收入直接相关的那部分支出，它体现了生意是否有足够的生存空间。毛利率高，就有足够的资金去日常经营甚至"浪费"。毛利率低，就只能从管理中挖掘潜力，省吃俭用才够维持生计。这并不是说毛利高的企业家比毛利低的企业家管理水平高，只是因为行业不同和设置的壁垒不同罢了。毛利低的行业，如果财务上的管理还是粗放的，那么很可能不会走太远。毛利高的行业，如果财务上的管理是粗放的，看起来是没关系，还活得很好，但我要告诉你，仅仅是因为你的毛利空间大而"包容"了更多的浪费，否则公司的盈利会更多。这样的公司一旦面临激烈竞争造成毛利空间缩小，已经养

成了大手大脚习惯的领导者们很有可能让公司死掉的速度更快。

二、现金足够多

跟毛利相似，公司活下来的根本因素是"持续有钱"。一个再赚钱的行业中毛利空间再大的企业，只要没钱就一定会死掉。有的企业毛利大、收的钱多，自我"造血"功能强劲；有的企业现金充足，把钱投资给其他"自我造血"能力强的企业，也能获得很好的回报；有的企业造血功能一般，也没有对外投资让别人给造血，但投资人发现其发展潜力巨大，愿意提前给这家企业"输血"，那么这家企业也一样能活得很好。总之一句话，只要公司持续有钱，即便是财务管理不到位，短期之内也毫无影响。不过这几项都会出现一个转折点，毛利缩小了呢？投出去的钱收不回来了呢？投资人的钱花完了呢？当这三个现象出现时，如果你还是采用粗放型财务管理，那么公司离倒闭也不会太远了。

三、增长足够快

这一点依然跟现金有关，只是更加"艺术"。一家高速发展的企业，只要做到收钱的速度比付钱的速度快，就算是毛利空间很小甚至是赔钱，公司依然能够活得很好，这是为什么呢？

比如，当你采购100元的商品没有付钱，而原价卖出商品收到了100元现金，你手里就有了100元可支配资金的空间。这个时候如果你把钱付给了供应商，你就没钱了。你的决定是让供应商先等等，先给供应商10元钱，再花90元雇人、买车、买设备等扩大生产，那么第二笔生意就直接卖了1 000元的商品。与第一次同样的逻辑，只是用这一次收入里的9%（也就是90元）还上第一次采购欠的钱，再拿出10%的资金100元给这一次的采购供应商，自己手里还是剩下810元。而且供应商也很开心，至少表面上看你的付款还算是能接受，而且采购量不断加大，也是有前途的企业，所以决定做你更紧密的供应商。如果照这样的速度发展的话，那么尽管你其实一分钱都没有赚到，但是你的企业壮大了，你的财富看起来积累了，生活状况改变了，而且你只是用供应商的钱把你的企业壮大了。

但是当发展停滞，就会出现真正的拐点，那就是供应商发现你付款越来越不及时了，渐渐担心你是否真的能支付足够的货款。直到整个拐点出现之前，你都不会觉得财务逻辑是什么大事，你甚至都认为财务毫无价值。当拐点出现了，你就开始想看财务报表了，发现看不懂。可向供应商付款不能停呀，于是就开始贷款，发现贷款居然要还那么高的利息，以前用供应商的钱都免费呀！过不了多久就发现银行贷款利息没钱还了，自己客户群的回款速度也减慢了，自己的供应商也开始骚动了，好像整个世界都在跟自己作对。这个时候，也就只能凭借自己多年的经验和人脉来延迟这个大厦倾倒的速度了。

发现了吗？此刻你经营的企业状况一切良好并不代表你不会遇到上述危机。正确的做法是你在遇到这些危机之前就先回到真正的商业逻辑里重新审视自己。财务逻辑就是学习商业逻辑最好的工具，用财务逻辑来管理企业，能够真正让企业健康均衡地持续增长。脱离了财务逻辑，企业的发展迟早会遇到过不去的坎儿而导致企业顷刻间崩塌。

七阶掌握财务——"极简财务金字塔"

我们已经基本了解了财务的重要性，但是领导者和财务工作者怎样才能够快速构建这项能力呢？

我们给出了一种如图1-1所示的学习方法叫作"极简财务金字塔"，也可以称之为"七阶财务金字塔"，就是以"一个框架、两个平衡、三个现金、四个利润、五个指标、六个等式、七个应用"来综合系统地学习。用这种方法首先构架起来对财务知识的认知体系，将这几个框架深深印在自己的脑海中。一旦建立起来这种认知框架，就建立起自我学习能力了。以后每当有新的财务知识出现，你都可以将新知识放在"极简财务金字塔"里的某一个位置，丰富自己的认知广度和深度，那么财务能力自然就成为自己的量化决策能力了。

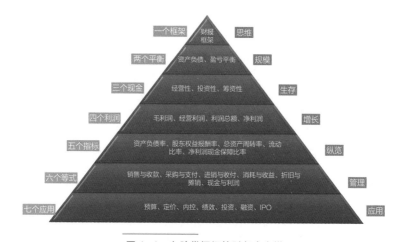

图 1-1 七阶掌握极简财务金字塔

一、一个框架

一个框架是指以三大财务报表为基础的财报框架。财报本身比较复杂，但财报的框架非常简单，我们总结了一个"十六宫格"财报框架，并将中国最贵股票的上市公司某年财报数据放入图 1-2 中加以理解（"最贵"是指中国 A 股市场 2018 年的股价）。

你不妨拿出一张 A4 纸来，长边对折两下，短边对折两下，就能很轻松地得到这个格式，然后你将任意想要了解的公司数据放进去，就可以了解这个公司的许多量化信息了。

现金流量表	资产负债表		利润表
经营 413.85	货币资金 1 120.75 流动资产	流动负债 424.38 100% 负债	收入 771.99
投资 -16.29	1 378.6 86% 资产	非流动 负债 424.38 0%	成本 65.23
筹资 -164.41	1 598.47 非流动资产	股东投入 2% 26.31 净资产	费用 191.83
净现金流 233.15	219.85 14%	1 174.08 经营赚取 98% 1 147.77	净利润 378.30

图 1-2 中国"最贵"股票上市公司某年财报数据（单位：亿元）

以图 1-2 为例，这个框架是将公司三大财务报表（资产负债表、利润表和现金流量表）的主要数据和关键数据都套入这个"十六宫格"里，这样可以非常系统地了解一家公司的全貌。可以直接看出这家公司的总资产接近 1 600 亿元、负债 424 亿元、净资产 1 174 亿元，所以这家公司的整体状况就呈现出来了。右边的利润表中，收入 771.99 亿元，成本 65.23 亿元，明显看出公司的毛利润相当可观；公司费用 191.83 亿元，是成本的三倍多，说明这家公司无论是销售还是管理的投入都比较大；公司净利润 378.30 亿元，竟然占到销售收入的 49%，公司销售额的将近一半都是净利润。再看左边的现金流情况，公司日常经营赚到的净现金流 413.85 亿元，对外投资净支出 16.29 亿元，归还贷款或者支付分红利息净现金流 164.4 亿元，全年依然给公司净赚 233.15 亿元现金。

整个"十六宫格"里，除了人的价值和品牌的价值以外，公司内几乎所有资产负债和经营行为的价值体现全都在这个框架里了。这个框架非常重要，一定要记牢，这是学习一切财务知识的重要框架。只要你能记得住这个架构，以后的学习你都能够回到这个框架里去添砖加瓦。就好像这个框架是"1"，而其他所有的财务知识都是"0"。只有这个"1"存在了，你学习其他财务知识的"0"才有价值，否则再多的财务知识也都仅仅是碎片，是不系统、不连贯的。这正是领导者学不会财务的核心问题，也是财务工作者不能站得更高的关键原因。

二、两个平衡

1. 资产 = 负债 + 所有者权益

财务体系本身就是一个平衡的艺术，财务最著名的"借贷记账法"就有"有借必有贷，借贷必相等"的口诀。就是任何一笔业务发生都至少在两个或两个以上的位置做记录，也就是任何一笔业务都是以平衡的状况体现在财务语言当中的。这就形成了财务当中第一个恒等式：资产 = 负债 + 所有者权益。其中，所有者权益也称为"股东权益"或者"净资产"。等号左边的"资产"是所有资金的使用情况，等号右边的"负债 + 所有者权益"是所有资金的来源情况。公司所有的业务活动最终记录的数字都逃不过这个公式。只要掌握了这个公式，公司的整体财务架构就能够构建起来。这与"一个框架"的中间两列是完全一致的。

2. 盈亏平衡点：收入 = 变动成本 + 固定成本

公司总要赚钱，那么做到什么程度才能够赚到钱呢？这就是"盈亏平衡点"的知识内容。盈亏平衡点的基本公式是：收入 = 变动成本 + 固定成本，变形以后的公式是：收入 = 固定成本 /（1 - 变动成本率）。公式变形的目的是为了计算方便，因为变形以后就少了一个变量（变动成本）。变动成本的"变动"仅仅是根据"收入"的变动而变动的，只要找到这个变动的逻辑关系，就能把变动成本以收入的相关性来计算。而"固定成本"在企业中通常是比较容易获得的，就是不管公司有没有收入，这些成本都是要花出去的，如房租、固定工资等。学习这个公式的目的是为了建立公司日常经营的管理思维，理解真正的"赚钱"究竟是怎么计算出来的，在达到多大销量的时候才能赚钱。虽然这个公式很简单，但在企业日常经营中想要用好这个公式并不是轻松的事。作为领导者和财务工作者，至少要建立起这个公式的计算逻辑。只要掌握了这个逻辑，计算过程中困难再多也都只是操作层面的事了。

三、三个现金

可以思考这样一个问题：无论是企业还是家庭、个人，你的现金（包括放在手中的现金和银行存款的现金）收与支是否都有一定的属性。如果将这些属性归类，好像所有的现金流都能归入"经营性现金流""投资性现金流"和"融资性现金流"，无一例外。

绝大多数领导者对现金敏感度很高，甚至认为收到现金就是公司的收入、支付现金就是公司的花费。这肯定是不准确的，其原因就是对现金收支的性质没有归好类。

1. 经营性现金流

所谓经营性现金流，是指日常经营所产生的现金收支，如销售的回款、支付供应商的货款、支付员工的工资社保和支付税金等。这是企业最为常见的现金流，也是公司通过自己经营努力赚钱活下去的能力。如果将现金比作公司的"血液"，那么经营性现金流就是公司的"造血"功能，也是公司是否能够生存的考量指标。

2. 投资性现金流

所谓投资性现金流，是指公司所有对外投资或购买长期资产所涉及的资金收支，如购买股票、购买债券、购买固定资产、收回投资本金以及收回投资收益等。对于任何一家公司来说，投资性现金流都不会是每天都要发生的。与经营性现金流比较起来，投资性现金流的收支次数要少得多，通常单笔交易的金额也会大得多。这就好比自己手里有现金但是自己用不了这么多，就可以投给别人让别人造血再反哺回来。

3. 融资性现金流

所谓融资性现金流，是指公司所有向外部融资所涉及的资金收支，包括债权性质的和股权性质的，如银行贷款、投资人股权投资、归还贷款和支付利息等。融资性现金流的交易次数应当更少，很少有哪家企业常年有融资进进出出的。另外，融资性现金流同样表现出收支次数少而单笔交易额度大的特点。这就好比自己的血液不够支撑自己的成长而从外部给自己输血一样，只是输来的血所支付的代价形式不同而已，一类是债权性的，另一类是股权性的。

四、四个利润

人们经常说的"赚钱"其实就是"利润"，只不过这个利润要分不同的层次，会有不同的计算，所得到的金额也相差甚远。这些都是"利润"，也都是"赚钱"，领导者需要搞清楚究竟是赚到的什么层次的"利润"。

1. 毛利润

毛利润就是营业收入减去营业成本所得到的利润，也就是经常所说的"毛利"，毛利润除以营业收入就是"毛利率"。毛利润是体现一个生意是否具有发展空间的重要指标，可惜在我国的利润表里没有这个数字呈现，但在西方的利润表中是有明确列示的。巴菲特就非常关注一家公司的毛利润是否足够大，高毛利才能有更多的空间来做管理和营销活动，也更容易让企业持久地生存下去。

2.营业利润

营业利润就是在毛利润的基础上减去所有日常经营支出的费用，加上对外投资获得的投资收益等。营业利润从名称上就能够辨别出来含义，就是公司将所有日常经营需要的花费都考虑进来以后还能赚到多少钱，如公司的广告费用、营销推广费用、办公楼租金或者是折旧、管理人员和营销人员的工资、差旅费、服务费等。如果在营业利润以后再进行深入分解，就不会出现日常经营的费用类型了。

3.利润总额

利润总额就是在营业利润的基础上再加上"营业外收入"减去"营业外支出"。提到"营业外"，就代表这两个收支都跟公司的日常经营没有关系，如非正常情况下的货物损失、与日常经营无关的政府补贴、税务滞纳金罚款等。如果公司没有发生营业外收支，那么公司的营业利润通常就等于利润总额。

4.净利润

净利润就是在利润总额的基础上减去"所得税费用"，也就是说净利润与利润总额之间只相差一个企业所得税。如果公司这一年没有盈利也没有额外的所得税需要补交，那么公司的利润总额就等于净利润。

理解"四个利润"对于领导者理解经营逻辑和赚钱层次有非常大的帮助，绝大多数领导者就是因为分不清这几个利润之间的差距而在决策中采取了不客观的依据而导致决策失误。

五、五个指标

当对公司具体的财务数据有所掌握以后，就需要从分析层面掌握一些计算指标，用这些指标来衡量公司的盈利能力、经营效率、风险状况以及未来的发展了。财务分析指标计算公式非常多，如果全部拿出来，那么无论是领导者还是财务工作者都会消化不了的。我们仅通过对五个指标的掌握就能够达到对公司整体分析的效果，如果再对这些指标加以简单变形或替换，就能够得到三十多个财务指标。

1. 股东权益报酬率——综合考量公司获利能力

$$股东权益报酬率 = 净利润 / 股东权益平均值$$

股东权益报酬率也叫"股东投资回报率"或"净资产收益率"。是指股东购买这个公司的股份每年所获得的回报率是多少，也就是分析属于股东的权益或者是净资产获得多少利润。如果说财务指标中你只能记住一个指标的话，那么你一定要记住股东权益报酬率，因为这个指标直接反映了在股东层面的收益情况，而不仅仅是站在公司经营规模的情况下分析收益，也不是站在总体规模的情况下分析收益。著名的"杜邦分析法"就是将股东权益报酬率进一步分解为三个更加相互影响的因素指标而帮助领导者更深入地分析公司盈利状况。

2. 流动比率——综合考量结构化资金管控和短期偿债能力

$$流动比率 = 流动资产 / 流动负债$$

从公式的表达形式就能理解这个指标主要是看流动资产是否能够覆盖流动负债。流动负债是要在短期内偿还的，如果公司没有足够的现金，短期偿还就会有压力，还不上就可能直接导致公司倒闭。而流动资产在短期内是可以变现的，也就是说如果流动资产大于流动负债的话，公司就不会被短期债务拖累。从另一个角度来看，流动比率也是考量一家公司日常经营的管理能力是否强大和稳健的指标。

3. 资产负债率——综合考量公司整体风险和长期偿债能力

$$资产负债率 = 负债总额 / 资产总额$$

资产负债率也称为"负债率",是负债占到总资产多少比例的计算,从而显示公司所有资金来源中有多少来源于外部债务、多少来源于股东和自我经营赚取。资产负债率是最常见的财务报表分析指标之一,无论投资人还是金融机构都非常关注。通常情况下,自有资金越多,企业面临的资金风险就越低,反之则资金风险越高。当然,这也要看不同的行业特性。例如,房地产公司的资产负债率普遍较高,而高科技软件开发企业普遍较低。这跟行业经营特性有关。

4. 总资产周转率——综合考量公司资产运营管理效率

$$总资产周转率 = 营业收入 / 平均资产总额$$

总资产周转率是指公司所有总资产在日常经营过程中一年能够周转几次,是考量公司整体运营效率的指标。这个指标同样也具有很强的行业特性,例如制造行业的固定资产——大型设备比较多,不太可能一年就能将这些大型设备周转几轮,基本上要经过几年甚至十几年才能周转一轮,所以这一类企业的总资产周转率普遍不高。相反,如果是咨询公司或者是软件开发公司,它们的主要资产是办公室和办公设备,真正销售的其实是服务,而人的价值是不会在报表上计价的,所以通常资产比较小,一年周转几次都非常正常。

5. 净利润现金保证比率——综合考量现金流回收效果

$$净利润现金保证比率 = 经营活动净现金流量 / 净利润$$

净利润现金保证比率是指企业经营获得的净利润中有多少收回了现金,或者说收回的经营现金是否能够覆盖净利润。现金流就是维持企业生命的血液,不管企业利润有多少,也不管企业有多少资产、多大市场,只要企业有现金就死不了。相反,就算是一家利润超高、市场状况超好、各种资产丰富的企业，只要没有现金，除非融资或变卖家产，否则过不了几个月就会倒闭。

上述指标可以让领导者充分了解公司的现状以及与竞争对手的相互差距，经常用这些指标比较能够帮助领导者建立数据间逻辑关系的结构思维，不再只关注某一个具体数字，而是更加关注相互之间的联动关系，更加客观地综合理解一家公司经营成败的数字逻辑。

六、六个等式

随着对财务数据的不断了解，最终都是要回到现实业务当中相互解释印证的。我们通过以下六个等式就能够将贯穿业务的相关财务数据串起来，让财务数据能够帮助领导者回到业务逻辑中发现存在的问题，找到症结并逐一解决。另外，通过这样的等式还能随时监督业务的发展异常、随时纠偏，确保企业少走弯路、少犯低级错误。

1. 销售与收款

上期末客户应收款 + 本期销售增加金额 − 本期收回客户应收款 = 本期末客户应收款

这个公式主要建立销售与收款之间的逻辑关系，不过它看起来是"那么的正确"，好像也过于简单了，谁还不懂这个简单逻辑呢？

当财务数据与业务相结合的时候，其实逻辑上就会简单多了。只是在日常经营过程中，这个简单的逻辑往往被基层数据统计问题搞得异常混乱。

许多公司经过几年的发展后，就搞不清究竟客户欠自己多少钱了，时间越久差异就越大，甚至集团内部企业相互之间的欠款也难以核对准确。究其原因，就是这个等式没有建立起日常监管机制。财务数据就是这样，当出现 1 分钱差异的时候你没有关注，那么它很快就会变成 1 元钱，随后时间越长差异就会变成 100 元、

1 000 元，直到你不得不去管的时候才发现已经找不到造成差异的原因了。

2. 采购与支付

上期末供应商欠款 + 本期采购金额 − 本期偿还供应商欠款
= 本期末供应商欠款

与上一个公式很像，这个公式主要关注的是采购与付款之间的逻辑关系。很多有硬件生产和销售的公司在日常中没有将这个等式管理好，导致公司实际库存与 ERP 系统中的数据始终不一致。如果 ERP 与财务系统没有建立起强关联关系，也常常会存在 ERP 系统中的记录与财务系统中的数据不一致。同时，也会导致没人能说清究竟欠了供应商多少钱，也不敢相信任何系统中记录的数字。

对于不生产销售硬件的企业，可以将这个等式里采购涉及的金额用购买的服务来体现，也就是外部采购服务所要支付的现金。只要采购服务与支付现金不在同一时点上，就需要建立起基于这个等式关系的日常监督机制。

3. 进销与收付

上期末库存金额 + 本期采购金额 − 本期销售出库金额
= 本期末库存金额

上述两个等式之间也存在一定的互动逻辑关系，其关联点就在于采购与销售，就是进销与收付的关系等式。如果缺少了这个贯穿采购与销售之间的等式，就有可能在公司内部造成数据割裂的状况。

当涉及出库的时候，在公司内部则使用成本金额，在客户层面就使用售价。成本与售价之间也存在一个等式关系，即本期销售增加金额 − 本期销售出库金额 = 本期毛利润。有了这两个等式，基本上就能搭建起公司从采购到销售、从入库到出库、从付款到收款的全流程逻辑关系。只要能够在企业中利用这几个等式关系建立起监督检查机制，及时盘点核查，那么绝大多数企业内部存在的账实不相符以及往来款不准确的现象都可以杜绝。

4. 消耗与收益

$$所有支出 = 影响当期利润的费用化支出 + 不影响当期利润的资本化支出$$

公司在所有日常支出中需要区分是对当下产生贡献的消耗还是为未来产生贡献的消耗，也就是需要考虑任何支出对公司的什么时期的什么事情产生贡献。为当下工作产生贡献或者即便是为未来产生贡献但无法累计起来量化的就是"费用化支出"，例如公司的差旅费、招待费等；为未来产生贡献而且在未来能够累计成为一个独立资产的就是"资本化支出"，例如研发支出的开发阶段支出，开发阶段已经明确了要开发成什么产品技术，就将所有花费全部累计起来，将来研发成功以后就作为此项技术的研发成本汇集成为无形资产的账面价值。

还有一类支出，既不是费用化也不是资本化，而是形成了存货，我们可以理解为"资产化支出"。例如生产车间的工人工资就会变成公司产品成本的组成部分，在没有卖掉之前是不会影响利润的，但也不是公司的长期资产，而是形成了公司的存货。

5. 折旧与摊销

$$当期折旧摊销 = 一次性或阶段持续性购建长期资产（例如固定资产、无形资产）- 残值（若有）- 按贡献期已消耗金额 - 按贡献期尚未消耗金额$$

$$平均年限折旧法当月折旧 = （固定资产原值 - 残值）/ 折旧年限 /12 月$$

第二个公式是第一个公式的特殊形式。折旧摊销是当公司一次性构建一个长期资产后，按照其对公司贡献所消耗的折算成一个固化金额来减少当期损益。简单理解就是你花 100 万元买了一个固定资产，假设能用三年，三年后你卖掉它还能收回 5% 的金额，而且这三年间对这个固定资产的使用也是相对均衡的，那么你就用"（100–100×5%）/3 年 /12 月"来计算一个月的折旧额。

6. 现金与利润

净现金流 = 净利润 + 减少利润但不减少现金的支出 – 增加利润但没增加现金的收入 + 增加现金但没增加利润的收钱 – 减少现金但没有减少利润的支钱

这个等式解释了利润与现金之间的关系。企业领导者往往搞不清财务说的收入、成本究竟与现金有多大关系，我来告诉你，财务说的收入与成本跟现金一点关系都没有。财务说的收入和成本是"权责发生制"基础上的，也就是说当商品或者服务的权利义务转移给客户的时点就确认收入，不管有没有收钱。根据"权责发生制"计算出来的利润就与实际收支现金形成明显的差异。这个公式的作用就是解决这个差异的逻辑关系，帮助管理者建立起"权责"与"收付"之间的互换关系。

七、七个应用

如果掌握了基础的财务知识，建立了财务框架认知，也学会了如何用财务语言贯穿业务，那么接下来就需要利用这些财务知识进行扩展使用了。最常见的七个财务能力应用就是：

（1）预算与执行，建立企业预算和执行体系。

（2）投标与定价，建立财务模型对投标进行测算以及对产品定价提供成本支持。

（3）流程与内控，梳理公司内部流程，建立内控体系。

（4）绩效与考核，以财务核算能力监测员工绩效考核方案。

（5）投资与估值，掌握被投资项目的盈利逻辑及风险量化。

（6）融资与成本，掌握各种融资方法，建立低成本的融资渠道。

（7）IPO 与上市，以市值管理角度了解 IPO 被拒原因及如何储备上市能力。

七阶财务也是本书的主要内容框架，我们会在后面每一个章节中进行详细讲解。

领导将财报思维建立起来，会计将第一性发挥到极致

领导者通过建立财报思维来提升综合管理能力，按照前面讲的七个步骤逐渐深入研究是能够真正获得这个能力的。财务工作者则需要在满足领导者管理需求的前提下建立更加多维的分析体系，以管理视角构建财务体系。

一、不同角度、不同身份的"客观真实"

最重要的是需要将领导者与财务工作者的认知差异找到对接点，突出的差异就是领导者与财务工作者的"客观真实"是完全不同的两个层面。领导者的"客观真实"是真发生了的事件，而财务工作者记录的"客观真实"是有单据等书面依据的。这两个之间至少存在一个时间差，另外还有数量金额、实质主体等差异存在。也难怪许多领导者抱怨自己公司的财务不了解业务，其实不一定是不了解业务，而是即便了解了业务如何发生，当没有书面依据的时候也难以在财务账面上做记录。

领导者的业务思维普遍具有"三强两弱"的特性，首先是真实性比较强，因为领导者的信息渠道多，也能够获得业务流中各个环节的汇报。其次是及时性强，正常情况下业务流中都可以将最新进

展及时地汇报给领导者，除非这个机制在企业内没有被实质建立。再次是随意性强，领导者常常将业务走向以"思想实验"的模式推导，过程中随时变化来适应市场变化。通常情况下，领导者普遍缺乏对书面依据的依赖，也就是依据性弱，只在意真实情况是如何进展的，而将书面依据这些琐碎事务交由属下处理。信息传递相对较弱，尽管领导者掌握了来自各个渠道的信息，但领导者很少将这些信息再传递给包括财务部门在内的其他基层部门。

财务工作同样也有利弊，集中表现就是"一强一弱"。首先是票据性强，任何业务发生都必须有书面依据才能记账，否则即便是了解了业务的真实发生情况，财务工作者依然不能依据"没有票据的真实"来记录财务信息。其次是及时性弱，既然真实情况发生并没有单据传递过来，多数财务工作者就只能等待，直到单据传递到财务部门方可形成财务记录，这就产生了时间差。

无论是领导者还是财务工作者，都应当回归有正确依据的客观真实，否则大多数财务工作者都无法应对没有真实依据的客观真实，或者为了还原真实而不得不增加数倍工作量，领导者也因此而很难从会计口径获得真正的"客观真实"。

二、建立财报思维首先理解底层逻辑

商业逻辑最好的呈现方式就是"财报逻辑"，领导者通常的底层思维是"市场逻辑"，绝大多数财务工作者的底层思维模式是"会计逻辑"。市场逻辑就是如何让公司赚到更多钱，而会计逻辑就是只管见票记账。其实，这两种思维模式都存在弊端，都没有在更加完整的商业逻辑下开展工作。

建立财报逻辑并不难，只是需要从单一目标向结构化多元目标改进，让企业风险与收益均衡发展。领导者与财务工作者必须要有完整对接，否则领导者就算再懂财务，自己公司的财务体系不能提供有效数据也是没用。而财务工作者就算是再懂管理，领导者不理解均衡数据的相互逻辑也还是没法真正获得财务提供信息的价值。

从数据记录上说，财务记录有一个底层的"第一性原理"，就是商业发展无论如何巨变它都不会改变的性质，我们称之为"双轨多维最小单元分类"。

双轨就是财务记录最著名的"借贷"记账法，这是与其他数字记录最大的区别，也是绝大多数非财务人士所不能掌握的一种方法。对于领导者来说，很少有人能够懂得双轨下财务记录的优势所在。

多维就是对于任何一笔业务的记录都尽量多地将其各个维度都以标签的形式记录下来，其目的就是为了能够实现多元分析。这是财务记账比较欠缺的一点，却是领导者最擅长的。领导者总是能够将业务从多个维度分解。

最小单元分类就是将上述多维的"维度"尽可能拆解到不能再小的环节，且在全业务中的全局记录。其目的在于未来对财务数据可以达到任意维度、任意颗粒度的精细分析。

可惜绝大多数财务工作者仅做到了第一点，而后面的工作都交给了业务部门。而业务部门恰恰缺乏双轨记录，所以业务数据常常与财务数据相差甚远。应当让财务部门承担更多的数据处理，当然如果没有大数据自动化处理能力，通过手工是绝对不可能实现的。这就是为什么众多领导者总是抱怨公司的财务数据与业务数据永远都无法吻合的原因。

财务界常常讲财务管理的目标是"股东利益最大化"，是在风险与报酬均衡的情况下跑赢货币时间价值的活动。当股东由以前的参与经营股东过渡到不参与经营的股东，再过渡到追求短期收益的股东（股民），"股东利益最大化"就产生了分歧。因为如果仅仅为了追求股东眼下的利益最大化，那么公司极端情况下就可以不顾未来成长而变卖更多的优质资产，以求获得超高收益，但未来成长性就会受到致命打击。

我们更希望看到的是"股东利益持续最大化"，就是一定要在考虑企业持续发展的前提下，利益最大化才是值得推崇的。短期的高收益并不能打造一个了不起的企业，只有基业长青才是让股东获得真正最大利益的途径。

三、领导者增加可依靠的财务数据做出决策

尽管新闻报道中经常出现财务造假丑闻，证监会也每年都公告大量财务造假的处罚决定，我们依然还应当相信财务数据的整体真实性。

相比较而言，企业对外公告的数据中没有比财务数据更加有可依据性和可验证性的了，否则外部人士将无法通过财报分析发现公司的任何造假行为，只能依靠"侦探"来挖出错假。

对于经营企业的领导者来说，建立客观、真实、可靠、及时的财务体系是帮助自己正确决策的超级利器。当然，我们依然考虑在企业发展的不同阶段所要构建的财务体系是不同的，构建过早则成本太高，构建太晚则历史错账烂账太多，给未来的负担就会很重。

无论是什么阶段，也无论领导者是否理解了财务数据的精髓，都应当随时掌握公司毛利和净利的变动、随时掌握销售收入与收款是否及时的现状、随时掌握采购物资与付款的配比状况以及日常经营收付款的平衡。这些都是管理一家企业最基础的数据，领导者应当让财务人员每月甚至每天都将这些具有相互间贯穿逻辑的数据摆在你的办公桌上。

四、财务工作者懂得提供领导者用得上的财务数据

"领导者太不关心财务了！"经常能听到投资人说这句话，而领导者嘴里说出来的话却是"财务真能让我相信吗？"领导者难道真的不关心财务吗，还是因为财务并没有提供领导者需要的那些数据呢？

财务工作者需要在专业程度、法条掌握、业务逻辑和战略眼光上下足功夫，建立起一个符合业务实质的财务体系，将财务体系嵌套在业务流程下，以使财务数据能够及时客观地反映真实的业务数据。做不到这一点，财务工作就难免会被领导者认为缺乏价值性。

📋 财务与管理逻辑小结：

> 领导者需要懂财务，财务工作者需要懂业务。
>
> 没有好财务依然发展壮大的企业潜在危机很严重。
>
> 七阶掌握财务全貌。
>
> 双规多维最小单元分类。

02

第二章 —— Chapter

two

财报框架——构
建财务认知体系

本章纵览：

学习财务首先要构建认知框架，就是搭建财务报表框架，因为这是真正呈现商业逻辑的综合框架。很多人学了很久财务都没有真正掌握的原因，很大程度上就是没有在自己的知识体系中构建这个财务认知框架。

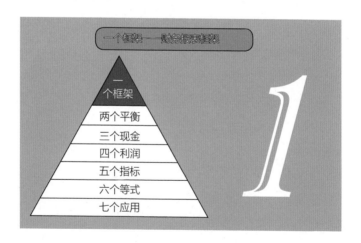

现在我们进入"极简财务金字塔"的第一层，即"一个框架"。

几乎所有的财务会计类教科书都是先教你会计记录、借贷记账、会计账簿，最后才教你财务报表。殊不知这只是日常工作的步骤和数据形成的流程，却不是传授知识的方法。财务报表是所有财务数据最终要呈现的结果，也是几乎所有企业努力开拓业务满足客户需求的成果呈现。就好像人们做事情总会有一个最终成果的思维影像在头脑中出现，这样目标才是明确的，方向才是准确的，做事情才不会游离摇摆。如果学习财务不是从最终成果出发，那么所有参与学习的人都会陷入复杂的过程中而不能自拔，最终放弃学习。

财报是高度浓缩的数据成果，学会财报几乎是所有领导者的管理诉求，这会不会又陷入另一个复杂的知识体系中呢？我们的回答当然是"不会"。财报固然有其特有的逻辑，但绝不是天书而无法掌握，人人都能学会财报，也只有将这份财务数据最终成果的逻辑嵌入到领导者的思维中才能够真正让财务知识为管理服务。

我们在图 2-1 里描绘了一个财报框架拟人平衡的场景，一个人的身体就好像一家公司的资产，同时由两条腿来支撑"资金来源"。也就是说，公司所有的资金来源只有两个渠道，一个是负债，另一个是权益，也就是净资产。通过这个图希望读者有个第一印象，在公司里最重要的就是资产、负债和权益（净资产），这是永远不变的。

而且要看公司是否健康，资产、负债和权益这三方面是最能体现的。只有这三方面健康了，这个人挑着的担子才能稳定和夯实。

图 2-1　整体财务框架拟人场景

　　接下来要看担子的两端，一个是现金，另一个是利润。任何企业都要力求这两端尽量保持平衡。一家企业不能没有钱，也不能长期没有利润。如果只看重现金而不看重利润，公司可能表面上很强，但实际上没有后劲，是无法持续生存下去的。如果只看重利润而不看重现金，公司有可能很快就会倒闭，没有钱是无法让任何企业生存下去的。所以，公司对于现金和利润的态度应当非常均衡才好。

　　现金流里永远都只有经营性、投资性和融资性三种性质，无论资金是以什么性质流入、流出企业，公司都应当让"篮子"里有现金。利润基本结构是收入减去成本、减去费用、再减去税就是净利润了。掌握了三个性质的现金流就能掌控好现金，掌握了利润的四层结构就能够学会管控好利润。

　　学习财务表面上枯燥，但如果能用我们更加熟悉的方式来切入，其实财务都是商业逻辑里最为简单和最为根基式的内容，稍微想一下就能搞明白其中的奥秘了。

十六宫格搭建财务框架

一、快速发现财务报表中的重要数字

1. 学习财务报表的目的

首先我们需要明确学习财务报表的目的是构建对经营成果的认知体系，而非对数据罗列的堆砌计算。计算的过程可以交由企业会计人员去操作，无须让整个计算过程"先入为主"地扰乱管理者对体系化的知识认知。不仅是企业管理者，就算是财务工作者，由于学校里长期教导的细节化知识而忽略或者是从未构建起对财务报表成果的深度理解，也会导致对会计记账本身的技能过度依赖，而忽略了企业经营最终的目标和企业领导者期望得到的决策依据。

我们的逻辑很简单，当你想要驾驶一辆汽车的时候，不需要知道这辆汽车是怎么制造出来的，是用怎样的原理、怎样的步骤、怎样的流程来制造的，只要上车启动发动机、系好安全带、握好方向盘、挂好前进挡、踩下油门，车就可以前行了。至于那些制造逻辑，等你掌握了驾驶技能以后再去了解也不迟。如果你告诉一个想要学驾驶的人不要坐到司机座位上，而是先钻到车底看车的各个部件，反复告诉他这个部件是用来做什么的、为什么需要这些部件，就算学会了这些知识，这个人还是无法学会驾驶。这或许就解释了为什么众多财会专业的学生从学校进入职场中才发现学到的知识跟现实工作会有如此大的差异。不是因为学校传授的知识错了，知识本身完全没有错误，只是学习知识的步骤和目标错了！

我们反复强调，财务报表的结构就是按照业务逻辑来设计的，而且是完美诠释了业务逻辑的全貌。一位财务报表高手通过这些相互关联的数据就能推断出企业存在的问题，这不仅是对财报逻辑的掌握，更是对业务逻辑的透彻理解。企业领导者熟知业务逻辑，只是缺少了综合平衡的框架来构建它，财报框架就是搭建业务逻辑甚至整个商业逻辑的最佳工具。

2. 从五个重要数字开始

当然，学习财务报表本身也有一些难度，也是众多领导者迫切希望掌握的管理技能。但学习财务报表本身也是有一定的步骤的，就是"抓大放小，重点突破；重框轻细，业务贯穿"。展开来说，就是一定要首先抓住几个重要的关键数据来搭建起简单的框架，将这些重点数据的内容逐一突破，然后将这个框架再不断地嵌入其他关键数据，理解一层就再构建下一层，这样逐渐深入就会对财务报表快速掌握了。不仅如此，当你构建到正常的财务报表样式的时候，就能够从财务报表的细节数据中掌握业务逻辑的贯穿验证能力，这自然就成了财务报表解读高手，也自然能够从财务报表中挖掘出决策依据。

接下来，我们先从财务报表中的五个数字开始。

如果你手边有你自己公司的财务报表，或者你可以从网络上找到任意一家上市公司的公开报表并下载一份，作为你对财务报表学习的工具。关于上市公司的财务报表你会看到八张，分别是合并报表的四张和母公司的四张，建议先看合并报表里的数字。找到"收入、净利润、净现金流、资产总额、负债总额"这五个数字，这也是企业发展最为重要的五个成果。首先从利润表中找到"营业收入"，就是我们常说的"收入"，这也是所有领导者最为关注的"业务规模"，通过对"收入"数字的了解马上就能知道公司的市场规模有多大。紧接着还是从利润表中找到"净利润"，这也是领导者最应当关注的"盈利能力"，不仅考虑市场规模要多大，更要考虑企业究竟赚不赚钱。接下来看现金流量表里的"净现金流"，也就是公司的现金生存能力。有些公司不重视编制现金流量表，如果你的公司看不到这张表，那么你可以先从资产负债表中的"货币资金"查看公司有多少现金，然后告诉财务人员从这个月开始就要给你提供现金流量表，先别管你能不能看懂，看不到永远都不会懂。"净现金流"是告诉领导者经过一个时期的经营，公司的现金是多了还是少了，是多了多少还是少了多少，这个数字的增减直接影响到公司的生存。再看资产负债表里的"总资产"，这是表明公司自己的体量规模，就是公司究竟有多大。最后看资产负债表里的"总负债"，这是表明公司的债务规模，也就是公司所有资金来源中借来的钱或者是欠的钱有多少。

这五个数字就构建起如图 2-2 所示的基础财报认知框架——资产负债、盈利、现金。

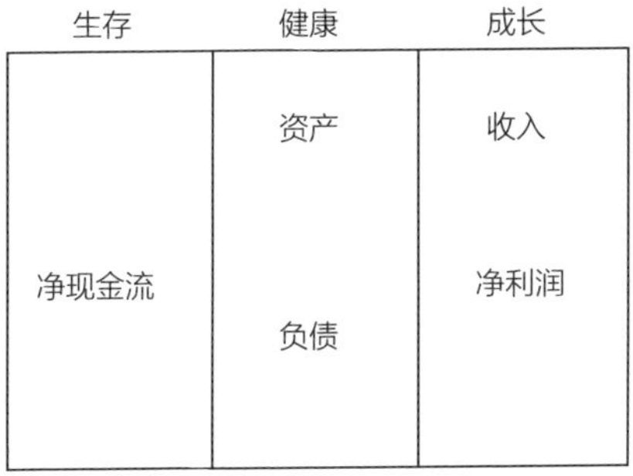

图 2-2　基础财报认知框架

在图 2-2 中，中间是资产负债、左边是净现金流、右边是收入和净利润，这恰好就构建起一个企业经营的整体框架。就好像是一个人，看看他是胖是瘦，就看中间的数据是否健康；看他有没有生存能力，就看左边的现金流；看他有没有成长能力，就看右边的收入利润。

这是构建对财务报表认知的第一层框架，虽然极其简单，却是非常重要的第一步。很多人学不会财务，就是因为他们没有在脑海中构建起这么一个简单的三列框架，而让太多的细节数字扰乱了对财务的学习。

3. 对"腾讯"的第一印象

在中国香港上市的腾讯控股（00700HK）是一家非常了不起的互联网公司，我们就用这家公司 2018 年公告报表中的五个数字作为对这家公司构建的数字第一印象。

（单位：百万港币）

营业收入　356 875.14

净利润　　 91 285.09

净现金流　 −11 515.64

总资产　　825 748.69

总负债　　419 212.51

换算成我们比较容易理解的"亿元"并套入上面的框架，得到如图 2-3 所示的认知框架。

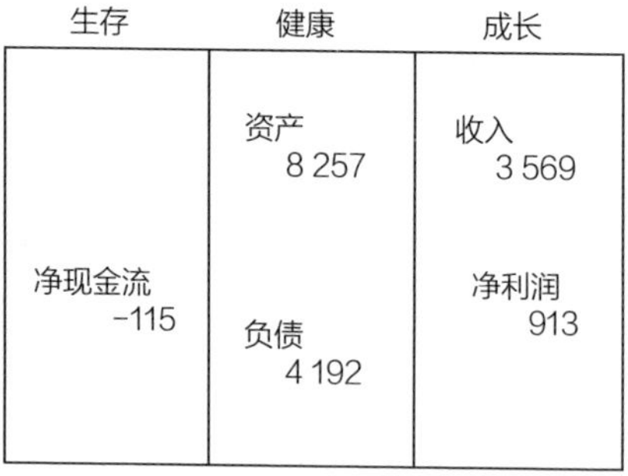

图 2-3　基础财报框架下的腾讯控股 2018 年财报数据（单位：亿元港币）

以往我们只知道腾讯公司的 QQ 和微信非常有名，现在我们再打开另外一个视角来看这家公司，就是数字结构化。

这家公司的收入规模达到 3 568 亿港币，按照 2018 年 12 月 31 日人民币与港币的兑换中间价（100 港币 =87.62 人民币）折算成人民币为 3 126 亿元，这个规模还是相当大的。也就是说，腾讯控股公司的市场规模达到 3 100 多亿元人民币。而这些市场规模给公司带来了 913 亿港币的净利润，也就是 799 亿元人民币，如此大市场规模的公司净利率高达 25%。公司净现金流为 –115 亿港币,也就是当年公司减少了 100 亿元人民币,这看起来可能不太好看,但千万别在这个时候就做判断,而应当打开财务报表一探究竟。我们在这里仅仅是看框架性的规模现状,后面再逐渐揭开数字面纱。这家公司总资产高达 8 257 亿港币,也就是 7 234 多亿元人民币的体量。负债 4 192 亿港币,也就是公司借的钱或欠的钱达到 3 673 亿元人民币。

这样,就很容易直观地了解到一家公司的市场规模、体量规模、债务规模,以及盈利能力和现金生存能力了。

二、用十六宫格搭建报表框架

1. 从 5 个数字升级为 11 个数字嵌入十六宫格

用上面的三列框架数字看起来还仅是第一印象。就好像相亲一样,当你看到一个人第一印象就不喜欢,就不会想要深入了解对方了。如果你的第一印象还不错,就可能想要更多、更深入地了解对方,也就是要在你对这个人的认知框架上再多增加一些的信息。我们不妨就在上面的三列框架上再增加一些维度,嵌入更多报表上的数据进来,就形成如图 2-4 所示的框架图。

现金流量表		资产负债表		利润表
经营 1 214.83			负债	收入 3 568.75
投资 -1733.77			4 192.13	成本 1 946.75
筹资 403.79		资产 8 257.49		费用 803.74
净现金流 -115.16			净资产 4 065.36	净利润 912.85

图 2-4 十六宫格财报框架下的腾讯控股 2018 年财报数据(单位:亿元港币)

　　这样来看，报表数字就会更加清晰和系统一些了。其中最容易理解的数字是表右边一列的四格，也就是公司的利润表，分别是收入、成本、费用和净利润。这是代表了公司的日常经营能力的数据，也是公司通过自我经营所展示出来的盈利能力。当然，这里仅是将框架中的重要数据进行罗列，并没有建立绝对的"收入－成本－费用＝净利润"的关系。这是因为除了成本费用以外还有其他项目，例如资产减值、企业所得税等。设计这张表的目的是要看到一般公司的主要盈利框架，掌握这个框架以后再去看原始报表就容易理解了。以腾讯公司为例，公司收入3 568亿元，成本1 946亿元，成本率54.5%，也就是说公司的毛利率45.5%，说明公司主要经营的产品本身获得毛利的能力较强。费用803亿元，也就是公司费用率22.5%，大概超过1/5的收入花在了日常费用中。正如图2-5所示的公司收入3 568亿元与净利润912亿元的对比，净利率为25.6%，净利润是公司扣除了企业所得税以后真正归属于股东的那部分获利，也就是超过1/4的收入成为了股东享有的利润。

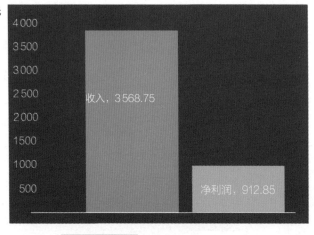

单位：亿元

图2-5　腾讯控股收入利润图

再看图 2-4 的最左边一列，就是公司的现金流量表结构，分别是经营现金流、投资现金流、筹资现金流和净现金流，这代表公司的各种经营最终导致三种性质现金的增加和减少。图中列示的就是三种性质产生的净现金流，这样就能清楚地知道公司这一年净流出了 115 亿元现金是由什么原因造成的。而且，用如图 2-6 所示的现金流对照图看起来就会更加直观。经营现金净流入 1214 亿港币，也就是说这家公司通过自己的日常经营让公司一年就增加了 1200 多亿港币。经营性现金流代表了公司的"自我造血"功能，这里留下来的钱越多，说明自我造血和自我生存能力越强。同时，对外投资净支出 1 733 亿元，这相当于是公司拿出巨额资金在公司以外的体系去"造血"，让别人来帮公司赚钱。而公司的融资比起经营性和投资性的资金额度都小了不少，有 403 亿元。不过这个金额的绝对值还是比较大的，这表明公司对外投资的一部分资金来源是外部融资。融资性现金流相当于别人给公司"输血"，在自己资金不足或者是大规模扩张需要资金时的外部支援。这种融资通常都是有代价的，要么是借款融资的利息，要么是股权融资的股份出售。

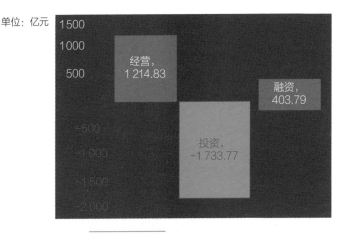

图 2-6　腾讯控股现金流对照图

再来看资产负债表结构,也就是资产、负债和净资产(股东权益)的三者平衡关系,这也是对于公司体量上的重要结构。资产代表公司所有资金的使用情况,负债和净资产代表公司所有资金的来源情况。如图 2-7 所示的这家公司的负债和净资产几乎相等,就是说公司的两类资金来源比较均衡。资产负债表体现了公司的整体规模,后面章节还会重点对资产负债表进行详细讲解。

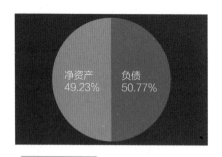

图 2-7 腾讯控股净资产与负债比例图

这种十六宫格框架法能够让初识财务报表的人不至于被财务报表的众多数字所吓倒,从看起来杂乱的数字中摘取出主要的数字填列进入十六宫格的框架中,用这样的方法建立起自己对财务数据的认知体系。一旦这个认知结构建立起来,以后再看到任何公司的财务报表就会很容易将关键数据在头脑中搭建起这个框架,也就能够对一家公司的整体情况产生清晰的轮廓。如果再进一步,当你需要决策任何一件事情的时候,都将这个决策产生的影响嵌入十六宫格的框架里,看一下你的决策将会对公司财报产生什么影响。不仅看当下的数字影响,而是看持续的发展下对未来财务报表会发生什么联动变化,只要这些思想实验在财报的框架下就能够比较客观地反馈回任何决策对公司、对市场、对投资人、对债权人、对政府等各个相关者的影响,以及思考这些人在看到报表发生此类变化时会产生什么反应。试想一下,如果你的决策能够达到这样的层次,是不是就在更加宏观的基础上又能更加具体了呢?

当然，这只是对财务认知的开始。需要打牢基础，别因为简单而忽略对这个框架能力的构建。往往最简单的都是最重要的，多找几家公司的数据填列进去，让自己习惯这种思考方式，逐渐将十六宫格财报数据结构变成完全自主的反应。看到任何一家公司无论有没有财务报表，都用这个框架来衡量这家公司，就不会被个别公司太过虚幻的公司介绍所蒙蔽了。

2. 从 11 个数字到 18 个数字

我们还是以腾讯公司为例,在十六宫格中再嵌入更多的相关数据,这些新增的数据主要在资产负债表中（见图 2-8）。资产部分增加了"流动资产"和"非流动资产"，流动资产就是一年以内能够变现的资产；非流动资产是一年以上变现的资产，或者是说不打算在一年以内变现的资产。所以这样来看，财务上所说的"流动性"就是以"一年"为界线的，但这并不是绝对的。例如，应收账款属于流动资产，但超过一年没有收回的应收账款在很多公司都非常普遍，不能因此而将应收账款归类为非流动资产。所以你看，是否属于流动资产主要是看这个事项的性质本身是否具有流动性，以及产生的这种资产的初衷是一年内就卖出收回现金还是打算在企业内持有或使用几年后再考虑变现。区分流动资产与非流动资产的目的是为了看清楚公司的整体资产结构中哪部分的占比更多，从而判断公司对于日常管理的复杂性和风险性。

负债也是一样，同样分列出"流动负债"和"非流动负债"。流动负债就是在一年内需要付现金的负债，例如对供应商的欠款；非流动负债是没有计划在一年内付现金的负债，例如从银行借入超过一年期的贷款。区分公司流动负债与非流动负债的目的是为了看清楚公司所有负债中多少是短期的、多少是长期的，从而判断公司的债务风险如何。

流动资产、非流动资产、流动负债和非流动负债在我国资产负债表中都是直接列示出来的，可以直接摘抄。我们看到从图 2-7 中叠加了更多数据的财报框架显示，净资产部分也做了两类区分，一部分称为"股东投入"，另一部分称为"经营赚取"。"股东投入"在我国财务报表中分别是"实收资本"（或"股本"）和"资本公积"两项之和，这两项的性质都是股东投入的资本金。"经营赚取"在我国财务报表中分别是"未分配利润"和"盈余公积"两项之和，这两项的性质都是公司日常经营赚取的累计金额。

现金流量表	资产负债表				利润表
经营 1 214.83	货币资金 1 116.34		流动负债 2 310.37	55%	收入 3 568.75
	流动资产		负债		
投资 -1733.77	2 477.52	30%	4 192.13		成本 1 946.75
			非流动负债 1 881.75	45%	
	资产				
筹资 403.79	8 257.49		股东入股 311.50	8%	费用 803.74
	非流动资产		净资产		
净现金流 -115.16	5 779.97	70%	4 065.36		净利润 912.85
			经营赚取 3 753.86	92%	

图 2-8　叠加更多数据的十六宫格财报框架下腾讯控股 2018 年财报
（单位：亿元港币）

如果你想要更简单地记住这个方法，可以找出一张 A4 纸，竖折两下再横折两下，就会折出一张带有十六宫格的空白纸张，然后用我教给你的方法将数字都填入进去，反复琢磨这些数字之间的逻辑关系。为了加深印象，你还可以把这张纸折起来放在口袋里，随时打开来看。以后当你看到任何一家公司的时候，都可以用这个方法先了解一下这个公司的数字全貌，就能够马上了解这家公司的整体情况，然后再逐一进行细节了解，这样就不会遗漏重要内容了。

三、财务三表的内在逻辑关系

1. 初级的财务指标分析

很多人认为看懂财务报表的标志是懂得报表的指标分析，因为它贯穿了一些报表之间的逻辑关系，而且也能够帮助更深入地了解数据背后的逻辑。那么，我们就在十六宫格这几个数字中先学一点指标，这样就可以为后期学习更全面的指标打下基础。

我们就以我国 A 股市场上持续多年股价一直保持最高的"贵州茅台"（股票代码：600519）的 2018 年数据列入图 2-9 中举例，对相关指标进行简单分析。别看这十六宫格里的数字仅有十几个，比起真正的财报少很多，但这些数字之间就可以建立很多常见的指标。

现金流量表	资产负债表		利润表
经营 413.9	货币资金 1 120.7	流动负债 100% 424.4	收入 772.0
	流动资产	负债	
投资 -16.3	1 378.6 86%	424.4	成本 62.2
	资产	非流动负债 0% —	
筹资 -164.4	1 598.8	股东入股 2% 26.3	费用 80.5
	非流动资产	净资产	
净现金流 233.2	219.8 14%	1 174.1	净利润 378.3
		经营赚取 98% 1 147.8	

图 2-9 十六宫格财报框架下的贵州茅台财务数据以及部分分析指标（单位：亿元）

首先从领导者最为熟悉的收入利润一侧开始，这里最熟悉的应该就是"净利率"了，净利率＝净利润 / 收入。这家公司当年净利率高达 49%，可以说是超级赚钱的公司。

用收入减去成本就会得到毛利润，用毛利润除以收入就会得到毛利率，这家公司的毛利率高达 91%。也就是说，这家公司的产品是非常好的，如此高的毛利率和净利率依然无法减低市场对茅台酒的需求热度。如果你分析一家公司的盈利能力，也应当首先看这两个利润率是多少。毛利率代表公司的主营产品的盈利空间是否足够大，也代表了这家公司是否有足够被市场所接受的抢手产品。巴菲特买股票就特别在意毛利率的高低，他认为毛利率低的公司是缺乏市场运营空间的。在此我们不评价巴菲特作为投资人的这种判断是否正确，但我们可以通过这一点了解到毛利率是公司生存发展之本，只有毛利率足够大，才有更多的空间做市场运营和加强管理。净利率是公司整体的盈利能力，也是考虑一家公司从年头到年尾或者从月初要月末究竟是赚钱还是赔钱、赚了多少赔了多少。许多创业公司陷入过度考虑税务符合性要求中而做出了不符业务实质的账务，导致公司领导者经营多年都不知道究竟赚钱还是赔钱。

上面提到巴菲特非常在意毛利润，其实巴菲特也有他自己独有的分析公司数据的指标，就是以毛利润作为分母对成本以外的利润表项目做分析。例如，公司费用毛利比率就是用费用除以毛利润。这家公司的费用毛利比率是 27%，说明公司赚取的毛利润中有 27% 花费在了日常费用上。而净利毛利比率 53% 就表示公司毛利润中超过一半成了公司留下来的净利润。这类指标的好处在于无论什么样的公司、无论经营什么产品、无论毛利率高还是毛利率低，都要用赚取的毛利润继续分配给销售费用、管理费用、所得税等各项支出，最终剩下净利润的各项在毛利润中的占比究竟是多少。

与利润有关的还有两个指标需要了解，就是股权回报率和总资产收益率。

所谓股权回报率，就是净利润除以净资产。比如，贵州茅台这家公司的股权回报率 32%，也就意味着如果手里有 1 万元去市场上找投资渠道，定期存款年利率 4%，国债 5%，P2P 高风险投资 15%，而买贵州茅台的回报是 32%，这样就理解了股权回报率的含义吧！

不过这也不代表买茅台股票就赚钱，因为茅台的股价已经足够高，在经营中的高回报率已经从股价本身上得到了释放。

所谓总资产收益率，就是净利润除以总资产，这代表公司在投入这么多资产的情况下能够赚取多少利润。比如，贵州茅台这家公司的总资产收益率为23%，也就说明公司用更多的资产体量来赚取相对高额利润。

我们在图里还列示了更多的指标结果，这种多维度、多角度的指标分析非常多。建议读者先掌握几个能够快速理解的指标，在这个基础上再不断地更新维度深化学习，就能掌握更多更好的分析工具。

2. 表间逻辑关系和业务贯穿关系

在十六宫格的"流动资产"格中特别列示了"货币资金"，这是代表公司存在银行的现金和放在公司保险箱里的现金，而这部分现金恰恰就说明了资产负债表与现金流量表之间的关联关系。也就是说，在没有特殊事项的情况下，资产负债表中的货币资金的期末数减期初数就等于现金流量表中的净现金流。或者说，现金流量表好像是资产负债表中货币资金的明细表，想要了解货币资金本期增加、减少的原因是什么，就看现金流量表这些收支的性质。

"经营赚取"也是公司的利润表与资产负债表之间的关联关系。也就是说，在没有特殊事项的情况下，利润表最终的净利润将全额转记录在经营赚取的"未分配利润"中。或者说，利润表好像是资产负债表中经营赚取的明细表。想要了解公司当年由于经营导致净资产增加减少的原因，看利润表即可。

这样看来，其实财务三大报表就是一张资产负债表，都是在资产负债表框架下的某一项重点内容的细化而形成新的报表。资产负债表中的货币资金进一步细化就形成了现金流量表；资产负债表中的经营赚取，也就是历史累计收益进一步细化就是利润表。

这三者一定是统一的，绝不是孤立的，也绝对不能孤立地单看哪一张报表。

复式记账法与权责发生制

一、借贷记账法的发展和优势

1.最早的单式记账法

学习财务就不能不了解复式记账法，这是财务区别于其他管理模式的最大特点。了解复式记账法就要从最早的单式记账法开始，这个可以追溯到远古时代人们用绳子打结来做数量记录。后来逐渐有了简单的货币，就有对货币收支的记录，也就是人类一直沿用的"流水账"，"流水"就代表了钱的流入流出。"流水账"也被称为单式记账，是指单轨的记录钱进钱出，而不以分类方式记录是因为什么钱进钱出。单式记账最有优势的地方就是简单，任何人不用经过任何培训就能够学会和掌握。不过单式记账的缺陷是难以核对以及无法记录业务实质，仅仅记录钱数，而不以分类方式记录因为什么业务而使得钱数增减。

现在，仍然有很多小微企业还在沿用这种"流水账"式的日常记录，也正因为如此才导致了大量的管理者无法获得有价值的业务数据。甚至由于流水账缺乏可验证性，导致即便是记录了"流水账"也难以明显地发现记录错误。

2.出现复式记账的发展原因

复式记账就是在记录现金收支的基础上增加一个完全等额的业务维度，也就是当任何一笔业务发生的时候都要在至少两个或两个以上的科目上做记录，而且相对应的金额必须完全相等。这样做的好处是让财务不仅将钱数记录清楚,而且将业务体现在了财务语言上,并且用钱数做了完美的核对。

借贷记账法是复式记账法的一个主要分支。"借""贷"仅仅是一个符号，它并不代表任何的借款或者贷款，早期的记账符号也曾用过"增""减"和"收""支"等。所以，别被"借""贷"这两个字给"蒙蔽"了，它们仅仅是一个符号而已。

3. 借贷记账法的核心特点

借贷记账法的核心特点就是"有借必有贷，借贷必相等"，这正体现了资产负债表的永远平衡关系，也是通过这种记账方法而形成的完美平衡。

例如，你收到了销售商品的现金 100 元，就要在现金科目上记录增加 100 元，同时在收入科目上也记录增加 100 元。再如，你购买了一台机器设备花费了 100 万元，就要在现金科目上记录减少 100 万元，在固定资产科目记录增加 100 万元。我们这里用的是某个科目的增加或减少，没有说哪个应当是借哪个应当是贷，这个借贷记账法最让人头痛的门槛就在于此了。其实，这个门槛用一个非常简单的方法就可以瞬间突破，就是要熟悉我们前面说过的十六宫格报表框架。

二、V 字秒懂借贷记账法

1. 学校里教你的借贷

当年，我在学校里学习"借""贷"的时候最主要的方法就是背，例如，现金科目的增加就记"借"、减少就记"贷"；收入科目的增加就记"贷"、减少就记"借"。好一点的学习方法是首先背过这些科目都是什么性质的，比如现金是资产类的，而资产类的科目都是借方增加、贷方减少。不过资产类科目里还藏着"坏账准备"或者"累计折旧"这类被称为资产的"备抵科目"，就变成坏账准备是借方减少、贷方增加，这可难坏我了。对于我这样的笨孩子来说，最好的办法就是死记硬背，这让当年的我困扰了好久，以至于很长时间都没法很好地掌握这种神奇的方法。最近在面试应届毕业生的时候考核记账分录，依然发现部分学生对这个概念还是模糊的。尽管学校里也在更新学习方法，但好像收效并不明显。

2.V字嵌入十六宫格

直到工作多年以后，我还在不断反思为什么这么好的方法却只有极少数的会计专业人士才能掌握，而且掌握得还不透彻。这个人类历史上最伟大的管理发明不能够为更多的人服务，太可惜了。我们应该做到当回到这种记账方法最初的样式时一个图形就出现在脑海中，将它画在十六宫格上就变成了一个大大的"V"字（见图2-10）。

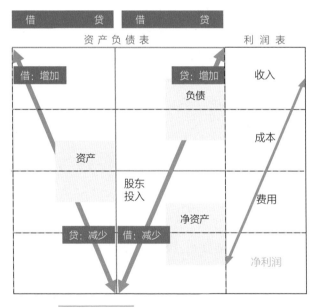

图2-10　V字嵌入财报框架的借贷学习法

如图2-10所示的在资产负债框架里写入"V"型的两个双箭头代表增加减少的借贷方向。以资产列为例，资产是"V"字的左边，也就是让资产增加的就在借方，让资产减少的就在贷方，如货币资金、应收账款、固定资产等。对于那些"备抵账户"如"坏账准备""累计折旧"等，其存在的性质就是为了减少其他资产的额度。例如，"坏账准备"存在的目的就是为了减少应收账款的账面价值。就其性质来说，"坏账准备"的增加就带来了"应收账款"的减少。单从科目本身的增加减少来说，就会搞得很乱。但如果回到这个"V"字上来，"坏账准备"无论其自身是增加还是减少，就只考虑它让资产增加或者减少了，用这个大"V"就很容易判断了，它让资产减少了就是贷，否则就是借。这样，只要知道了哪些是资产类的科目，就非常容易理解这些科目在发生某一笔业务时究竟是记"借方"还是记"贷方"了。

同理，回到负债和净资产（净资产也称为股东权益或权益）列，这两项都是在"V"字的右边，也就是跟资产类恰好相对，这一边的增加都在贷方、减少都在借方。这就比较容易理解了，只要熟悉了哪一些科目是负债类的或权益类的，用这个大"V"法就能很容易地判断出应当做怎样的借贷记录。

利润表项目好像不在这个大"V"里，该如何判断呢？还记得利润表与资产负债表的关联关系吗？利润表里的所有项目都会影响到资产负债表中权益部分的增减。也就是说，利润表项目所属的会计科目与权益类的规则完全相同。只是对于利润类的科目需要根据其性质来判断，例如收入类科目就是让股东权益增加的，所以收入类的增加也跟权益类的增加是同一方向的，都是贷方。费用类或支出类的就是让股东权益减少的，所以费用类或支出类的增加恰恰就是让权益类减少的，所以是借方。如果能够搞通了这一点，那么只要搞清楚某一个科目对应在报表里的哪个项目上，就很容易搞清楚它的借贷方规则了。

用一个简单业务举例子：某人为了让客户买自己公司的100万元的商品，他首先去采购了70万元的商品但当月没支付现金，然后又请客户吃饭花了 3 万元并现金支付，当月客户签收了商品但没有支付商品款（暂不考虑增值税）。

采购 70 万元的原材料所对应的科目是"原材料"，其所对应的报表项目是"存货"，在资产负债表中流动资产部分。看到这里就知道这是大"V"的左边部分，借增贷减，显然"存货"增加就是记"借"。还没完，此时没有支付现金给供应商也就是欠了供应商的钱，这对应的科目是"应付账款"，其所对应的报表项目是"应付账款"，在资产负债表中流动负债部分，也就大"V"的右边部分，借减贷增，显示"应付账款"增加就是"贷"。这样，"借""贷"恰好组成一对同时记录。

又如请客户吃饭，这是为了销售而支付的招待费用，那么归属于"销售费用"，且是销售费用的增加，也就是让最终利润减少，利润减少就是让股东权益减少，也就是应当计入"借"方。同时支付了现金，这也是让公司资产减少，会计入"贷"方，这样"借""贷"又是组成了一对。

再如，签收了商品就是"权利义务"发生了转移，根据权责发生制原则就应当记账。客户签收代表公司可以确认收入，这是损益类科目，会让利润增加的（也就是会让股东权益增加的）就会记录在"贷"方。而同时因为客户没有付钱，所以公司增加了"应收账款"，这是在资产类中的，让资产增加的就会记录在"借"方。这样，"借""贷"又成为一对出现。

科目与报表项目绝大多数的名称是一致的，例如固定资产、无形资产、短期借款等。也有会计科目和报表项目不一致的，例如会计科目"现金""银行存款""其他货币资金"都对应的报表项目是"货币资金"；再如会计科目"原材料""产成品""生产成本"等都对应的报表项目是"存货"。所以初识会计科目的人很多误以为会计科目就是报表项目，这是还不了解会计科目和报表项目属性的原因。

我们在谈借贷的时候好像始终没有提及现金流项目，那是因为现金流项目在日常记账过程中并不会绝对出现在借贷科目中，而是在凡是出现货币资金类科目时的辅助记录，标注这一笔货币资金变动所涉及的现金流本身的性质究竟是什么，而这个流量性质也直接体现在现金流量表中相应的位置。

对于初学者来说，这部分内容是非常容易引起混乱的，为什么三大会计报表之间不是绝对的借贷关系呢？其实也是绝对的借贷关系，只是表现形式不同。在会计记录中，损益类（也就是利润表所涉及的会计科目）是直接出现在借贷记录中的，而现金流类科目并不直接出现在借贷记录中。试想一下，当会计科目"现金""银行存款""其他货币资金"出现时不是写的这些科目，而是直接写了相应的现金流项目，比如"销售商品、提供劳务收到的现金""购买商品、接受劳务支付的现金"等，那么现金流项目也会跟损益类项目同样参与到借贷本身的记录中。如果真是这样，那么会计科目就会非常长（可以看一下现金流量表中每一个项目的文字描述），其实是不利于快速记录和理解的。既然了解了这个原理，那么其实现金流量中的借贷对应关系也就容易理解了。它跟"货币资金"的方向完全相同，现金流增加的就是"借"，现金流减少的就是"贷"。

3. 利润项目与特殊项目的借贷

虽然"有借必有贷，借贷必相等"，但有时也会存在特殊情况。例如，一对出现的会是两个"借"而没有"贷"，或者会出现两个"贷"而没有"借"，这主要是根据科目本身的性质所决定的。如果你是财务人员，就一定要搞清楚，这会让你少走很多弯路。

我们还是用案例来解释。例如"财务费用"，这是一个费用类的科目，理论上应当是借增贷减（这里的增减是本科目的增减，如果换成对权益的影响就应当是借减贷增），如果是利息收入就应当计入"贷方"，但由于损益类科目的特点是"发生额"性质而非"余额"性质，所以当到月底损益结转到权益类的时候就需要在本科目发生额性质所在方向的对方记录结转，这便成为一个固定模式，而且不容打破。既然这样，那么有了利息收入，从实操上讲就计入"借方负数"，这样就完美解决了所有问题，这样就会出现这一笔分录中没有贷方，而是有两个借方（另外一个借方是银行存款的增加）。诸如此类的损益科目都存在这样的模式，否则在自动统计金额时往往就会出错。

这一段如果你没有看懂也没关系，对于财务工作者来说比较容易理解，对于领导者只要懂得原理即可，这些实操性的内容能理解多少就理解多少。

三、权责发生制与收付实现制

1.早期的收付实现制

从名称上就可以理解，这种规则就只在意现金是否有收支，凡是没有现金收支的都不记录在账面上。例如公司卖给客户一台价值 100 万元的设备，但是客户收到设备后并没有给钱。按照收付实现制的方法，公司账面上就不能记录这笔业务，原因是没有收到钱。这看起来就有些弊端了，公司账面上对此笔业务没有任何登记，万一忘记了收钱也不会在账面上体现。或者说，因为这种记账方法，那么很多能够扩大销售给予赊账的可能性就减少了，这并不利于越来越复杂的各种业务形式。

收付实现制仅适合比较早期的一手交钱一手交货场景下的记录方法。因为钱与货是同步的，所以不会有偏差。一旦钱与货不同步了，收付实现制就难以完整记录了。在收付实现制下不会存在所谓的"往来款"，也不会记录谁欠了多少钱、欠了谁多少钱。

2.被全球普遍接受的权责发生制

因为业务的不断发展，以及业务复杂程度越来越高，财务记录就逐渐从记录"钱"开始过渡到记录"事"，也就是记录业务。业务的特性之一就是"权利义务发生转移"，这也是法律层面上的物权转移理念。这种权利、义务发生转移的核心标志就不是是否付钱了，而是是否有各种证据表明其转移了，记录这种权利、义务转移为标志的方法就是权责发生制，这就解决了钱和货不同步的问题。

权责发生制也是目前全球各个国家普遍使用的规则，我还是举前面那个例子。例如公司卖给客户一台价值100万元的设备，但是客户收到设备后并没有付钱。按照权责发生制，只要客户签收了，并没有任何证据表明这个设备的所有权没有转移，那么依据签收文件以及其他有效证据，公司就可以在财务账面上记录销售了一台100万元的设备，同时记录客户欠了公司100万元。这样财务账面上就记录了业务，而不仅仅是记录钱。当收到钱的时候，就记录一笔客户欠款减少了100万元，而公司的现金增加了100万元即可。

权责发生制使得公司的财务数据更加丰富，分析数据的角度也更加多元。只要掌握这种规则，通过数据本身就能分析出许多公司业务层面的状况，这也是了解公司经营运营实质的最佳渠道。

当然，权责发生制的记账原则也有其弊端。毕竟影响企业经营的因素远不止已经明确权利义务转移的部分，那些没有转移却每天都制约和影响公司发展的因素其实也是企业应当记录的。例如，互联网企业未来会成为公司收入来源的日活流量、访问量、回复量，影响销售复购的投诉量，产品满意度反馈等。只是由于难以衡量、难以量化，目前的手段、方法一旦使用不当，恐怕会引起更大的反作用，所以这些直接影响销售收入的数据就只在企业内部管理上使用，并没有进入财务体系中。随着未来记账手段的不断创新和沿革，相信有一天财务反映业务实质的能力将会更加强大、更加完善。这样，我们就可以了解权责发生制的下边界和上边界，更容易让非财务人士了解这种方法的优缺点了。

3.权责与收付的核对关系

其实，权责发生制与收付实现制之间也存在一定的核对关系。在财务日常工作中，往往利用收付实现制的绝对金额来验证权责发生制的准确性。货币资金的增减就是基于收付实现制的，因为其本身就是现金。而借贷记账法的原则就是任何业务都是双轨平衡记录的，所以凡是涉及现金的都会在这个均衡体系里产生制衡作用。现金有一个最大的特点，就是企业通常都是将现金存放在第三方银行机构里，所以银行只要有足够的公立性，银行的余额就会成为公司数据记录的一个测量线索。当然，如果银行也不能给出一个正确数字的话，那么这种制衡作用就会被彻底打破。例如，前几年我国股市中被爆料称某上市公司的银行存款被证实并不存在。暂且不管是企业的错还是银行机构的错，单就这件事情就足以让所有相信财务报表的人不寒而栗了。因为在财务报表中，唯独货币资金的数字是有极其公立的银行机构为保证的，负责审计的会计师也百分之百会发书面信函给银行机构询证企业的余额是否真实。所以，即便是存在个别企业财务造假现象，也绝对不应该出现现金余额的造假。

三大财务报表同框

一、一眼看清完整的公司全貌

如果你已经理解了前面所讲的十六宫格财报框架，那么你距离理解完整财务报表就不远了。我自己在阅读过成百上千的财务报表以后，依然还是愿意用十六宫格先把公司的框架数据收集起来并建立起对公司的整体认识。在初步认识的基础上将这家公司的三大财务报表放在一个平面上来阅读，就是资产负债表放在中间、现金流量表放在左边、利润表放在右边，我建议你也这样来阅读报表。千万不要用上市公司年报里的财务报表直接阅读，因为其数字项目特别多，有的报表不在一页纸上，有的数字甚至都会换行，极其不利于阅读理解。如果你是财务工作者，我建议你把要阅读的三大报表放在同一张纸上；如果你是领导者或公司管理者，我建议你要求你的财务将三大报表放在同一张纸上呈报给你。因为只有这样才能够一眼看到完整的公司业务全貌，而不是各自孤立的数字、孤立的报表。

二、同时分析业务贯穿逻辑

三表同框并不仅仅是为了看起来直观，其实更重要的是要根据业务相关性来进行贯穿分析。例如公司的销售业务，销售一定会增加利润表的"营业收入"。如果收到钱，那么就会同时增加资产负债表的"货币资金"以及现金流量表的"销售商品提供劳务收到的现金"。如果没有收到钱，那么就会增加资产负债表的"应收账款"。如果公司的销售收入还是不含税的，那么在增加了营业收入的同时就一定会增加资产负债表的"应交税费"。收入成本匹配原则下增加营业收入就会同时增加利润表的"营业成本"，而增加营业成本就会减少资产负债表的"存货"。为了存货能减少就要购买存货进来储备，那么购买存货如果付钱了，资产负债表的"货币资金"就会减少以及现金流量表的"购买商品接受劳务支付的现金"就会增加（就是增加了支出）。如果没有支付现金，那么资产负债表的"应付账款"就会增加。

你看，用报表上的几个项目数字就能将公司的完整业务完全贯穿起来。如果你能够静下心来仔细研究，那么公司的业务全貌都可以用这样的方法从报表中得到几乎完整的还原。试想一下，如果你做这三大报表业务逻辑贯穿分析的时候，这些报表都放在不同的页面上，你要看数字还要翻来覆去地找，这就在无形中给自己设置了难以逾越的理解门槛。

三、一家上市公司的业务贯穿案例

有一家在 2018 年 IPO 上市的公司，是我国比较有名的食品零售品牌。这家公司上市第一天就涨停板，而且这种早晨开盘立即涨停板一直持续了近十天。接下来，我们就用这家公司的三表同框来分析一下业务逻辑（见图 2-11）。

图 2-11　2018 年某 IPO 上市公司三表同框之销售逻辑关系

图 2-11 列示了 2018 年某 IPO 上市公司三表同框的销售逻辑关系。先看收入，这家公司 2018 年收入 70 亿元，销售商品收回的现金 80 亿元。我们知道，营业收入金额是不含增值税的，在 2018 年的增值税已经由原先的 17% 降低到 16%。通过这样的计算，销售商品收回来的现金 80 亿元是营业收入的 114%。也就是说，回收的现金是与含税的销售收入有逻辑关系的。我们再看一看 2017 年销售商品收回现金 65 亿元恰好是营业收入 55 亿元的 117%，当年

的增值税是 17%，这样又找到了一个完美的逻辑关系。如果不考虑其他因素，这家公司的收入情况与现金回收情况得到了完美的匹配。

我们再看一看，支付的现金是不是也是同样的情况。这家公司购买商品支付的现金 55 亿元，营业成本 50 亿元，支付的现金是营业成本的 110%，比 16% 低一些。2017 年购买商品支付现金 44 亿元，营业成本 39 亿元，收回现金是营业成本的 114%，也是比 17% 略微低了一点点。这样来看，这家公司的收入和支出的现金都是严格按照销售收款同时支付供应商的模式，也就是我们常说的"以收定支"（见图 2-12）。

现金流量表

项目		20181231	20171231
一、经营活动产生的现金流量	119		
销售商品、提供劳务收到的现金	120	800,867	652,322
收到的税费返还	121	741	1,000
收到其他与经营活动有关的现金	122	8,846	7,639
经营活动现金流入小计	123	810,455	661,161
购买商品、接受劳务支付的现金	124	554,924	448,185
支付给职工以及为职工支付的现金	125		
支付的各项税费	126	32,423	39,351
支付其他与经营活动有关的现金	127	132,618	105,333
经营活动现金流出小计	128	746,805	616,461
经营活动产生的现金流量净额	129	63,650	44,700
二、投资活动产生的现金流量			
收回投资收到的现金	131	155,570	232,788
取得投资收益所收到的现金	132		
处置固定资产、无形资产和其他长期资产收回的现金净额	133	66	13
处置子公司及其他营业单位收到的现金净额	134		
收到其他与投资活动有关的现金	135		
投资活动现金流入小计	136	155,636	232,801
购建固定资产、无形资产和其他长期资产支付的现金	137	24,421	18,547
投资支付的现金	138	155,000	232,400
取得子公司及其他营业单位支付的现金净额	139		
支付其他与投资活动有关的现金	140		8
投资活动现金流出小计	141	179,421	250,954
投资活动产生的现金流量净额	142	-23,785	-18,154
三、筹资活动产生的现金流量			
吸收投资收到的现金	144		
其中：子公司吸收少数股东投资收到的现金	145		
取得借款收到的现金	146	16,800	3,000
发行债券收到的现金	147		
收到其他与筹资活动有关的现金	148		
筹资活动现金流入小计	149	16,800	3,000
偿还债务支付的现金	150	16,800	16,800
分配股利、利润或偿付利息支付的现金	151	361	10,850
其中：子公司支付给少数股东的股利、利润	152		
支付其他与筹资活动有关的现金	153	50	130
筹资活动现金流出小计	154	17,211	29,580
筹资活动产生的现金流量净额	155	-411	-26,580
四、汇率变动对现金及现金等价物的影响	156		
五、现金及现金等价物净增加额	157	39,436	-45
加：期初现金及现金等价物余额	158	41,713	41,759
六、期末现金及现金等价物余额	159	81,149	41,713

资产负债表

资产		20181231	20171231	负债		20181231	20171231
流动资产				流动负债	44		
货币资金	4	81,680	41,801	短期借款	46		
交易性金融资产	5			交易性金融负债	48		
衍生金融资产	6			衍生金融负债	49		
应收票据	9	30,364	14,021	应付票据		133,308	89,734
应收账款	10	4,804	5,366	应付账款		4,870	
预付款项	11			预收款项			
应收利息	12			应付职工薪酬	52	4,560	3,566
应收股利	13			应交税费	53	3,321	1,158
其他应收款	14	2,859	2,041	应付利息	54	85	86
买入返售金融资产	15			其他应付款	59	215	129
存货	16	123,972	108,755	流动负债合计	62	170,170	109,937
一年内到期的非流动资产	18			非流动负债			
其他流动资产	20	4,350	5,409	长期借款		25,000	25,400
流动资产合计	21	247,828	178,884	长期应付款			
非流动资产				长期应付职工薪酬			
可供出售金融资产	25			预计负债	66	199	176
持有至到期投资	26			递延所得税负债	70	3,103	1,915
长期应收款	27	404	395	其他非流动负债	71		
投资性房地产	29	25,531	26,610	非流动负债合计	74	28,362	27,491
固定资产	32	18,825	1,922	负债合计		198,471	137,428
固定资产清理	33			所有者权益			
生产性生物资产	34			实收资本（或股本）	75	36,000	36,000
油气资产	35			资本公积	77	5,014	5,014
无形资产	37	11,407	6,446	减：库存股	80		
开发支出	38			盈余公积	81	7,699	4,902
长期待摊费用	40	2,936	2,965	一般风险准备			
递延所得税资产	41	1,171	724	未分配利润	85	62,464	34,877
其他非流动资产	42	1,546	257	归属于母公司所有者权益合计	86	111,178	80,792
非流动资产合计	43	61,821	39,336	少数股东权益			
资产总计	44	309,649	218,220	所有者权益合计		111,178	80,792
				负债和所有者权益（或股东权益）总计		309,649	218,220

利润表

项目		20181231	20171231
一、营业总收入	89	700,117	555,419
营业收入	90	700,117	555,419
二、营业总成本	91	666,257	517,871
营业成本	92	502,341	394,792
营业税金及附加	93	3,215	3,101
销售费用	94	148,071	107,538
管理费用	95	11,347	10,166
财务费用	96	-910	-68
资产减值损失	97	782	667
加：投资收益	98	-	-
其中：对联营企业和合营企业的投资收益	99	569	580
公允价值变动收益	100	-	-10
汇兑收益	101		
三、营业利润	102	39,785	40,726
加：营业外收入	103	535	304
减：营业外支出	104	136	398
其中：非流动资产处置损失	105		
四、利润总额	106	40,183	40,633
减：所得税费用	107	9,797	10,431
五、净利润	108	30,386	30,202
归属于母公司所有者的净利润	109	30,386	30,202
少数股东损益	110		
六、每股收益	111		
基本每股收益	112	0.84	0.84
稀释每股收益	113	0.84	0.84
七、其他综合收益	114		
八、综合收益总额	115	30,386	30,202
归属于母公司所有者的综合收益总额	116	30,386	30,202
归属于少数股东的综合收益总额	117		

图 2-12　2018 年某 IPO 上市公司三表同框之采购逻辑关系

再看一下在其他方面是不是也同样体现出企业的管理模式，图 2-12 展示了 2018 年这家 IPO 上市公司三表同框的采购逻辑关系。2018 年应付账款 13 亿元，存货 12.3 亿元，应付账款是存货的 108%。从数字上看，公司保持的状况或许是只要卖掉了某一个商品就会及时回收现金，同时也会及时地给供应商付款。而且，这样的情况在 2017 年也有同样的表现。从这一点就可以看出，这家公司的日常经营现金流管理是比较出色的，至少从报表上看是这样的情况。

我们还看到一个有意思的现象，这家公司在 2018 年和 2017 年同样都做了一些投资，很明显的现象是在当年投出去的资金当年就做了回收，都应当是一些短期投资或者是现金理财，或者表明这家公司不太缺乏日常经营的现金。

这家公司 2018 年投资支付现金 15.5 亿元，回收现金是 15.557 亿元，看起来好像小赚一点。这个状况在 2017 年也差不多，投资 23.24 亿元，回收 23.2788 亿元，也是小赚一点。也就是说，这家公司并没有做长期投资，只是在日常周转现金出现盈余时快出快进打短线。

这家公司 2018 年融资了 1.68 亿元，当年就还上了。看起来好像并不怎么需要融资，或许只是在某一个时点资金出现了短时间的紧缺而做的短期融资。

当然，我们无法进入这家公司去看其日常真实的管理情况，不过只要我们掌握了报表数字间的逻辑关系，就能够从财务报表中看到这家公司的经营情况、现金流转情况以及整体的健康情况。透过报表或许我们不能下任何的结论，但通过报表我们就可能做合理怀疑或者发现需要深挖的线索。就好像福尔摩斯探案一样，从案发现场看到的任何线索都不能立即下结论，即便当场的结论也是合理判断，再由此开始深挖就能获得别人无法了解的秘密。

合并报表与审计报告

一、合并报表

1. 为什么需要编制合并报表

对于集团企业来说，集团下属的所有子公司都应当将其财务报表与总部的财务报表进行合并，以体现整个集团作为一个整体的经营情况展示。如果你有兴趣可以找到任何一家我国境内股票市场的上市公司年报来看一下，所有公司都会在审计报告里呈报八份财务报表。其中四份是合并财务报表，另外四份是母公司财务报表，分别是资产负债表、利润表、现金流量表和股东权益变动表。大部分报表读取人都会关注合并报表，也就是将集团作为一个整体来查看。

合并报表是一项复杂的会计工作，这要求财务人员要对会计准则的要求非常熟悉并且还需要具有相当丰富的工作经验。许多公司甚至上市公司的财务报表都有可能并不是由自己公司的财务人员编制的，而是由会计师事务所协助编制出来的。

2. 合并范围与判断标准

母公司投资的所有公司当中哪些能合并哪些不能合并是有严格要求的，这个要求的核心就是"控制"，即是否能控制其投资的下属公司。通常的判断标准是投资额占到被投公司股权比例的51%以上，称之为绝对控股。也就是说在同股同权的规则下，其他所有股东的份额加起来都无法超过控股公司，那么公司就能够从股权比例上占有绝对控制地位。当然也有特殊情况，当公司投资额不足被投公司51%股权的时候，也需要关注其他要素是否体现了控制。例如，投资方通过与其他表决权持有人之间的协议能够控制半数以上表决权，或者干脆在公司章程里明确表明投资方在公司里具有绝对控制权等。只要是有控制地位，绝大多数情况下都是要合并报表的。

作为公司领导者没有必要了解太过细节的政策，毕竟会计准则对于非财务人员来说非常晦涩、信息量巨大，甚至很多财务工作者也从未阅读过，而是通过其他辅助材料进行学习。所以，领导者只要掌握大的原则和框架就已经能够解决很多问题了。

3. 合并报表的内部交易抵消

合并报表有一个特点，就是凡集团内部的公司间交易或者资金往来，对于集团来说都不应当体现在合并报表中，就好像是一个公司内部各个部门之间的货物转交传递一样。这个理解起来并不难，只是在合并报表操作时是个大麻烦。因为各个公司独立报表的统计口径是只要求将本公司以外的交易全部都记录在账面上，所以当全部集团内公司都如此记录时，合并就需要将集团内部交易全部挑选出来相互抵消，就好像没有发生过一样。例如，同一集团下属 A 公司卖给 B 公司 100 万元的货物，对于 A 公司就有 100 万元的销售额（暂不考虑增值税），对于 B 公司就有 100 万元的存货。当这两个公司的报表汇总叠加在一起的时候，合并就多了 100 万元的销售收入和 100 万元的存货。这是不应当的，相当于凭空增加了公司销售收入。当这种交易不是一两笔，而是几万甚至几十万笔的时候，内部对账就成了制约合并抵消准确性的重要障碍。所以，如果集团内部记录业务交易或资金往来没有区分集团内外明细，就造成很多内部交易被忽略而无形中增加了公司各个方面的规模。

二、公司年报和审计报告

1. 上市公司年报结构

上市公司都会对外公告年报，非上市公司通常不会自己编制，一方面工作量比较大，另一方面想要将年报做好的确是一件不太容易的事情。无论是否上市，对这个年报的结构还是需要有所了解的。因为年报的内容和格式是经过各种规划取舍最终固化成尽可能将公司全貌地呈现给公众，所以各个层面都会涉及。建议大家能够找到一家你熟悉或喜欢的上市公司，去网上找到其年报下载，先从目录开始了解整个年报的结构。作为领导者或者财务工作者，也能从另一个角度去理解会计数据的最终用途。

年报基本上就说三件事，公司的历史怎么样、公司现在什么状况以及公司未来会怎么样。接下来，我们以一家上市公司年报目录来了解。

　　第一节到第五节，概括性地描述了公司的现状。其中第二节是对公司现状的概括了解，如果不想深入看年报全部内容的话，那么看这部分就基本可以掌握公司的简要数据情况了。第三节是了解公司究竟都干什么业务。第四节除了对现有经营情况的分析，对未来业务发展也会做出描述，通过这部分就可以了解公司的规划情况，通常这里是所有报表阅读人最能看懂的一部分，也是最让年报出彩的地方。第五节一定要重点关注，无论好事坏事，只要是对公司影响巨大的事都会在这里描述。

　　第六节到第十节，基本上就是"说人说事说股东"。其中第六节和第七节描述公司所有股份的占比情况，谁是大股东，谁对公司的决策影响最大，股权比例上有什么变化。第八节就是讲公司管理层和员工情况，通过这部分可以了解公司高管都是什么背景的人、公司人员的结构，如果每年都关注也会发现公司各个岗位的人数变化，就能了解公司这几年发展的进程，毕竟任何业务都是由人来完成的。第九节主要讲公司的治理结构，也就是公司最高决策链是怎样的。第十节中如果有发企业债的话，会格外强调，毕竟对外举债在任何时候都会是潜在的风险，当然也不是每家公司都会发债，这也是有较高门槛的融资行为。

　　第十一节就是公司的审计报告了，这一节也是整个年报里最为重头戏的部分，下文我们将会重点描述。接下来就是备查文件目录，通常这里是讲公司年报里涉及的文件原件状况。

2. 审计报告与报表附注

财务报告是企业年报里最为重要的环节，主要包括审计报告、财务报表和报表附注三大部分。

审计报告里主要看是哪家事务所审计的，以及最终审计结论是什么。近些年来，某些国内会计师事务所审计的上市公司频频出现状况，使得大众对会计师事务所的质疑声不断。暂且不说这中间究竟是否存在问题，我们只对审计报告本身的属性做一些了解。

审计报告中一定会有最终的审计结论，这部分一定要格外关注。审计结论通常有"标准无保留意见""附带说明段的无保留意见""有保留意见""否定意见""无法表示意见"等几类结论。其中，"标准无保留意见"的报告中会有以下描述：

我们认为，后附的财务报表在所有重大方面按照企业会计准则的规定编制，公允反映了贵公司 ×××× 年 ×× 月 ×× 日合并及母公司的财务状况以及 ×××× 年度合并及母公司的经营成果和现金流量。

审计报告不会对报表的真实性、合法性做出绝对保证。也就是说，只要审计人员按照规范流程执行了所有的审计程序，并将审计所得到的结论客观地反映出来，就是审计应当做到的了。只要你看到的审计报告不是我们描述的"标准无保留意见"，那么对审计报告里的任何一句话都应当格外关注，因为审计人员只要发现一些风险情况就会在报告中描述出来。

财务报表部分会列示出来八份报表，四份合并报表，四份母公司报表。通常需要关注合并报表的分析，我们也需要用本书里讲到的知识站在整体的角度来审视公司。

报表附注分为三大部分：第一部分是对公司基本情况的描述，例如公司注册情况、经营范围等，有的报表附注会将公司历史沿革的每一次股权变更都描述出来。第二部分就是公司的会计政策，也就是公司财务报表的编制基础和口径是怎样的。这部分会比较冗长，许多内容都是范式的，阅读人往往会在阅读报表时忽略这部分。会计政策是必须格外关注的，有时一个政策发生变化，公司就有可能扭亏为盈，而真实经营情况没有任何变化，你看到的报表却已经完全不同。第三部分就是报表项目附注，也就是对于财务报表中的主要项目的明细进行列示，让报表使用人除了看到报表上的大数以外，还能够看到这些数字的组成部分。当然，比起公司内部管理口径来说，这依然是比较粗略的。

> 📱 财报框架小结：
>
> 企业永远都在财报框架中运转。
>
> 任何使框架失衡的行为都会导致危机甚至经营失败。
>
> 现金流的变化是货币资金变化的原因。
>
> 利润的增减是权益变动的主要原因。
>
> 无论是利润还是现金，都是资产负债权益的明细展示。
>
> 企业最终经营的都是资产与负债权益的变动。
>
> 对于企业管理最有帮助的是不断滚动更新的管理报表。

03

第三章 —— Chapter
两个平衡关注企 three
业发展规模

本章纵览：

　　资产负债及净资产的平衡关系是财务管理的"恒等式"，在这个等式下学习财务就会给任何知识点找到根基。另外一个平衡关系就是盈亏平衡点的计算，帮助领导者建立收入与成本间的强逻辑关系，学会量化过程及结果。这两个平衡关系的掌握，会直接帮助领导者建立起基本的财务认知，对于学习财务知识会产生深远的影响，甚至会受益终生。

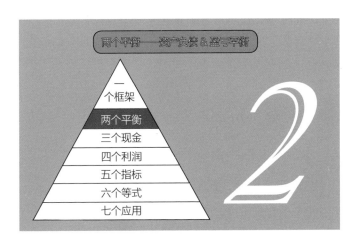

现在我们进入"极简财务金字塔"的第二层，即"两个平衡"。

财务特别讲平衡，这几乎渗透在财务的方方面面。只有平衡了，才能够持久发展。也只有平衡了，才能在任何时候都观察到企业的各个利益点和制衡点。资产负债的平衡就在于所有的资金都有来源，而这些资金也完整的体现在资金使用上，这个平衡关系永远不破。让领导者不仅关注业绩发展、市场增长、资金多少，更关注企业的健康。也只有平衡了，企业才能健康发展。盈亏平衡是企业经营的核心考量，企业总要赚钱，不赚钱就不能生存。企业在什么规模下才能赚钱、什么销售配置什么时点赚钱，就需要领导者必须做到心中有数，这项能力也是衡量一位管理者是否能成为一名经营者的标志。

资产 = 负债 + 权益

一、永恒不变的平衡

1. 资产、负债、权益的定义

资产、负债和权益就好像人的手心手背，如图 3-1 所示。资产在手心，永远都要抓得住；负债与权益是手背，其大小与资产永远相等。图 3-1 的右边就是真实的中国资产负债表格式，资产对照负债加权益永远相当，资产负债表的左右两侧永远相等，这样就很容易记得住资产等于负债加权益的逻辑了。

资产负债表

资产		20181231	20171231	负债		20181231	20171231
流动资产					44		
货币资金	4	81,680	41,801	短期借款	45	-	-
交易性金融资产	5	-	-	交易性金融负债	46	-	-
衍生金融资产	6	-	-	应付票据	48	-	-
应收票据	8	-	-	应付账款	49	133,938	89,734
应收账款	9	30,364	14,021	预收款项	50	4,970	987
预付款项	10	4,804	6,858	应付手续费及佣金	51	-	-
应收利息	11	-	-	应付职工薪酬	52	4,560	3,586
应收股利	12	-	-	应交税费	53	3,321	1,158
其他应收款	13	2,659	2,041	应付利息	54	85	86
买入返售金融资产	14	-	-	应付股利	55	-	-
存货	15	123,972	108,755	其他应付款	56	23,080	14,258
划分为持有待售的资	16	-	-	预提费用	57	-	-
一年内到期的非流动	17	-	-	递延收益	58	-	-
待摊费用	18	-	-	应付短期债券	59	-	-
持有理待流动资产据点	19	-	-	一年内到期的非流动负债	61	215	129
其他流动资产	20	4,350	5,409	其他流动负债	62	-	-
流动资产合计	21	247,828	178,884	流动负债合计	62	170,170	109,937
				非流动负债	63		
非流动资产	22			长期借款	64	25,000	25,400
发放贷款及垫款	23	-	-	应付债券	65	-	-
可供出售金融资产	24	-	-	长期应付款	66	-	-
持有至到期投资	25	-	-	长期应付职工薪酬	67	-	-
长期应收款	26	-	-	专项应付款	68	-	-
长期股权投资	27	404	395	预计非流动负债	69	199	176
投资性房地产	28	-	-	递延所得税负债	70	-	-
固定资产净额	29	25,531	26,810	递延收益-非流动负债	71	3,103	1,915
在建工程	30	18,825	1,922	非流动负债合计	73	28,302	27,491
工程物资	31	-	-	负债合计	74	198,471	137,428
固定资产清理	32	-	-	所有者权益	75		
生产性生物资产	33	-	-	实收资本(或股本)	76	36,000	36,000
公益性生物资产	34	-	-	资本公积	77	5,014	5,014
油气资产	35	-	-	减:库存股	78	-	-
无形资产	36	11,407	6,446	其他综合收益	79	-	-
开发支出	37	-	-	专项储备	80	-	-
商誉	38	-	-	盈余公积	81	7,699	4,902
长期待摊费用	39	2,936	2,981	一般风险准备	82	-	-
递延所得税资产	40	1,171	724	未分配利润	83	62,464	34,876
其他非流动资产	41	1,546	257	归属于母公司股东权益合计	84	111,178	80,792
				少数股东权益	85	-	-

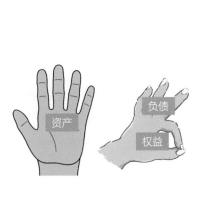

图 3-1　资产负债的手心手背拟人图

根据会计准则的定义，"资产是指企业过去的交易或者事项形成的、由企业拥有或者控制的、预期会给企业带来经济利益的资源。"第一次看到这段话的时候往往觉得并没有什么深奥的地方，但如果仔细深挖，这句话里隐藏了大量的信息，几乎每个字都有很深的含义和背景，这也正是会计准则高深的地方，任何一句话都能高度浓缩和提炼出精准定义。就拿资产的定义来说，好的老师就能给你讲几个小时这句话的内涵。当然，我们就不必这么细致学习了，只要掌握其精髓部分就能了解其定义和范围。

定义里有几个关键词需要格外关注，比如"过去""交易""控制""利益"和"资源"。"过去"意味着只要不是过去产生的就不是公司的资产，未来产生的就不会是现在的资产。"交易"意味着一定有交换或赠予行为，即便是公司内部自行研发的资产也存在零配件的购买以及劳动组装或研发人员开发的成果与薪酬交换行为，只要不具备这种交换或赠予关系就不会成为资产。"控制"甚至比拥有更重要，有时某些资产虽然是你拥有的但不被你控制，也不会成为你的资产，而是成为那个在控制的公司的资产。"利益"就是一定要给公司创造价值，对公司没有价值的或不会给公司带来价值的都不会成为公司资产。"资源"一定是确定的，无论是有形的还是无形的。只有符合了这个定义里的每个字，才能称之为公司的资产。

或者干脆用一句简单的大白话来理解："以前买的，现在归我的，能给我赚钱的东西。"尽管说起来并不严谨，但其实已经涵盖了资产的大部分定义了。与其用完美的定义讲给你却难以记忆，倒不如用一句看起来不太完美的大白话让你永远忘不了。现实生活中，这句大白话已经可以解决 99% 的关于资产定义的问题了，那么剩余那 1% 的甄别问题就留给专家们去定义好了。总之，领导者的效率原则是必须要考虑的。

负债的会计准则定义："负债是指企业过去的交易或者事项形成的、预期会导致经济利益流出企业的现时义务。"这与资产的定义极其相似，只是方向相反，其关键词有"过去""交易""预期流出"和"现实义务"。前两个关键词与资产定义相同，都是过去的交易，这也说明了财务的一个特点，就是"历史成本记录"。例如，公司昨天买了 100 万元的商品，欠了供应商 100 万元。是因为买货的事情已经发生了而又没有给钱，才形成了预期将要使公司现金流出企业的当下的现实义务。如果说我打算明天买 100 万元的商品，而且买了就会欠供应商 100 万元，就不是你现在的负债。

或者我们也找一句大白话帮助理解："以前借的钱还没还的，以前欠的还没给钱的。"借的和欠的道理是一样的，场景却是不同的。借的往往是现金，往往是要支付利息的；欠的往往是供应商的货款或员工工资等，往往是没有利息的。这句话也可以将负债分为有偿负债和无偿负债两个类别。

所有者权益是通常理解的"净资产",会计准则对所有者权益的定义是:"所有者权益是指企业资产扣除负债后由所有者享有的剩余权益。公司的所有者权益又称为股东权益。"这个定义就好像没有定义,说白了就是资产减负债的差。其实这也就是资产负债平衡式的精髓了。权益本身就是一个差额概念,就是公司总资产扣除所有的负债后剩余的部分,也是真正归属于股东的那一部分金额。

2. 资产负债权益的形态与性质

(1)资产负债的流动性

资产和负债都区分流动性,这个流动性是以"一年"为界限的。一年以内变现的资产或者一年以内需要归还的债务,都是流动性的,否则就是非流动性的。这里所说的一年并不是实际上的一年,而是性质和目的是一年。例如,公司购买的存货就属于流动资产,购买存货的目的是尽快生产、销售出去,这个时间通常是不会超过一年的,而且其性质也是为了销售而非长期持续使用的。如果这些存货放在公司几年都没卖出去,这也不影响其性质,它依然还是流动资产。再如,购买机器设备是为了长期持续使用的,其目的是为了生产产品而非买入卖出设备。如果这台设备买入后几个月因为某些特殊原因又卖出去了,在卖出之前依然属于非流动资产。

区分流动资产和非流动资产,只要看一眼资产负债表里的项目就可以很清楚了。我国的资产负债表中资产就是以变现能力来排列顺序的,最上面的"货币资金"变现能力100%,本身就是现金,随后有应收账款和存货等流动资产,这个顺序体现出了变现能力逐渐下降。到资产的下半部分就是非流动资产,有长期股权投资、固定资产和无形资产等,越往下的位置列示的资产变现能力相对就越弱。负债也是一样,资产负债表中负债的项目最上面是短期借款,也就是金融机构给企业不超过一年的贷款。流动负债里还有应付账款、应付职工薪酬和应交税费等，这些列项的性质都是应当在一年以内支付的。即便是公司欠供应商货款三年没给钱，那应付账款的性质依然还是流动负债。

区分资产负债流动性的目的，是为了让阅读报表的人清晰地明白公司短期债务或短期资产结构，便于在日常经营中做好相应的资产负债配置。否则，如果短期资产过少而短期负债过高，难免会出现"挤兑"现象（就是供应商集体讨债），公司没有足够的可短期变现资产就很可能会使公司倒闭。

（2）资产的有形与无形

资产的形态也分为有形与无形。有形的比较容易理解，比如公司的存货、机器设备、现金等，这些都是看得见、摸得着的。无形资产包括软件、专利、专有技术等。

在合并报表里有一项资产叫作商誉，商誉跟公司品牌价值无关。合并报表里的商誉是公司购买控股子公司时支付的价格超出对方公司市场公允价的那部分差额，这里面就出现了两个金额以及一个交易中未使用的金额。这两个金额分别是收购公司的收购价 A、被收购公司的市场公允价 B，那个交易中未使用的金额就是被收购公司的账面价值 C。公允价值 B 是在账面价值 C 的基础上用评估方法获得的一个金额，现实收购中通常 B 是会大于 C 的。而当收购价 A 大于 B 的时候，这部分差额就会在收购公司的合并报表中体现出来。通常，在任何一个独立公司的个别报表中是看不到商誉的，除非这家公司曾经以吸收合并的方式（就是收购结束后，被收购公司注销，全部资金、负债都进入到收购公司成为真正的一体）合并了另外一家公司且收购价大于被收购单位的公允价值。这些都有一个前提，就是在没有收购之前，这两家公司没有存在被另外一家公司共同控制的关系。

（3）看不见的减值

通常，从资产负债表中看到的某些资产都是"净值"而不是"全额"。例如固定资产，你看到的报表金额是原值减去折旧的净额。最初购买固定资产花费 100 万元，当过了一段时间以后每个月都会有折旧产生。假如折旧了 20 万元，那么你看到的资产负债表中的固定资产金额就是 80 万元，这些是比较容易理解的。

在财务中还有一种报表上看不到的"减值"，就是当某项资产的账面价值与市面上的价格比较时发现有了严重的跌价，或者某项应收款预计难以回收而有可能变成坏账，那么按照会计谨慎性原则，就需要将这些明显跌价或坏账可能在财务报表中记录减值。

例如，公司的应收账款账面余额是 100 万元，公司有两个坏账准备的政策，一种方法是按照历史上预计的账龄（就是没有回收的账款时间长度）时间越长回收可能性就越小的原则，设置了账龄一年至两年计提 10% 坏账准备、两年至三年计提 20% 坏账准备，三年以上计提 50% 坏账准备。这种比例是根据历史情况来制定的，通常在同行业中同等规模的公司其比例都差不多。还有一种方法叫作个别认定法，就是单就某一个客户的某一笔应收款单独认定。如果发现这个客户的这笔款出现了无法回收的迹象，那么就这一个客户或这一笔款进行坏账计提。

经过坏账处理以后，你在财务报表上看到的应收账款就不是 100 万元了，可能就是 60 万元，因为隐藏了减值的 40 万元。如果不知道还存在这类坏账减值，那么报表读取人还以为是已经收回了那 40 万元呢，这就会有误导性地理解了。在上市公司的报表附注中一定会清楚地描述减值金额的，所以遇到这类项目不能仅看报表，还要看报表附注。

在我国的会计准则中，流动性资产的减值或坏账通常是可以转回的，也就是当减值迹象消除或应收款已经回收，就可以将原先做的减值冲销掉。但非流动资产的减值通常就不允许再转回了，原因很简单，如果管理不善甚至故意操纵利润，这就变成了合理合法的操纵利润，这肯定不是我们希望看到的结果。

这种减值动作有一定的专业性和责任性，对于非上市公司或者内部管理并不很规范的公司通常都会回避做这项工作，所以当看到这类报表中的资产时也需要有一定的心理预期。

3. 资产负债常见项目简述

在资产、负债、权益中，有一些常见的项目是必须要了解的，这对理解财务知识是非常有帮助的。就好像非母语国家学英文就一定要多多少少背一背单词，背单词枯燥乏味，最好的方法就是对高频词进行不断重复加深记忆，达到信手拈来的程度才是真正自己掌握了。那么我们就将资产、负债、权益里的"高频词"一起分解一下，这些几乎是每一家公司无论大小都会高频次地使用。

资产按照流动性分为流动资产和非流动资产，在我国的资产负债表上资产位置自上而下也是以流动性排列的，越往上流动性越强，越往下流动性越弱，图3-2列示了资产负债表中资产部分的常见项目。

资产部分

· 资产负债常见项目简述
· 资产部分
· （1）货币资金
· （2）应收账款
· （3）其他应收款
· （4）存货
· （5）长期股权投资
· （6）固定资产
· （7）无形资产

图3-2　资产负债表中资产部分常见项目

（1）货币资金：就是公司放在银行或保险箱里的现金，是公司可以方便支取的钱。财务里面讲的现金不仅仅是指拿在手里的钞票，而是无论放在公司保险箱、存在银行里、还是存在其他某些金融机构里的，都称之为现金。但如果你用现金购买了债券或者理财产品，这些就不算货币资金了，而是变成了短期性质的投资，财务上称之为交易性金融资产，或者是其他流动资产。

（2）应收账款：就是公司由于销售行为产生的客户欠款，也就是客户已经签收了商品或确认了服务完成，但尚未给公司支付的那部分款项。与应收账款作用比较相近的有应收票据，二者的区别在于：应收票据是收到了由银行或企业担保的有期限的有价票据，到期无争议通常一定会收到款；而应收账款仅是销售合同和签收订单，并没有第三方担保的有价票据。应收账款通常与负债类的预收款项是一对儿，预收款项就是公司还没有交付商品或提供服务之前预收的那部分。

（3）其他应收款：就是公司除了销售和采购以外的所有应收类资金往来，例如员工出差借款、投标保证金等。

（4）存货：就是公司为了生产销售产品而在公司存储的所有成品、半成品、在产品、原材料等。如果是生产企业，那么生产工人的工资也会转化成公司的存货。普通公司的房产算为固定资产，而房地产公司待售的商品房就是存货。

（5）长期股权投资：公司对外收购其他公司股权并计划长期持有的。如果你购买的是上市公司的股票且目的是低买高卖，那么你就算是一次短期投资，在资产行列里算为流动资产。如果你购买任何一家公司的股份占比超过51%，通常就属于绝对控股；如果你购买任何一家公司的股份占比在20%~50%之间，通常就属于重大影响。

（6）固定资产：公司为长期经营而购置的生产设备、办公设备、房产等，是否归属固定资产的明显界限就是是否计划使用期超过一年。以前的会计制度或所得税法都做了 2 000 元的限额规定，但现在对于金额不再设限，由各公司根据自身规模和管理需要自行设限，而是强调超过一年。如果是公司自建的固定资产在未建成之前会记录在"在建工程"，待完工达到预定可使用状态后转入固定资产。固定资产通常需要折旧，大多数企业采取平均年限法，就是在预定使用期限内平均折旧到每个月里。也有加速折旧法，例如双倍余额递减法、年数总和法等，都是在前期折旧额高、后期折旧额低的方法。

（7）无形资产：与固定资产很像的长期资产，只是它是无形的，通常有软件、专利和技术等，同样也是使用期超过一年的。如果是公司自己研发的，那么在没有成功之前就暂时归集记录在研发支出，研发成功以后一并转入无形资产。无形资产通常也需要摊销，这跟固定资产折旧的说法不一样，但逻辑是相同的。绝大多数无形资产的摊销都是按照平均年限法，也有一些无形资产是无期限的，就可以采取不摊销的方法。

负债与资产相仿，也是按照流动性划分为流动负债和非流动负债。在我国的资产负债表中负债位置自上而下也是以流动性排列的，越往上流动性越强，越往下流动性越弱，图 3-3 列示了资产负债表中负债部分的常见项目。

（8）短期借款：就是公司从金融机构借入的不超过一年的贷款，这也是我国资产负债表中负债部分的第一项。绝大多数金融机构借款都是有利息的，短期借款多半用于日常经营，日常经营使用贷款产生的利息会在利润表中的财务费用中记录。

负债部分

· 资产负债常见项目简述
· 负债部分
· （8）短期借款
· （9）应付账款
· （10）应付职工薪酬
· （11）应交税费
· （12）其他应付款
· （13）长期借款

图 3-3　资产负债表中负债部分常见项目

（9）应付账款：就是公司由于采购行为而产生对供应商的欠款。也就是供应商给公司供货交付以后，公司尚未支付给供应商的那部分款项。与应付账款作用比较相近的有应付票据，二者的区别在于：应付票据是以银行或企业为担保由银行开出的有期限的有价票据，通常企业会做高比例的担保金存入银行，到期无争议通常一定要支付出去；而应付账款则仅是采购合同和签收订单等，并无第三方的有价票据。应付账款通常与资产类的预付款项是一对儿，预付款项就是公司还没有收到供应商的货物或服务之前预付给供应商的那部分。

（10）应付职工薪酬：就是公司应当支付给员工的工资、薪金、社保、公积金等尚未支付的部分。许多公司普通的薪金都是在下个月发放，也就是当月的工作结束后，次月计算当月的薪资等并在下个月发放。按照权责发生制，当月的薪资虽然没有支付，但其实已经形成了对员工的欠款，所以会记录在应付职工薪酬当中。

（11）应交税费：就是公司应当缴纳的税费尚未缴纳的部分。同样是按照权责发生制的原则，当月业务产生的所有税费都是在月度终了以后的次月，并且在次月缴纳，那么在当月月底就是一定尚未缴纳的，就会记录在应交税费当中。

（12）其他应付款：是往来款的一种，与其他应收款类似，就是公司除了销售和采购以外的所有应付类资金往来。也包括临时周转资金的借用往来，当然这里不包括金融机构贷款。

其他应收款与其他应付款有着密不可分又截然不同的关系，通常根据发起的性质以及最终的效果来判断究竟是应收还是应付。首先看如何发起的，如果公司首先对外支出现金的通常都是"应收"，如果公司首先从外部收取现金通常都是"应付"；其次看最终的效果，无论首先发起者如何，最终看谁欠谁的钱，公司欠别人的钱就是"应付"，别人欠公司的钱就是"应收"。

（13）长期借款：就是公司从金融机构借入超过一年的贷款。这与短期借款从定义上看是有一些呼应关系的，长期借款主要用于长期建设，也有用于日常经营的，但金融机构通常对长贷短用、短贷长用的审核比较严格，主要也是考虑偿还风险。

股东权益部分主要需关注四个项目，这四个项目两两成对又可以人为地做一个分类，实收资本与资本公积是"股东投入"性质的，未分配利润与盈余公积是"经营赚取"性质的，图3-4列示了资产负债表中权益部分的常见项目。

股东权益部分（净资产部分）

· 资产负债常见项目简述
· 股东权益部分（净资产部分）
· （14）实收资本
· （15）资本公积
· （16）盈余公积
· （17）未分配利润

图3-4　资产负债表中权益部分常见项目

（14）实收资本：就是股东按照工商管理部门登记的注册资金额度和比例实际投入到公司的金额。此处记录的金额并不一定都是支付现金，也可以是固定资产、无形资产等。我国目前注册资本并不要求立即实缴，所以如果尚未实缴的公司，就不会有"实收资本"金额记录。

（15）资本公积：通常是股东实缴超出工商管理部门登记的注册资金额度比例的额外部分，这在有融资的创业公司非常常见。

例如，公司最初注册资金100万元，原始股东最初投入了60万元，那么在公司的"实收资本"就会记录60万元，而不是100万元。

当新进入股东愿意按照更高额度增资加入公司，比如愿意投入1 000万元占公司10%的股份，那么计算公式会是：100万元 / 90% = 111.11万元，那么增资部分中11.11万元计入"实收资本"，1 000–11.11=988.89（万元）就会计入"资本公积"中。

所以，当你看到公司的资本公积有数字的话，通常都是这个原因。

（16）盈余公积：就是当公司当年盈利后，按照公司法或者是公司章程将盈利的一部分计提为公司未来发展用的资金额度而不会将这个额度用于股东分配的那部分。

（17）未分配利润：就是公司每一期经营结束后当期的经营盈利或者亏损的净利润都会转到此部分累计起来。如果公司没有给股东分配并且没有其他事项，那么未分配利润就是公司历年累计的盈亏总额。

二、资金使用与资金来源

资产负债的平衡关系其实还可以从另外一个视角来看，就是资金的来源与资金的使用。

1. 资金的来源

公司的所有资金来源中主要有两类,一类是股东自己的,另一类是债务形成的。股东自己的就是股东权益部分,也是净资产部分。债务形成的就是负债类。明确了资金来源比例,大体上就能够了解一家公司的资金来源结构,也就是资产负债率,就是用负债占总资产的比例来判断这家公司资金来源中有多少比例的债务、有多少比例的自有资金。通常情况下,自有资金比例越高,会体现出这家公司的债务风险越低。因为自有资金比例足够高时,即便是所有债主都上门讨债,公司依然可以有足够的能力来支付。另外,债务资金比例越高,表明公司利用债务杠杆撬动的规模市场就越大。例如,你原先自己有 100 万元,只能做 100 万元规模的生意。如果你从其他人那里又借来 1 000 万元,那么你就能做 1 100 万元的生意。这 100 万元就是自有资金,也就是股东权益部分;这 1 000 万元就是债务资金,也就是负债部分。

自有资金比例高并不代表公司就真的没风险,有些公司恰恰是因为缺少足够的信用积淀或者可用于抵押的物资而无法获得债务。当然,如果公司在市场规模等实力足够强的情况下而有意识、有目的地减少负债,那就是一种债务风险和整体风险都比较低的表现了。

债务资金比例高也并不代表公司就真的风险高,这也要看行业特点。例如,金融银行的负债普遍较高,国家政府以及行业监管严格,在我国当前政治经济形势下出现银行挤兑甚至倒闭的概率很小,那么这个行业里通行的负债比例就是一个长期阶段稳定可被市场接受的状况。

2. 资金的使用

公司的资金使用通常就是指资产部分,也就是看公司将钱都放在哪儿花在哪儿了。有人会问,公司的资金主要都用于市场销售以及客户交付，这些资金都不在资产行列中，怎么会说资金的使用就是资产呢？这里的视角就是看一个时点的状况，资产、负债以及所有者权益都是一个时点数据，是某一个时点的状况，在这一个时点上每一项收支都会归到资产、负债及所有者权益的行列中。例如，公司购买的商品尚未卖出的时候就是公司的存货，存货就是公司的资产，不管有没有付现金都是一种资金被占用的形式。如果卖出了，其实就变成了计算利润的一个步骤，而利润最终都会归集到股东权益里，变成资金来源的组成部分（当然，如果亏损了，其实也是一种负来源）。

3. 有偿负债与无偿负债

在负债当中有两类明细的区分，就是有偿负债和无偿负债。这里的"偿"主要指的是利息，也就是债务成本。简单来说，有偿负债就是金融机构贷款或发行债券是付利息的。对企业来说，只要债务能够按期偿还，且因为贷款而创造出来的利润率超过利息率，那么这个贷款就不会有风险，或者说是有价值的。否则，贷款会让公司负担过重。无偿负债的类别就比较多了，企业首选的就是"应付账款"，也就是暂时欠供应商的钱。只要不是用现金采购的物资，那么其实都算是获得一些融资空间，而且这个短期融资是"免费"的，也就是无利息的。虽然真实情况下很有可能所谓利息已经被含在了商品价格以内，但表象上是没有利息的。另一类无偿负债是"预收账款"，销售环节中在交付之前先收取一部分现金，这同样也是一种无偿负债。当然还可能会有一些其他渠道的往来资金，例如外部临时借给公司周转的无需支付利息的资金往来。

4. 股东投入与经营赚取

在自有资金来源的渠道中也分为两类，一类是股东投入的，另一类是日常经营赚取的存留。股东投入的就比较直接，要么投入现金直接用于生产经营；要么投入某项资产为公司所用，尽管看起来这不是现金，却是由于股东投入了这项资产而使得公司不必再用现金去购买，所以也是公司的资金来源渠道。日常经营赚取的存留部分是公司通过日常经营积攒下来的可供股东分配但没有分配的那部分利润，以及日常经营积攒下来专门用于公司未来发展的利润部分。简单理解就是公司历史上赚到的钱留在了公司用于持续发展，这也是非常重要的资金来源。对于大多数尚未融资以及信用积累还不是很充分的创业公司和一般中小企业来说，这是非常重要的资金来源，也是自我生产、自我扩大的重要甚至唯一来源。

三、财务不记录的资产和负债

有人说，财务记录那么多资产负债，但对于企业最有价值的那些都没有记录在财务账面上，所以财务仅仅是做有限的历史资料记录，对于判断企业价值也只是"仅供参考"。例如，对企业最有价值的"人""品牌"等，这些"真正"的无形资产，财务都是没有记录环境的。这又是什么逻辑，难道财务记录真的没有价值了吗？

当然不是，财务的价值远比这些极端思维想象的重要。财务记录的所有资产都是"人"努力的已经实现的成果展示，而这些成果的积累和延续能力又是"品牌"价值未来体现的当下基础。企业是一个整体，对任何事物都不能孤立地去看去评价，人和品牌以及历史记录的财务数据都是一样的。一旦孤立起来，所体现的又都进入某一个极端领域，而任何的极端都会造成决策的盲区和失误，这恰恰又是财务能力始终要规避的问题。

1. 人

"人"是企业最大的资产，也是按照财务会计准则最不符合资产定义的"无形资产"。会计准则对资产的定义是："企业过去的交易或事项拥有或控制的未来能给企业带来经济利益的资源。""拥有或控制"这一条就注定无法将"人"纳入财务的资产行列中。法人和自然人在法律上都是独立的经济个人,"人"在法律层面上是不会被任何其他人或组织"拥有或控制"的,尽管企业为个人发放工资、奖金,但这是一种合作关系和雇佣关系,法律上不会控制和拥有这个人(当然,历史上奴隶社会的确将"奴隶"作为买卖的商品,那时候某些人的确被当作经济组织的资产,但当下绝大多数国家的经济组织都不再有这种经济形式存在)。这也就是为什么有些企业领导人更加在意人力资源部门而不太重视财务部门的原因。

如果我们抛开会计准则的限制,用企业估值的方式来判断"人"的价值,然后当下最为普遍的企业价值估值方法"未来现金流量现值法"来估算每一个人的可预见价值,其实人的价值在很大程度上就可以体现出来,而且未来也不再仅以岗位、职位来定薪,而是评估这个人的未来能够为公司创造多少净现金流,无论是直接的还是间接的。只要套入"未来现金流量现值法"公式,就能够很容易地获得当下此人的价值,然后将每个人的价值累加起来就是这家公司的"人"的价值总量。

未来员工的薪酬可以依据这个人的计算价值来测算,这样的模式几乎是目前能想到最完美的方法。因为任何人的定薪模式都只关注其贡献,而非学历、经验、历史成绩。关注未来为公司创造的价值虽然也会参考这些学历、经验、历史成绩,但其关注点不是历史而是未来,更是为企业创造的价值。

只是这种方法的复杂性很高,估算的程度很大,可复现性和可验证性都非常弱,仅可以在企业内部参考使用。目前,社会上还缺乏对"人"本身在未来某个领域、某个专业能够创造价值的估值基础,一旦这个基础数据建立起来,未来会计准则的资产定义就很有可能会被改写。

2. 品牌

在 2019 年的达沃斯世界经济论坛上，英国权威品牌价值咨询公司 Brand Finance 发布了《2019 年全球最具价值品牌年度报告》（Brand Finance Global 500 2019），评出了 2019 年度全球 500 大品牌榜单。其中，"亚马逊"（Amazon）以 1 879.05 亿美元排名第一，排在第二位的是"苹果"（Apple）1 536.34 亿美元。我国"华为"（Huawei）品牌价值 622.78 亿美元，排在全球第 12 位，而"微信"（WeChat）和"腾讯 QQ"（Tencent QQ）分别价值 507.07 亿美元和 497.01 亿美元，排在全球第 20 和第 21 位，尽管这两个品牌都是腾讯公司旗下的。

仅仅一个品牌就有如此不菲的价值，可是企业账面上有体现吗？我们只能遗憾地说：没有！还是回到资产的定义，资产一定是"以前的交易或事项"（事项也具有交易交换性质），而这些品牌都是企业原生性的，都不是交易产生的价格。如果有交易了，那么这个价格就必须在财务账面上体现，没有交易、交换则不会，这也体现了历史成本计价的原则。

如果参考"人"的预设，未来这些品牌是否也能进入财务报表的框架内呢？我们判断尽管存在这种可能性，但相比"人"来说可能更加难以实现。因为品牌的"原生性"注定了如果换一拨人经营这个品牌或许会变成"一文不值"，真正产生价值的还是背后的"那一群人"，很有可能是"那一群人"再迭代上"时间"就又会出现一个了不起的高价值品牌。而如果"人"错了，再有价值的品牌再迭加上"时间"，也会变得没有价值。

除非将未来的品牌价值与"人""时间""环境"等因素一同考虑，同时具备一个完善的交易平台，且其交易对象所承载的"人""时间""环境"都是考虑因素，这还有可能成为一个相对稳定的可复现和可验证的价值。否则，未经交易的品牌价值是很难在财务报表上体现出来的。

我们在财务报表上看到的"商誉"并不是品牌价值,"商誉"仅是在企业对其他公司并购的时候,由于支付了比对方公司"公允价值"更高的那部分金额而形成的。例如,你打算收购一家公司,这家公司账面记载的价值是 100 万元,经过评估机构的估值以后这家公司的公允价值被确定在了 150 万元,而你愿意花 500 万元来购买。那么,350(500-150)万元就成为你公司合并报表中的"商誉"。之所以出现比公允价值还高的收购价,是因为大家站在不同的角度、不同的平台看到的未来价值是不同的。

3. 合同

大部分企业的收入和成本都会依据某个合同或订单,或者某个信息来源而延续产生。按照财务的"权责发生制"原则,只要这个合同还没有执行,财务就不会记录已经签订的合同。也就是说,财务其实是记录了一个交易行为的历史,而不是交易意愿或交易承诺的记录。

最新的国际会计准则和中国会计准则在合同引入会计体系中都做出了很好的尝试。目前的会计准则中出现了"合同资产"和"合同负债",也就是在确认收入或成本时更加关注了"控制权转移"而不仅是"权利义务转移"。看起来这种确认方法更在意"控制",而这一变化必然引起会计核算的大变样,也由此产生了尚不能确认为"应收账款"的部分合同在会计核算体系中用"合同资产"来核算。

只是这个合同的会计体现距离我们前面讲过的合同还有很大的距离。目前会计的合同资产依然还是已经执行了且控制权转移的时点,对于签订了尚未执行的合同和承诺,还是没有在会计体系中记录的。

这就与互联网企业管理层非常在意流量一样,都在讲漏斗的模式,就是有多少人浏览了推广页面、多少人下载安装了 App、多少人上传了数据、多少人付费了、多少人持续付费了等。如果后续各个阶段的模式都是相对固化的,那么第一个环节的浏览量就变成了第一道成为付费用户的可能性。基于这个原理，管理层的关注点就会前移到让更多人看到自己。会计领域直到付费使用后才会记录，而这对于领导人的决策已经太滞后了。如果能把更加前端的业务用一种规则体现在财务体系中，则会更容易被领导人所接纳。只是这个前提条件依然非常多，也有很多不确定因素的存在。如果考虑作为财务列报的参考数据，或许是一个更好的选择。

盈亏平衡的应用

"极简财务金字塔"第二层"两个平衡"的第一个平衡是永恒存在的"资产 = 负债 + 权益"，第二个平衡是一个理论瞬间值，就是财务上著名的"盈亏平衡点"。这个点理论上是很难固化的，它存在于测算环节和过程检测环节。

一、盈亏平衡点的公式和原理

1.盈亏平衡点的公式和计算原理

盈亏平衡点的理论很简单，就是在销售金额达到多少的时候，公司不赚不赔。图 3-5 列示了盈亏平衡点的原理坐标图，也就是公司的收入恰好等于成本费用的那个点。

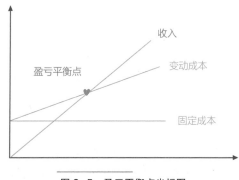

图 3-5　盈亏平衡点坐标图

其公式就是：收入 = 成本费用。可是这个点应当如何测算出来呢？等号两边都是不确定的。那么就将成本费用进一步划分为"固定成本"和"变动成本"，这里的"成本"就是所有成本、费用、税金等的总称。

这里需要多说一句，财务管理和会计核算里很多地方出现的"成本"，其定义是有很大不同的，当你看到一个"成本"就需要进一步落实这个成本究竟是"营业成本""总成本"，还是所有的成本、费用、税金、营业外收支等。这个环节最坑人。我在年轻时候学财务也曾被这个定义迷惑了好多年，强烈建议某个权威组织对财务和会计的说法能给出一个比较明确的范围和明确的定义，不仅对财务专业的人有帮助，对非财务专业人也有更大的帮助。

公式可以进一步修订为：收入 = 固定成本 + 变动成本。这里的"变动"因素仅仅是考虑其余收入的变动有正向关系的，也就是因为收入变动而产生成本变动，没有收入的情况下就不会产生任何成本费用。所以，简单理解这个环节就是有一个"变动率"存在。假设所有的成本费用变动都是相同的，也就是仅有一个"变动率"，那么变动成本的分解公式就会变成：变动成本 = 收入 × 变动成本率。

将这个分解公式带入原公式：收入 = 固定成本 + 收入 × 变动成本率。其中，变动成本率是可以根据历史或者预测的情况来判断的。例如，销售成本跟收入的变动比例一定是相对固定在某个区间的，所以变动成本率就变成了"已知数"。如果对固定成本也参考历史数据或者依据历史经验判断的未来数值估算，固定成本也变成了一个"已知数"，那么这个公式就变成了小学生都会的一元一次方程式。

2. 盈亏平衡点的作用

盈亏平衡点在企业里的应用应当是非常广泛的，例如企业做年度预算、给产品做定价测算、工程投标的价格测算、一个新的生意机会的盈亏测算等。有了这个公式，很多企业内部的决策就有了可参考、可计算的基础，尽管在真实经营中各类情况要复杂得多，但直到目前为止依然没有更好的方式方法比盈亏平衡点更容易、更合理地展现和获得最佳决策依据的可能性。

二、日常应用的场景，以及面临的困难和解决方法

原理总是看起来很简单，但进入到企业的真实场景就会遇到各种问题。例如公司做预算，大多数公司的产品线不止一条，那么其收益模式就会有差异。与收入变动相关的那些成本费用也不会只遵循一个"变动成本率"来变动，这就复杂了。如果再考虑收入规模的大幅变化，那么固定成本也会随之呈阶梯式变化而非斜率式变化。多样性产品迭加上多变因素的成本费用，盈亏平衡点想要在企业里实现简单的计算看起来是不可能的，因为不确定因素实在太多了。

那么，有没有一种方法能让企业真正将这个盈亏平衡点运用到真实的经营测算中来呢？

肯定是有的，只是这种模式要求计算能力比较强，预估的决策更加坚决。

1. 工程项目报价

工程项目报价在测算中广泛应用了盈亏平衡点原理，可惜在使用过程中往往遗漏了很多元素，导致最终的测算与真实执行相差甚远。同时，因为某些因素的参数设置不准也导致了或者价格过高无法中标或者价格过低最终赔钱。

老百姓过日子需要"柴米油盐酱醋茶"，而公司投标项目需要考虑图 3-6 中列示的"工程项目报价需要考虑的七项内容"——"本人售理税摊资"（谐音：本人受理水摊子），只要这七项都考虑完整了，基本上就不会出问题。这七项分别是成本、人工、销售、管理、税金、摊销、资金成本。当这些成本因素都考虑完整了，这个金额就应当是"盈亏平衡点"的金额。只有超过这个金额，公司才有可能赚钱。否则一定是赔钱的，除非这七项内容考虑的基础超过了真实状况。

图 3-6　工程项目报价需考虑的七项内容

（1）成本。成本就是执行本项目的所有与收入直接相关的硬性成本和软性成本。硬性成本又需要考虑形成这些成本的组成因素，例如购买的原材料需要加工生产，那么加工生产的环节需要加上加工费等。而软性成本就是形成这些可交付物是否有隐含的那些无形的成本需要考虑，例如是否使用了需要付出成本的专利等。

（2）人工。人工在任何行业里都是不可忽略的成本因素，人工也可能被嵌入到除税以外的另外五项成本的各个因素中。产品成本如果需要加工组装，则会产生员工的加工费；销售行为多数应当是由销售人员执行的，则产生了销售人员的工资；管理部门的支撑也主要是管理人员的执行，则产生了管理人员工资；如果使用到某些固定资产或者其他资源的摊销，大多数不会有人工成本存在，但如果涉及人工的组装，则会有组装人员工资的摊销，另外，如果涉及总部管理费摊销等也会有相应的人工成本；资金成本通常都是借贷利息，但如果由于催收应收账款等额外的激励政策有可能也会产生对员工成功催缴的奖励，尽管大多数企业都不会认为这部分是资金成本。但从管理上来说，由于资金筹措而单独设立的额外奖励，如果忽略了，其实也是缺少了成本环节。

人工成本如此重要，就应当将所有环节凡是涉及人工的都集中起来统一核算，这样才有利于完整性。

首先是人数要完整，而且不仅考虑人数，还应当考虑参与人的岗位和职位的差异，每个岗位的成本一定是不同的。其次需要考虑设计此项目的工时，以及当处于此项目而未为此项目贡献价值的那部分空余时间，因为这部分空余时间尽管没有创造价值，但工资毕竟还是要支付出去的，只能成为沉默在此项目里的费用而不会被其他任何项目所负担。再次需要考虑这些人员的薪酬成本而非员工工资，要知道公司为员工付出的远比员工拿到手的工资现金要多得多。除了员工工资，员工个人承担的社保、公积金、个税必须含在员工工资中，公司为员工承担的公司部分社保、公积金也需要考虑在内。另外，如果公司有承担"残保金"等需要缴纳的各项基金，也不能够漏掉，还需要考虑公司为员工负担的各项福利费、教育经费等。

（3）销售。销售是指公司为此项目所付出的销售费用，以及公司为整体市场或品牌所付出的各项费用在此项目上的分摊金额。尽管许多销售费用都难以固化到某一个项目上，但还是可以按照项目管理模式的费用归集到固定项目上。同时，将那些无法固化到某一经营项目上的销售费用以某种规则进行项目分摊。这个分摊标准同时会考虑项目金额、项目人数、项目周期等因素作为分摊权数均衡计算。

（4）管理。与销售费用类似，管理费用通常也都是后台支撑性的费用，不会固化到某一个经营项目上。对于管理细节比较好的公司，可能就将所有的管理费用都嵌入到某个项目中，这种核算能力很了不起，对项目的核算准确度非常有帮助。大多数企业还是采取了某种提前约定好的分摊模式在各个项目中进行分摊。

（5）税金。税金往往是测算盈亏平衡最容易被忽略而且最容易计算错误的部分。大多数项目的报价都不是由财务人员执行，而非财务人员对于国家税收的计算规则认识是相当模糊的，有一些反向计算的税负会因为计算过于复杂而被忽略。做税的测算时至少要考虑到增值税、附加税、印花税、所得税、企业需要交纳的其他各项税金。具体的计算方式，我们在讲利润章节会详细展开。

（6）摊销。摊销主要是指此项目所占用的各项资源的分摊，例如固定资产，执行项目会使用某项设备一定时间，或者使用公司自有产权的办公场所，需要将那部分成本费用分摊到这个项目上；或者是此项目由于使用了公司的某项无形资产的一部分资源而将这部分资源的成本分摊到此项目上。还有一些其他的分摊,例如公司房租,此项目上会使用到的房产,要分摊部分房租。如果公司有上级单位管理,而上级单位的服务也是有成本的,也需要按照一定的比例在此项目上考虑分摊。

(7)资金成本。如果此项目会利用一部分贷款,那么贷款利息在此项目执行期间也应当考虑在此项目的成本内。如果公司不打算贷款,而且确实也存在了延期收款的状况,其实也应当按照贷款利息的额度做相应的计算,因为即便不是真实贷款,此项目还是占用了公司的自有资金,而自有资金其实也是有机会成本的。所谓机会成本,就是如果公司不让此项目占用资金,而将这部分资金用作其他投资或者理财等,那么可获得的回报其实就是这个项目的资金成本了。

有的领导者看到上述清单后立刻就说,如果这些都考虑了,那么成本一定不低,这样肯定无法中标,因为项目报价就会很高。我需要跟领导者沟通的是,如果你用一个更低的成本计算来欺骗自己并因成本很低而中标,最终执行的时候肯定赔钱,还不如将成本费用计算得更加准确一点,尽量缩减各种裕量水分,使测算趋于真实执行的状况,中标后再以这种相对准确的计算来实施项目成本管理。这不是更加有效的成功中标和管理项目的方法吗?可惜许多公司不肯在这方面投入更多的智慧和储备,反而用数据不够准确为借口而忽略细节测算,中标以后又按照完全不同的逻辑去管理项目成本。这并不会让公司在管理能力上有任何的提升,只会让经营更加趋于混乱和缩减盈利。

2.产品定价

产品定价通常需要做一系列的测算,不仅是成本部分,还有市场接受程度以及稀缺性考虑,消费心理以及竞争对手等各个因素影响。无论是市场推广的定价模式还是利润优先的定价模式,都应当能够随时了解定价是否赚钱以及在什么情况下赚钱，还有在赔钱时候其赔钱的逻辑是否与原先预计的相符。

所以就需要将产品定价的测算模型搭建起来，而这个测算模型的原理就是盈亏平衡点。无论产品在什么阶段以低于成本或高于成本的模式定价，都应当有一个测算体系来确定价格，以及随时考量根据市场变动产品价格是否符合最初的计划。另外，定价模型考虑的成本因素可以参考工程项目报价的模式。

3. 年度预算

年度预算使用盈亏平衡点模式最为复杂，前面讲过，公司的各个产品线以及相应的成本变动率各不相同，很难用一个粗放的数字准确计算，那就需要比较强的计算能力和对未来预估模型的执行相对坚决。

当公司有不同的产品线时，首先需要考虑这些产品销量大约会是多少，这种预估是必须的，计算上可以留有一定的空间，但测算必须有明确的数字。每一个产品线所涉及的产品成本都应当独立计算各自的变动成本率，而且各种不同的变动成本针对相同的产品线也存在不同的变动率。例如，公司某项产品的毛利率是 40%，那么此环节的变动成本率就是 60%；相同产品的销售后提成是总价的 5%，那么员工奖金的变动成本率就是 5%，以此类推。将各自相关成本的不同变动各自计算，再加上各个产品线的不同销量，就能够进行公司的完整预算了。另外，对于固定成本也需要考虑由于总销量的大幅增加或大幅减少而出现的阶梯式变动，例如房租在 10~100 人之间保持不变，在 100~200 人之间就需要租一间更大的办公室。

三、能够落地的应用方法

我们用一个智能硬件厂家的年度预算作为案例来描述企业内部应当如何应用。

　　一家为 C 端（个人消费者）做智能硬件同时又为 B 端（公司组织）客户做解决方案的公司，截至目前尚未对外销售此智能硬件，其解决方案已经为几家 B 端客户成功进行了实施和交付。那么，这家公司的产品市场定价和出厂给批发商价格应当如何制定，以及对于 B 端的解决方案是否真的赚钱呢？如图 3-7 所示，这家公司应用盈亏平衡点原理编制了预算。这家公司为此智能硬件做的各类研发投入 3 000 万元，包括人工、设备、水电等各项已经消耗的成本（其中应当剔除尽管已经购买但后续还可以持续使用的，例如固定资产尚未折旧部分）。公司应当做一个测算，这项耗费 3 000 万元的智能硬件研发技术未来能够产生多少的 C 端和 B 端的需求。假设未来 10 年能够在市场上创造出 10 000 万件销量，每年做解决方案可以创造 10%~50% 的收入，那么可能会出现如图 3-7 所示的测算。

| | | 单件成本费用（元）——假设其中一部分变动成本，一部分固定成本 | | | | | | | | | | | | | | |
销量占比	销量（万件）	人工（变动）	变动销售（变动）	管理（固定）	当期摊销（固定）	税金（变动）	资金成本（变动）	小计	历史研发（固定）	均摊一件成本	单件参考成本	当年智能硬件成本（万元）	解决方案占比	当年解决方案变动成本率	当年解决方案成本（万元）	当年盈亏平衡点（万元）
		2.8	0.4	0.8	0.8	0.6	0.1	6.0	3000	0.30						
第1年 0.5%	50	50.0%	7.0%	15.0%	50.00	11.0%	25.00	1.0%		15.00	5.63	281	50%	10.0%	50	331
第2年 1.0%	100	48.0%	6.0%	15.0%	85.00	11.0%	50.00	1.0%		30.00	5.50	550	40%	12.0%	75	625
第3年 2.0%	200	45.0%	6.0%	13.0%	160.00	11.0%	100.00	1.0%		60.00	4.33	867	35%	12.0%	127	994
第4年 5.0%	500	45.0%	6.0%	13.0%	420.00	11.0%	250.00	1.0%		150.00	4.92	2,460	28%	12.0%	261	2,721
第5年 10.0%	1,000	45.0%	6.0%	13.0%	840.00	11.0%	500.00	1.0%		300.00	5.13	5,125	25%	15.0%	482	5,607
第6年 15.0%	1,500	43.0%	6.0%	10.0%	1,300.00	11.0%	700.00	1.0%		450.00	4.51	6,759	20%	15.0%	576	7,335
第7年 19.0%	1,900	42.0%	6.0%	10.0%	1,600.00	11.0%	1,000.00	1.0%		570.00	4.56	8,665	18%	12.0%	648	9,313
第8年 20.0%	2,000	41.0%	5.0%	10.0%	1,700.00	11.0%	1,000.00	1.0%		600.00	4.64	9,281	15%	12.0%	375	9,656
第9年 15.0%	1,500	41.0%	5.0%	12.0%	1,200.00	11.0%	800.00	1.0%		450.00	4.90	7,350	10%	10.0%	272	7,622
第10年 12.0%	1,200	37.0%	5.0%	12.0%	1,000.00	11.0%	600.00	1.0%		360.00	4.32	5,188	10%	10.0%	218	5,406
100%	10,000															

图 3-7　某智能硬件公司盈亏平衡点原理下的公司预算

　　假设在所有测算中，管理费用、当期摊销以及历史研发成本的摊销是固定成本，而其他各项成本费用都是变动的。

　　首先，每年的固定成本其实都是根据上一年的情况以及新一年度增长预测的考虑估算出来的。当然，在现实计算中还需要更加细致地分析到最小单元，以免出现漏掉数字或者重复计算的情况。我们暂时就给出三个固定成本的固定数字，以便于计算。其中，历史研发成本的均摊额仅按照当年销量的数量做乘积的计算。现实公司中往往也会在前期取更多的计算比例，后期取更少的计算比例，以免到最后几年销售出现大幅缩减而无法实现全额摊销。

当出现两个或两个以上的产品线，如硬件和解决方案服务，那么就需要按照每年的销量分别计算各自的盈亏平衡点。以第一年为例，硬件的五个变动成本率相加是84%，而其销售占比是50%，那么就应当用三个固定成本（第一年90万元）来计算：

（50+25+15）×（1–50%）/（1–84%）=281（万元），这就是智能硬件销售的盈亏平衡点。

而解决方案服务的盈亏平衡点计算则是：（50+25+15）×50% /（1–10%）=50（万元）。

第一年公司的全部盈亏平衡点应当是 281 + 50 = 331（万元），也就是说，第一年按照两条产品线各50%的销售额，如果超过331万元，公司就可以赚钱，否则公司一定是亏钱的。

你看，想要让盈亏平衡点的计算在企业中发挥作用其实也不难，只要将计算模式稍加改良就可以实现。最核心的难点在于确定"各产品线的占比"以及"各产品线及各变动成本的变动成本率"，只要这两个点突破了，就可以在企业中运用自如。

先看"各产品线的占比"，这个通常用历史数据以及未来预测的方法就可以获得，不会有太多技术上的难度，而更多的是管理层的决定以及可实现性判断。

再看"各产品线及各变动成本的变动成本率"，这里面有三个维度需要考虑。第一个是不同产品线的不同变动成本率，第二个是不同变动成本针对同一产品线的不同变动成本率，第三个是相同变动成本针对多个不同产品线的不同变动成本率。

这个比例的选择就有些复杂了，而且计算模式互相嵌套，更增加了复杂程度。

就好像上面我们举的例子，仅有两个产品线以及两类相关性极高的变动成本。如果将两类产品线增加到 20 类甚至更多，那么只要考虑各自占比即可。如果将各自变动成本与各自产品线分别匹配、分别依据历史及预测编制变动成本率，那么这样计算就会变为可能。

当公司内部已经形成一个可以动态调整的盈亏平衡测试模板，那么公司就可以随时将已经实际发生的收支嵌入，从而更替掉测试数据，并始终保持一个测试阶段内真实数据加测算数据并用的模式，就可以随时监控公司的运营是否符合最初的计划和预想。也只有这样的运用，才能够真正将一个理论逻辑概念在企业中实施落地。

两个平衡小结：

> 企业在任何时候都要均衡发展。
>
> 时刻关注企业资金来源中自有资金和债务资金的平衡关系。
>
> 不是企业所有的资源都是资产。
>
> 企业的价值也不等于企业资产。
>
> 只有时刻关注盈亏平衡，才不会陷入茫然亏损。
>
> 只有全面考虑成本费用代价，才能完整预计未来盈亏。
>
> 滚动关注盈亏走势，时刻追逐超越盈亏。

04

第四章 —— Chapter

三个现金看企业 four

生存

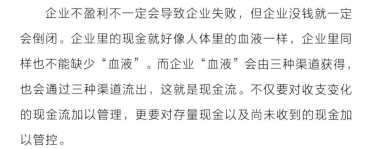

本章纵览：

　　企业不盈利不一定会导致企业失败，但企业没钱就一定会倒闭。企业里的现金就好像人体里的血液一样，企业里同样也不能缺少"血液"。而企业"血液"会由三种渠道获得，也会通过三种渠道流出，这就是现金流。不仅要对收支变化的现金流加以管理，更要对存量现金以及尚未收到的现金加以管控。

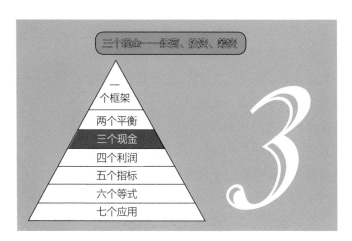

现在我们进入"极简财务金字塔"的第三层，即"三个现金"。

为何是三个现金，而不是更多或者是更少呢？我们稍微放眼看一下，个人、家庭、企业等各种组织形式下各类现金都是以什么形态流入又是以什么形态流出的。

先看看资金来源都有哪些，自己经营赚来、投资出去赚来、找别人借来、投资人给来等，有没有发现这些其实都可以归入经营性、投资性和筹资性三类。再来看看资金又是怎么花掉的，购买商品原料、支付工资税费、支付日常费用、投资出去、借出去、还贷款等，仔细想想这些流出同样也可以归入经营性、投资性和筹资性三类。如图 4-1 所示的直观图可以帮你很容易地记住这三个现金流，就是中国文字当中的三点水"氵"偏旁。

第一滴水就是"经营性现金流"，经营永远都是企业日常最频繁、最重要的，这也是企业"自我造血"功能的体现，无论销售商品、购买原料，还是给员工发工资等，都是经营性的现金流。如果经营性

经营

投资

筹资

图 4-1　三点水寓意的
三类现金流

现金流始终都无法给公司赚钱,那么这家公司也就失去了存在的价值。

第二滴水就是"投资性现金流",公司的钱对外投资了,这部分就是投资性现金流,公司购买了长期的资产也算是投资性现金流。不是每家公司都需要对外投资,不过绝大多数公司都会购买固定资产,都要归类在这第二滴水中。

第三滴水就是"筹资性现金流",只要公司开始了经营,就必然会需要资金,而资金的来源无非就是股东投入的或者是借来的,这种明确的股东投入资本金或者从银行金融机构借款都属于第三滴水的分类范畴。

无论是企业还是个人,几乎所有的现金流入流出都不会脱离这三类现金流。想管好现金,首先要明确现金的性质。也只有真正明确了现金的性质,才会懂得如何去管理现金,才能够对企业的现金流建立起足够的管理认知以及进行良好的管控。

其实,我们也见过很多因对现金管理不善而导致的严重后果。发现不了问题才是最大的问题,我们就先从这些问题开始讲述。

至少我们应当学会以后规避这些不好的现象,我们学习财务才会真正有效。学习一门新的知识并不仅仅是为了学会它,而是更多地去应用它。现在,我们就来先看一下在很多企业里面对现金管理出现失控的状况吧!

企业现金管理不善导致什么后果

一、缺乏常规管理的资金使用

1. 现金记录的"四不"现象——不及时、不分类、不完整和不系统

图 4-2 列示的"四不"现象直接导致关键信息不能为管理决策

提供支持。许多领导者经常抱怨，说自己的财务或出纳不能够给自己真正有效的数据来支撑决策。我也常会反问他们，企业内部是否已经建立了及时、有效、完整的体系来记录资金呢？虽然得到的回答绝大多数都是已经很完整了，但当我真正看到企业出纳人员拿出来的数据记录并指出存在问题的时候，领导者才恍然大悟。

图 4-2 现金记录的"四不"现象

首先是"不及时"现象。这有可能是企业领导者意识不到的问题，甚至有可能会被不太称职的财会人员所蒙蔽。当然，记录不及时也不都是财务人员的问题，也有可能是因为在企业内部没有形成一个数据传递的有效机制。

例如，企业销售人员很多时候是在所有销售行为都执行完毕以后，甚至过了很久才将发票等单据拿到公司报销。在公司报销之前，财务人员几乎是不可能获得完整信息的。公司各个渠道的各类信息都会比较及时和完整地汇集给公司领导者，帮助领导者构建起经营全貌框架，而这个全貌对于财务工作者就不太容易获得和掌握了。所以这种不及时的存在有物理原因，就是信息传递不及时；也有主观原因，就是不希望财务人员了解或者财务人员不愿了解非财务事项，所以这种不及时几乎是普遍存在的。

其次是"不分类"现象。这里并不是说完全不分类，而是说类别分得不够，不足以支撑企业管理决策。

越细化的分类以及越符合企业日常管理需求的分类，就越容易得到全方位、多视角的分析。如果分类很粗糙，甚至连最基本的现金性质、所属项目等都不划分清晰，就不会了解现金收支以后对企业的影响究竟是什么，哪些超支了、哪些尚未收足。若存在无法获知的情况，就不能为决策提供支持了。

第三是"不完整"现象。绝大多数不完整就是错误，许多企业甚至存在公司账面上记录的存款数字与银行账户真正的存款数常年不一致，也不知道因何产生，甚至这种差异每年都在扩大，这就意味着总有某些收支是被漏掉的。

有的余额虽然正确，但中间环节的进进出出都被忽略，好像只记录整个业务的头和尾，没有记录过程。尽管这样的数字算起来也没有错，但对于企业决策没有任何帮助。这也是错误，是不能被接受的。

最后是"不系统"现象，也就是在建立记账机制的时候没有站在整个公司全貌的视角下综合考虑应当为管理者提供怎样的数据。尽管现金管理看起来并不难，但要管好却并不容易。能够做到系统构建对现金管理的数据流，以及搭建这种数据流呈现的过程才是一个好的记录。否则，领导者所能看到的大多都是相对碎片化和粗犷的数据，难怪领导者抱怨财务人员记录的数据没有价值。

2."坐收坐支"现象

所谓坐收坐支，就是收到资金不登记、不上交就直接用于其他费用支出，收入和支出都被虚减。坐收坐支现象在初创企业里普遍存在，并不是员工故意违规，而是真不懂。同时由于坐收坐支是工作效率最高的，所以在企业还未渡过生死线之前，又是领导者亲自上阵执行业务，坐收坐支就变成了常见现象。

新东方创始人俞敏洪在自己的书中描述过，当新东方还在小作坊阶段的时候，根本就不记账，钱都是自己的，想怎么花就怎么花。当然，这是处于非常前期的时候。也不需要外部监管，赚了赔了都是自己的，现金管理"显得"好像没有那么重要。

企业一直发展下去就有了更多的协同和合伙人的出现，还不记账或者坐收坐支就会严重误导真实数据的传递，甚至做出错误的判断。更为严重的是，如果收支现金流不同步，这种坐收坐支也会导致企业领导者无法判断何时应当收客户的钱和该收多少，以及何时应当付给供应商钱和该付多少，这是严重的内控失误。

3.内控形同虚设

内控对现金的管理应当是最为直接的，可惜许多公司在这方面反而是最"放手"的。我们同样总结了四条，即关键岗位不避讳、关键环节不细查、关键行为不监控和关键资产不盘点，如图4-3所示。

图4-3 现金管控的"四不"现象

首先是"关键岗位不避讳"。不少企业为了节省成本，一些互斥岗位由一个人来承担，例如出纳和会计。

企业里管钱的人往往都是领导者最为信任的人，甚至是自己的亲属。既然信任，那么所有的钱账就都由一个人来把控，看起来是合理的，正所谓"用人不疑，疑人不用"。真的是这样吗？实际上，这就给贪腐行为埋下了巨大的隐患，或者说让员工陷入一种被诱惑的状态。只要是缺乏监管的地方，除非没有"油水"，否则一定会滋生被引诱的钩子，无论是主观的还是客观的。

出纳和会计，一个是管钱的、一个是管账的，是两个互相监督的职责。尽管没人能保证这两个岗位不会串通，但至少在监管层面上多了非常重要的环节。事实证明，绝大多数情况下这种避嫌举措还是非常有效的。大家各有各自的价值观和职业发展通道，在互相监管的情况下多半会选择正确地做事。太多案例证明因为不设限导致了员工贪污、挪用公款最后坐牢，公司蒙受经济损失，个人也毁掉了人生。

其次是"关键环节不细查"。有些重点环节必须一查到底，而且要形成机制。长期不检查就一定会留下漏洞，让不良者有机可乘。

第三是"关键行为不监控"。如果对一些关键的经济行为或关键的运营管理过程不进行监控，那么很有可能在真实的执行过程中就已经变形走样了。

最后是"关键资产不盘点"。所谓关键资产，就是现金、银行存款、有价票据、应收账款等，还有一些重要的无形资产、固定资产等，如果长期不盘点清查，一旦在某个环节出现错误甚至丢失，公司是不能够及时察觉的。只要不能够及时发现，在企业里面就会形成长期存在的数据差异，而这种差异就会导致企业管理漏洞而蒙受损失。

二、缺乏催收与慎支意识的企业经营

1. 客户欠款不及时催缴却到处筹钱

或许是因为公司领导者不愿得罪客户而不去及时催收，同时又非常依存于这种交易关系，对客户的欠款采取了更多的等待。在资金周转有问题的时候更多是从外部借债采购物资或发放工资。企业毕竟是一个生存主体，没有现金就一定会出现公司无法生存的现象。最终让公司长久生存下去的是经营性现金流，而不是长期依靠融资性现金流。客户的付款就是经营性现金流，外部筹集资金就是筹资性现金流。

2. 囤积大量存货占用大量资金

为了保证生产没有任何障碍，保证对客户的及时供应，或者维护客户的高满意度，不少企业选择在仓库中储备更多的物资以确保客户千变万化的采购需求。这样无论客户需要什么样的产品，都能够及时组织生产供货。

这样虽然客户满意度提高了，但企业自身的库存压力也同样增大了。制造业在前些年经常要学习日本丰田 JIT 管理模式，打造自己的零库存管理。其实企业也都很清楚，在计划性还不是很到位的企业，所谓的零库存就是强势地将自己应当有的库存让所有的供应商来承担。企业"零库存"的代价就是供应商的仓库里囤积了大量的各种型号的半成品和原料。如果你是这样企业的供应商，那么你的库存几乎不可能做到有效管理，而库存越多也就意味着占用的资金越大。

三、缺乏计划性的无序收支资金

1. 资金无计划、无控制花费

收支没有一个明确的规划，只看账户上是否有钱，这是原生企业主常见的现金管理方式。若花钱不做计划，就比较容易忽略一些客观因素的限制。例如虽然账面上还有钱，但需要支付当月的工资、社保或者即将到期的供应商货款，就必须留有足够的资金在账面上。如果仅看账面上还有不少钱就做另外的支付安排，就会导致原本计划支付的资金无法正常支付。

2. 不设预警，花到没钱才考虑找钱

不关注当下资金是否满足未来一段时间内的支付额度，直到账面上没钱了才考虑到处找钱。这种资金的预警不应当设置在资金零点，而应当设置成为未来一段时间（例如半年或一年）所有支出相加总额，是否能够存留足够的现金。当这个预警点触发后就立即着手考虑筹集资金，否则就会很容易导致公司的资金链断裂。

3. 只关注账面余额却不知道欠款要还

或者说不知道具体的欠款应当在什么周期内归还。一些付款不及时现象并不是由于资金不足造成的，而是没有很好地规划付款时

点。这极有可能导致供应商体系的整体信用下降,也会影响资金融通,使融资渠道逐渐狭窄。

四、缺乏风险意识的投融资

1.短期高风险投资,资金冗余希望用钱生钱

某些企业在短期内突然存留了大量现金,就希望让这些钱活起来,而不是仅仅存放在银行收取一点活期存款利息。例如,教育行业会提前预收学费,创业公司融资成功会突然进账几百万、几千万甚至更多的资金。这个时候,领导者身边就会有很多声音,用大资金去股市里面炒两三天,快进快出,就能够赚到额外的收益。这种建议是极不负责任的,因为只考虑资金的收益却大大忽略了风险。对风险认识的极度匮乏,很有可能会直接导致不必要的损失发生。收益越高风险越大,但高风险并不等于一定有高回报,血本无归的情况也不在少数。

2.不积累企业信用

企业想要获得融资,首先要成为一个信誉良好的组织,企业信用需要日常有意识地多积累。有时候,很简单、很常规的一些信用指标常常被领导者忽略,当公司还没有做大的时候几乎没有任何影响。但只要是做大了,或者说将来有融资需求了,这种曾经的忽略会直接引发资金方对企业诚信和合法合规经营的质疑和挑战。

3.融资渠道过于单一

获得资金的渠道单一或者没有融资渠道,一旦遇到资金压力,没有任何额外资金支撑。任何企业都应当储备更多的融资渠道,确保公司在资金不足的时候能够快速、足额地获得资金支持。

4.签署过于严苛的融资协议

这种现象多出现在初创公司,一方面公司急于获得资金,另一

方面创始人缺乏融资经验，在并不十分理解的情况下签署对赌协议。所谓对赌协议，就是创业公司需要就业绩等对投资人做出承诺，一旦承诺未达成，则要以个人甚至家庭收入作为还款担保。这是一把双刃剑，承诺完成则皆大欢喜；一旦没有完成，就会直接让创业者陷入困境。创业本来就有很大的不确定性，成功率低、失败率高，如果仅是为了获得资金而承担过度风险，其实是没必要的。

所以，我们说了这么多，最后还是要落到一点，就是现金为王。在企业经营上不仅要考虑扩大规模、业绩增长，更要考虑现金使用量、投入资金缺口、融资渠道等。企业短期内不赚利润完全没问题，甚至在很长一段时间持续亏损都不会导致企业失败。但企业在很短时间之内只要缺钱，甚至两三个月发不出工资、三四个月没法给供应商支付货款，公司就算是利润丰厚也照样会死掉。

其实，很多企业不是"饿死"的，而是"撑死"的。饿死代表公司没有业务，或者说业务根本不能够满足市场的需求逐渐萎靡。撑死是说业务非常好，客户络绎不绝到了公司无法及时交付的程度，严重的时候就出现了资金链断裂。

我国经济持续保持高速增长，我国的企业只要产品还有市场，都能生存得不错，真正饿死的企业不多。

例如，一条街上的两家饭店，一家饭店门庭若市，另一家饭店却是门可罗雀。门庭若市的饭店为了能让更多顾客来吃饭而勇敢地开放了账期，就是赊账吃饭，一个月内给钱就行。而且请最好的厨师做最好的饭菜，价格却比另一家饭店的家常菜还便宜，人气自然就是旺得不得了。门可罗雀的饭店不赊账，也不降价，顾客都跑了，自然就生意惨淡。

门庭若市的饭店的顾客每天都在排队，饭店就要每天大量采购，菜市场可不会给饭店赊账，都要现金采购。由于大量顾客没有给钱，所以饭店老板就不得不把自己家的钱拿出来给供应商。到了月底发工资的时候发现客户还没给钱，辛苦忙了一个月的厨师、店员拿不到工资就不干了，开始菜品质量严重下降，店员服务质量也严重下降，引发顾客投诉不断，后期甚至就直接辞职，结果虽然还有大量的应收账款没有收回来，但饭店已经不得不关门了。

门可罗雀的饭店发现自己没有生意，果断减少采购量，减少厨师、店员人数，经过精打细算，只要确保房租和剩余人员的工资，扛过这段时间或许就能重振旗鼓。的确过了几个月的惨淡日子，老板就用这几个月加强员工培训，与核心员工规划未来，厨师和店员都充满信心。等门庭若市的饭店关门的那一天，顾客自然就都去原先门可罗雀的饭店吃饭了。

当然，现在几乎没有哪家饭店傻到会给顾客赊账。可是你仔细想想，我国这几年风风火火的那些估值几十亿的创业项目，号称能够改变人类历史的辉煌项目，圈了投资人大量的资金，结果到最后还是潦草收场。堆放在各大城市郊区的各种颜色的共享单车，原先跑在马路上的共享汽车几乎一夜之间就不见了，还有各种 SaaS 服务平台也都是无疾而终。这些难道不像是"门庭若市饭店"吗？

尽管现金可以多渠道获取，企业内能够掌控这些现金的人还是需要更多积累的。花钱很简单，花了钱还能赚回来才不简单。从整体上说，现金流的管理并不是企业里某一个岗位或某一个部门的职责，而是企业所有部门协同和多管理视角的流程管控。任何一家企业在未来很长一段时间都有可能会面临资金周转受阻的情况，以及缺乏风险防范导致的资金受损的状况。企业应当在这些状况发生之前就对现金管理体系做出非常系统完整的管理，在确保始终有钱的基础上让公司的自我造血功能变强，确保企业未来的发展始终有雄厚的资金作为后盾支撑企业整体增长。

应当管理哪几种资金

一、什么是现金

接下来，我们来了解一下究竟什么是现金，什么是现金流，都有哪几种现金流。

百度百科里的解释是：现金（cash），是指各主权国家法律确定的，在一定范围内立即可以投入流通的交换媒介。它具有普遍的可接受性，可以有效地立即用来购买商品、货物、劳务或偿还债务。它是企业中流通性最强的资产，可由企业任意支配使用的纸币、硬币。

财务里所指的现金，就是放在保险箱里的钱和银行金融机构里的钱。现金流就是企业由于日常经营活动、投资和融资活动而产生的现金流入企业和流出企业的总量与净流量的总称。

如图 4-4 所示的三类现金流，正如我们前面讲过的三点水"氵"一样，无论是领导者还是财务工作者，都会用流水来代表现金。经常会说这个月流水有多少，就代表了现金的流入量有多少。所以，现金就是企业赖以生存的血液。人几天不吃饭都能活，但离开血液一天都不能活下去。企业也是一样，一段时间不盈利不会死掉，一旦没有了现金，企业两三个月就有可能倒闭。

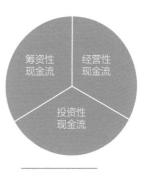

图 4-4　三类现金流

我们可以看一下如图 4-5 所示的三类现金流的流入流出与现金存量关系，非常形象地代表了公司的现金流入流出模式。

图 4-5 中上面有三个水龙头，分别是流入企业的经营性现金流、投资性现金流和筹资性现金流。这里面无论哪个水管流入越多，企业的现金就越多。在下面有不同的三个口，分别是经营性现金流出、投资性现金流出和筹资性现金流出。

经营性流入 - 经营性流出 = 经营性净现金流量
+
投资性流入 - 投资性流出 = 投资性净现金流量
+
筹资性流入 - 筹资性流出 = 筹资性净现金流量
=
当期净现金流量

总流入 - 总流出 = 当期净现金流量

图 4-5 三类现金流的流入流出与现金存量的关系

如果仅仅将经营性水龙头和出口放在一起单独计算流入流出量，就是经营性净现金流，经营性流入 - 经营性流出 = 经营性净现金流量。我们更希望看到的是经营性现金流的大量流入和较少流出，毕竟这是公司的造血功能，即自我生存能力的体现。

如果仅仅将投资性水龙头和出口放在一起单独计算流入流出量，就是投资性净现金流，投资性流入 - 投资性流出 = 投资性净现金流量。比较好的现象是公司用日常经营赚来的差额现金，更多地投入到企业外部，让外部组织帮助公司来赚钱，也就是让别人的造血功能帮企业来造血。

如果仅仅将筹资性水龙头和出口放在一起单独计算流入流出量，就是筹资性净现金流，筹资性流入 - 筹资性流出 = 筹资性净现金流量。当企业自身没有足够血液支撑更大发展的时候，就需要外部来给公司输血，帮助公司快速攻破技术难关或占领大部分市场，支撑公司快速进入领先地位从而建立强大的自我造血功能，为企业自我快速增长产生经营性净现金流后反哺投资人做足功课。

这三类现金流入流出的总和加起来就是企业在一段时间之内的

净现金流，总流入 – 总流出 = 当期净现金流量。

二、三类现金流的分别解释

我们可以以现金流量表格式和分类作为蓝本，简要分析三类现金流各自都是什么。

1. 经营性现金流

图 4-6 展示了经营性现金流在现金流量表中的位置，首先看到的是经营性现金流所有的流入，也就是前面图中第一个水龙头经营性现金流入。

现金流量表

项目		20181231	20171231
一、经营活动产生的现金流量	119		
销售商品、提供劳务收到的现金	120	800,867	652,322
收到的税费返还	121	741	1,000
收到的其他与经营活动有关的现金	122	8,846	7,839
经营活动现金流入小计	123	810,455	661,161
购买商品、接受劳务支付的现金	124	554,924	448,185
支付给职工以及为职工支付的现金	125	26,840	23,591
支付的各项税费	126	32,423	39,351
支付的其他与经营活动有关的现金	127	132,618	105,333
经营活动现金流出小计	128	746,805	616,461
经营活动产生的现金流量净额	129	63,650	44,700
二、投资活动产生的现金流量：	130		
收回投资所收到的现金	131	155,570	232,788
取得投资收益所收到的现金	132	-	-
处置固定资产、无形资产和其他长期资产所	133	66	13
处置子公司及其他营业单位收到的现金净额	134	-	-
收到的其他与投资活动有关的现金	135	-	-
投资活动现金流入小计	136	155,636	232,801
购建固定资产、无形资产和其他长期资产所	137	24,421	18,547
投资所支付的现金	138	155,000	232,400
取得子公司及其他营业单位支付的现金净额	139	-	-
支付的其他与投资活动有关的现金	140	-	8
投资活动现金流出小计	141	179,421	250,954
投资活动产生的现金流量净额	142	-23,785	-18,154
三、筹资活动产生的现金流量：	143		
吸收投资收到的现金	144		
其中：子公司吸收少数股东投资收到的现金	145	-	-
取得借款收到的现金	146	16,800	3,000
发行债券收到的现金	147	-	-
收到其他与筹资活动有关的现金	148		
筹资活动现金流入小计	149	16,800	3,000
偿还债务支付的现金	150	16,800	18,800
分配股利、利润或偿付利息所支付的现金	151	361	10,650
其中：子公司支付给少数股东的股利、利润	152		
支付其他与筹资活动有关的现金	153	50	130
筹资活动现金流出小计	154	17,211	29,580
筹资活动产生的现金流量净额	155	-411	-26,580
四、汇率变动对现金及现金等价物的影响	156	-18	-12
五、现金及现金等价物净增加额	157	39,436	-45
加：期初现金及现金等价物余额	158	41,713	41,759
六、期末现金及现金等价物余额	159	81,149	41,713

经营性现金流，公司自己的造血功能

经营性现金流

图 4-6　经营性现金流及报表位置

销售商品、提供劳务收到的现金。多数情况下是与公司的销售有关的。无论是预收客户的款项，还是销售以后马上收到客户的付款，还是延后一段时间的收款，只要是从客户那里收到的销售款都属于此类性质。换句话说，这个现金应当与公司利润表里的收入有一定的关系，后面讲利润的时候会着重提到这一点。

收到的税费返还。通常，公司收到的政府退税现金都属于此类性质。

收到的其他与经营活动有关的现金。日常经营收到的现金，除上述两项以外都属于此类性质。

接下来就是经营性流出，也就是前面图中第一个流出口所代表的经营性现金流出。

购买商品、接受劳务支付的现金。公司购买的原材料、成本、半成品以及支付为项目交付而采购的第三方服务费等，凡是支付给供应商的现金都属于此类性质。

支付给职工以及为职工支付的现金。例如员工的工资、社保、公积金等，凡是为了员工劳动报酬类而支付的现金都属于此类性质。

支付的各项税费。公司支付的增值税、所得税、教育费附加、城市建设维护税等，只要是实际缴纳了现金都属于此类性质。

支付的其他与经营活动有关的现金。企业日常经营流出现金除上述之外，都属于此类性质。

2. 投资性现金流

图 4-7 展示了投资性现金流在现金流量表中的位置。投资的性质就是对外投出现金，所以这部分就先讲对外投资支出部分，也就是前面图中第二个出水口的投资性现金流出。

购进固定资产、无形资产和其他长期资产所支付的现金。尽管购买的固定资产都是为了日常经营来服务的，但是购买这种长期资产都具有投资性质，并不是购买后一次性完全消耗掉，而是要未来很长一段时间逐渐消耗，所以公司购买的固定资产、无形资产等长期资产都属于此类性质。

现金流量表

项目		20181231	20171231
一、经营活动产生的现金流量	119		
销售商品、提供劳务收到的现金	120	800,867	652,322
收到的税费返还	121	741	1,000
收到的其他与经营活动有关的现金	122	8,846	7,839
经营活动现金流入小计	123	810,455	661,161
购买商品、接受劳务支付的现金	124	554,924	448,185
支付给职工以及为职工支付的现金	125	26,840	23,591
支付的各项税费	126	32,423	39,351
支付的其他与经营活动有关的现金	127	132,618	105,333
经营活动现金流出小计	128	746,805	616,461
经营活动产生的现金流量净额	129	63,650	44,700
二、投资活动产生的现金流量:	130		
收回投资所收到的现金	131	155,570	232,788
取得投资收益所收到的现金	132	-	-
处置固定资产、无形资产和其他长期资产所收	133	66	13
处置子公司及其他营业单位收到的现金净额	134	-	-
收到的其他与投资活动有关的现金	135	-	-
投资活动现金流入小计	136	155,636	232,801
购建固定资产、无形资产和其他长期资产所支	137	24,421	18,547
投资所支付的现金	138	155,000	232,400
取得子公司及其他营业单位支付的现金净额	139	-	-
支付的其他与投资活动有关的现金	140	-	8
投资活动现金流出小计	141	179,421	250,954
投资活动产生的现金流量净额	142	-23,785	-18,154
三、筹资活动产生的现金流量:	143		
吸收投资收到的现金	144	-	-
其中: 子公司吸收少数股东投资收到的现金	145	-	-
取得借款收到的现金	146	16,800	3,000
发行债券收到的现金	147	-	-
收到其他与筹资活动有关的现金	148	-	-
筹资活动现金流入小计	149	16,800	3,000
偿还债务支付的现金	150	16,800	18,800
分配股利、利润或偿付利息所支付的现金	151	361	10,650
其中: 子公司支付给少数股东的股利、利润	152	-	-
支付其他与筹资活动有关的现金	153	50	130
筹资活动现金流出小计	154	17,211	29,580
筹资活动产生的现金流量净额	155	-411	-26,580
四、汇率变动对现金及现金等价物的影响	156	-18	-12
五、现金及现金等价物净增加额	157	39,436	-45
加: 期初现金及现金等价物余额	158	41,713	41,759
六、期末现金及现金等价物余额	159	81,149	41,713

投资性现金流，让别人帮公司造血

投资性现金流

图 4-7 投资性现金流及报表位置

投资所支付的现金。公司购买股票、债券等对外的投资都属于此类性质。

取得子公司及其他营业单位支付的现金净额。通常情况下，具有控制性质的公司都叫子公司，购买这种控制对方的公司所支付的现金都属于此类性质。

支付的其他与投资活动有关的现金。所有投资对外支付现金除上述几项以外，都属于此类性质。

投资出去总要回收的，接下来看投资现金流所有的流入，也就是前面图中第二个水龙头投资性现金流入。

收回投资所收到的现金。凡是投资出去以后将本金收回来的都属于此类性质。

取得投资收益所收到的现金。投资出去一定会考虑有所回报，这里就是取得投资收益的记录，无论是利息还是股利都是投资收益。

处置固定资产、无形资产和其他长期资产所收回的现金净额。当你将以前购买的固定资产在用了几年后卖出去时，你收到的实际成交价现金减去运输、维修等成本支出现金的差额就属于此类性质。

处置子公司及其他营业单位收到的现金净额。子公司多半是战略性的，当处置子公司就表明完成了战略意图，或者公司缺乏现金不得已处置，所获得的现金都要在这里做记录。

收到的其他与投资活动有关的现金。投资类现金流入除上述几项以外，都属于此类性质。

3. 筹资性现金流

图 4-8 展示了筹资性现金流在现金流量表中的位置。融资是流入的性质，我们就从筹资现金流所有的流入讲起，也就是前面图中第三个水龙头筹资性现金流入。

吸收投资收到的现金。多半都是股权投资，就是投资人投给公司的现金占到一定比例的股权，都属于此类性质的现金流。

取得借款收到的现金。多半都是债权贷款，就是从金融机构获得的借款。

发行债券收到的现金。通过金融机构发行公司债所取得的现金。与借款最大的区别在于，借款是银行等金融机构直接将钱给公司，而债券是通过发行让更多的公众来购买。

现金流量表

项目		20181231	20171231
一、经营活动产生的现金流量	119		
销售商品、提供劳务收到的现金	120	800,867	652,322
收到的税费返还	121	741	1,000
收到的其他与经营活动有关的现金	122	8,846	7,839
经营活动现金流入小计	123	810,455	661,161
购买商品、接受劳务支付的现金	124	554,924	448,185
支付给职工以及为职工支付的现金	125	26,840	23,591
支付的各项税费	126	32,423	39,351
支付的其他与经营活动有关的现金	127	132,618	105,333
经营活动现金流出小计	128	746,805	616,461
经营活动产生的现金流量净额	129	63,650	44,700
二、投资活动产生的现金流量:	130		
收回投资所收到的现金	131	155,570	232,788
取得投资收益所收到的现金	132	-	-
处置固定资产、无形资产和其他长期资产所	133	66	13
处置子公司及其他营业单位收到的现金净额	134	-	-
收到的其他与投资活动有关的现金	135	-	-
投资活动现金流入小计	136	155,636	232,801
购建固定资产、无形资产和其他长期资产所支	137	24,421	18,547
投资所支付的现金	138	155,000	232,400
取得子公司及其他营业单位支付的现金净额	139	-	-
支付的其他与投资活动有关的现金	140	-	8
投资活动现金流出小计	141	179,421	250,954
投资活动产生的现金流量净额	142	-23,785	-18,154
三、筹资活动产生的现金流量:	143		
吸收投资收到的现金	144		
其中:子公司吸收少数股东投资收到的现金	145	-	-
取得借款收到的现金	146	16,800	3,000
发行债券所收到的现金	147	-	-
收到其他与筹资活动有关的现金	148	-	-
筹资活动现金流入小计	149	16,800	3,000
偿还债务支付的现金	150	16,800	18,800
分配股利、利润或偿付利息所支付的现金	151	361	10,650
其中:子公司支付给少数股东的股利、利润	152	-	-
支付其他与筹资活动有关的现金	153	50	130
筹资活动现金流出小计	154	17,211	29,580
筹资活动产生的现金流量净额	155	-411	-26,580
四、汇率变动对现金及现金等价物的影响	156	-18	-12
五、现金及现金等价物净增加额	157	39,436	-45
加:期初现金及现金等价物余额	158	41,713	41,759
六、期末现金及现金等价物余额	159	81,149	41,713

筹资性现金流,别人给公司输血

筹资性现金流

图4-8 筹资性现金流及报表位置

收到其他与筹资活动有关的现金。除上述三种情况以外,其他筹资性现金流入都属于此类性质。

接下来就是筹资性流出,也就是前面图中第三个流出口所代表的筹资性现金流出。

偿还债务支付的现金。借了钱总是要还的,就要在这里记录。无论是从银行借的款还是其他金融机构的债务归还都属于此类性质。

分配股利、利润或偿付利息所支付的现金。借钱的代价就是支付利息,股权融资的代价就是出售股权支付股利,凡是支付了现金部分的都属于此类性质。

支付其他与筹资活动有关的现金。除上述两种情况以外,其他筹资性现金流出都属于此类性质。

正确的资金管理应当怎样做

弄懂现金的性质是管好现金的重要前提,但想要真正将现金管好也并不容易,还需要遵循一些逻辑和管理步骤,至少接下来我们讲到的都不能漏掉,每一项都考虑到并且执行到位就不会失控。

一、分类记录:收支分类,及时记录,
始终对收支和存余有计划性

首先是对客观数据的有效记录。不仅要对收支有一个比较细致的分类,也需要建立及时沟通和信息传递的机制,并将现金收支的计划做好。

1. 依据业务规划与历史积累提前划分收支类别

划分收支类别的目的在于充分尊重公司历史发展,并同时兼顾未来成长需求。不能撇弃历史,更不能固守原有而不思更新,必要时应系统、完整地重建公司现有数据的支撑架构。许多公司面临的问题是持守原有的模式不敢打破,因为一旦打破就有可能无法重建,分类杂乱、缺乏系统规划,公司越大就会越发吃力。应当组织专业力量对公司未来的发展做出充分的预估,对于可能会出现的收支都结构化地搭建起来,然后将现有的数据按照新的架构重述,并将此数据切换到如图 4-9 所示的新架构下严格执行,这就是让公司进入正规化的开始。

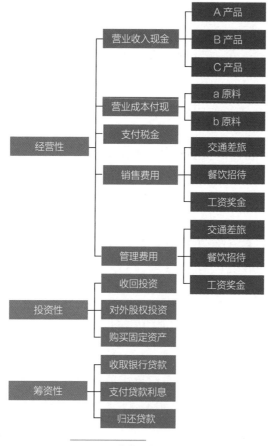

图 4-9　收支分类新框架图

2. 明确各类别规则，消除类同盲区

当类别被重述并细化以后，可能操作人员就会产生许多盲区，不知道相似类别应当如何分配。例如，研发支出、薪酬归属等判断因素较多，对利润的影响也会因为分类不同而不同。这就需要企业在执行新分类之前，首先将容易产生盲区的地方做出明确的书面指引，帮助操作者学习和做出准确判断。这样就不会因为逻辑更新后导致操作人员茫然不知所措，要知道企业越发展就越发依靠操作人

员录入数据的准确性。因为将来数据的处理只有进入体系的那个时点是人工操作，剩下的都是由信息系统自动完成的。就像小说《三体》里描述的一样，往往最底层的工作人员才能改写整个人类甚至是宇宙的历史。

3. 不仅收支分类，存款也应当有大致分类

资金的计划性不仅限于流入流出的预计，更应当对每个时点的存量做出应有的分类预估，也就是确保现有存量现金的计划性，必要时需要专款专用。同时，企业需要建立对未来一段时间日常支出现金的足量储备，例如公司账面上是否需要存储未来半年到一年的日常费用开支额度，确保公司不会因为资金吃紧而导致经营失败。

4. 计划有排序，按照周转周期以及重要程度排序

无论是流量计划还是存量计划，都应当按照重要性来排序。排序的目的就在于一旦出现冲突，应当知道如何快速做出抉择。首先，如果没钱支付就会资金断裂的，一定排在首要地位；其次，同等级重要程度的，排期靠前的更重要。在保证底线式生存考虑以后，就需要考虑资金对业务的最优贡献性和最佳使用效率贡献度，也就是钱花在哪儿对公司的发展帮助最大，那么它的优先次序就更靠前一点。

从整体上来说，企业应当遵循如图 4-10 所示的三个维度来正确管理现金。记录历史是首要的，也是重要的管理数据来源，否则规划筹划将无从谈起。然后，依据记录的情况规划现存量，确保公司始终有钱。最后，时刻不忘未来资金的筹划，确保公司持续有钱。

图 4-10　正确的资金管理维度

二、建立内控：杜绝浪费、越界、怠工、贪腐、欺诈

管好现金离不开内控，尽管在第八章我们会对内控的做法展开讲解，但这里还是要对值得重视管控的环节直接描述。

1. 建立明确流程及流程监管制度

凡是跟资金收付有关的，都应当建立明确的可执行的流程。不少企业的发展轨迹里很长一段时间都是由核心管理层甚至直接就是老板一个人对资金使用有管辖权，底层的流转审核都形同虚设，造成了过程监管缺失，而管理层或者老板的决策仅依靠自己的经验而非过程数据，属于大家长式管理。在企业发展的初期，用大家长式管理现金不是什么坏事，并且大家长几乎能够掌握全部信息，能够做出客观判断。但随着企业不断增长，大家长式的管理就会让企业"头重脚轻"，资源高度集中而缺乏应有的监管。某些企业中正是由于长期老板说了算，反而过程中缺乏监管而导致公司资金受损。

例如，对外支付货款应当建立有监管点的工作流程，且每个监管点都应当有实质性监管存在。尽管大额支出最终还是需要公司一把手批准，但过程的监管也应当落实执行到位。

2. 建立审批权限及特殊事项处理方法

各个审核审批环节都应当有自己独立的职责，避免陷入"齐抓共管谁都不管"的尴尬境地。企业里会存在一种现象，就是在资金支付的单据上各个相关部门的各位相关领导均有签字，可一旦出现了支付错误或失误，则谁的责任都无法追究，好像是责任由所有签字人共担，但实际上谁也没有因此而受到谴责。好的做法是，任何部门、任何岗位人员的签字都应当有明确的审核点，互不推诿、互不转嫁责任，每个审核点都有一个审核人和上一级的复核人；而上一级的岗位也有自己的审核点，并交由平级或上一级实施复核。尽管这看起来很烦琐，在开始执行的时候会有不少阻力，而且效率也

会降低。但只要执行得当，经过一段时间的运行以后，效率就会恢复正常，甚至在运营过程中反而提高了执行效率。

针对特殊事项应当提前制定相对落地的执行方案，毕竟特殊事项不是常态，也不会总出现。但是，特殊事项一旦出现了而没有应急预案，则会严重影响工作进度。这种事情积攒多了，就把特殊事项变成了常态化，公司员工长期处于处理各种突发事件的状况中，资金管理自然就处于捉襟见肘的尴尬境地。而且这种特殊事项也会严重影响真实数据的体现，甚至会掩盖由于日常管理不善而导致的资金短缺。所以，针对特殊事项制定执行方案是非常必要的，而且建议企业根据发生的特殊事件编制案例集，并给出合理的执行建议。这样，既不会令公司的规章制度总是发生变化，又能够有针对性地系统应对。

3. 建立上述规范需同时兼顾效率不能被过度影响

尽管在制定流程和内控过程中更在意其严肃性，但还是要考虑企业的承受能力和发展压力，不建议对流程监管过于严苛，内控的另外一个职责是服务与辅导。企业内控人员不是警察，不应只抓犯罪，更应该对快速发展的各个部门各个岗位加强辅导。只要不触及底线就以服务为导向，触及底线就以刚性处罚为导向。企业绝大多数情况下都不是长期处于底线之下的，所以没有太大必要草木皆兵，让一线执行员工和内控领导懂得如何有效执行内控才是更加实际的工作方式。

4. 建立可视化内控报表和报告，建立上下游自动化相互印证的差异呈现

想要管好就必须及时看到，否则根本没有可管理的基础。想要及时看到，就需要建立起一套能够自动化呈现的报表体系。当然，如果没有能力建立信息系统，依靠人工也应当构建较为高频的报告体系。不仅报表要呈现，上下游自动化互相印证的演算差异也应当

有所呈现，这才真正做到了全盘监控管理。如果报表也是碎片化的，互相没有关联的，甚至上一次给的数据跟这一次给的数据都不同，并且也没有提示，那么领导者读取报表的时候反而得到的信息是最闭塞的，他也是最容易被蒙蔽的。

针对资金报表呈报形式的建议：

（1）必须与业务发展结合，始终着眼于未来发展，而不是仅顾及当下的执行，无论是收支管理制度流程还是审批过程都是如此。

（2）企业必须着手就当下可执行、可落地的业务建立一套基础模板，同时依据基础模板与管理层充分沟通并根据业务发展不断优化。

（3）必须建立能够轻松汇集报表的能力而不是每天使报表成为耗时工作，最佳方式是信息自动化呈现。

（4）每个行业都有自己的模式，应当在本行业内建立公司的资金管控模型，而不要一味采纳通用模板甚至是百度搜索的模板。从企业领导者视角提出具体要求，从企业内部培养人才来不断完善。

5. 根据公司发展而不断改善的内控层级

图 4-11 列示了四条针对资金内控的建议，企业始终着眼于未来成熟期的样式对自己提出要求，并不是今天就要达到，而是始终不能忘记。重要的是当下必须着手行动，不断让自己在增长期有资金。

着眼未来成熟期

着手眼下增长期

效率内控两不误

保底线寻求发展

图 4-11　针对资金内控的四条建议

不能因为内控就抛弃效率，更不能因为效率而放弃风控。确保公司始终有钱这条底线不能突破，还要在这个基础上不断寻求更大的发展。

通过建立内控管好资金绝非一日之功，切不可好大喜功，踏踏实实地根据当下情况制定制度并执行到位。最好的管理就是能执行的，而不是看起来完美的。在企业的管理体系还不是很完整的情况下，不建议盲目聘请外部咨询机构大刀阔斧地更新公司管理制度，尽管这些制度看起来非常完美。聘请外部咨询机构更新公司管理制度的大概率结果就是得到了一本漂亮的管理书而员工依然还跟以前一样没有能力改变。好的方法是随着企业的不断增长而不断增加管理维度，增强内控监管度，细化管控颗粒度。企业成立初期，资金量少，没有必要层层审批。随着企业不断扩大，使用的资金量也随之增大，审批维度就需要拓宽，监管就需要加强。监管一定是层层递进的。

三、资金预警：收支有度，收支两条线，杜绝坐收坐支

"全面预算"框架下的"全面资金计划"可以确保公司始终有钱！资金计划一定不是孤立的，更不应当是仅考虑账户里有没有钱，而应当是基于公司整体发展的每一个过程都资金充足。短期计划用于执行，长期计划用于完成目标。在执行短期计划时始终关注长期计划的偏差度，最终的目标不能因为眼前的细碎工作而被忽略。建立预警机制，设立预警区域和预警点，并设置触发自动报警机制。例如，以三个月或半年的日常运营资金量为限设定预警，一旦低于设限存量或一旦日常运营资金过高，都会触发此预警引起管理层关注，进而设法解决。计划内滚动执行，计划执行完毕并不代表完成工作，而应当考虑对后续的持续性影响。例如，当月执行完毕，是否完成目标，是否对下个月的计划和资金量产生影响，是否因为本月未完成而导致下月必须超额完成原计划，是否已经做好超额完成原计划的充分必要客观支撑。

四、管控往来：严控坏账，关注"表外"资金的管控

应当严加管控"现金流量表"外的往来款，不能只关注已经出现的钱的收支，更要关注应当出现但没有出现的钱的收支，例如应收应付、短期资金周转等。应收、预付的销售与采购的资金风险管理，要么收回钱，要么收到货，都不能放任；应付、预收的采购与销售的资金负债管理，要么付钱，要么交货，都不能置之不理。股东高管往来款的真实性记录与业务实质记录，关联方的资金往来目的与资金流应当保持一致且可验证和可追溯。非金融机构的渠道资金应当清晰可查且不触及法律或监管红线，无论资金进出都应当有明确的依据或相关协议。

五、控制库存：加速周转；提高人效，降低储备成本和因支付习惯而被忽略的成本

以存货为代表的资金占用体系应整体加速周转，例如是否可以减少单次采购量增加批次加速周转，或者取得更优惠的支付周期。存货上限与下限的设置原则以及采购周期考量，在供货周期内尽可能减少库存量，尽可能建立"以销定产"的模型来"训练"供产销体系。严控招聘环节，关注选、育、用、留的人效比和成本，入职后即代表每月定期支付，效率高则收益高，效率低则成本高。关注其他形成支付惯例而被忽略的成本，例如每个月或每个周期都要支付的依据动态数据而改变的成本费用。

六、信息分析：随时可视，建立机制，自动呈现

固化信息源，打通信息孤岛，将资金数据与业务和财务贯穿，在公司内部形成资金数据链，着眼于当下的逐步积累。消除信息滞后，用可视化模式实现随时可见和多维呈现。财务数据最大的问题就是相

对滞后和相对单一的数字化呈现，需结合更多维视角立体呈现。建立多元分析模型，以业务为导向，以财务框架为底层逻辑，互相打通连贯分析。财务框架本身是平衡收付与权责非常好的工具，以财务底层逻辑搭建的业务导向数据分析是不会有严重漏洞和遗漏的。

七、广聚财源：累积信用，融资有道，投资谨慎

建立多元融资渠道，比如股权融资、债权融资等，各种渠道均有自己的资金周期，等到没钱就晚了。积累企业信用，保护企业信用。往往一些很基础的内容企业是不太在意的，却可能影响金融机构的判断，例如注册资本、经营范围、业务变迁、员工状况、组织制度、能源消耗、银行信用记录、延期还款、对外担保等。并不是什么资金都可用，这需要考虑代价与风险。代价过高，一定会加大风险，例如对赌协议做出过多承诺等。资金冗余时的短期投资主要考虑风险可控，资金的用途并不是投资。极度不建议进行任何风险投资，以保障资金按原目标使用。

企业发展各阶段的资金管控要点

企业在每个发展阶段所面临的资金问题不同，当然管理方法也不会相同。企业很小的时候就没有必要大张旗鼓地烦琐内控，企业很大的时候如果还是粗犷的管理就无法真正对企业有帮助。如图4-12所示，我们将企业分为五个阶段分别阐述其资金管理的计划模式、岗位设置以及使用何种工具最匹配当下的资源与需求。当然，基于每个企业的发展轨迹和模式，不一定都按照下述分类，有的企业会直接跳过其中某个阶段而进入下一阶段，有的企业会长期处于某个阶段稳定发展，都是有可能的。所以，阶段的分类是相对主观的，不过其中涉及的管理模式，任何企业基本上都无法脱离。如果不匹

配使用，则很可能无法支撑企业的快速发展，或者会付出过多的成本而收效甚微甚至阻碍公司发展。

图 4-12　五个时期的五种资金管理导向

一、初创期

初创期的企业大多数都收入比较少，日常管理的资金也不多，企业体量与市场规模都比较小。如果是需要融资的企业，基本上是属于天使轮或天使前的阶段。这个阶段的资金管理最主要就是管好日常收支。由于资金并不多而且交易也多半不会过于频繁，所以资金管理模式相对简单。

1. 资金计划多以费用管控为导向

简单来说，就是该收的钱一分不要少收，该省的钱一分也不要多花，勒紧裤腰带过一段紧日子，熬过企业生存期。在积攒足够的资金后再执行更大的发展计划。这个阶段重要的是将银行、金融机构、交易平台等具有资金存储和交易性质的账户全部集中管理，确保公司的资金处于绝对受控和绝对安全的环境下。守住这个底线以后，公司日常的费用开支就应当有所计划和管控，而且只要能管控住日常费用并按照原先预计的情况执行，企业资金就不会混乱。

2. 管控岗位多以出纳模式为主

许多创始人在企业初创期更在意出纳的忠诚度，而并未重视财务工作人员的专业度。在生存期渡过之前都还够用，毕竟这个阶段业务并不十分复杂，领导者对于企业方方面面都能够照看过来。当然，这个过程不能永远持续。我们见过企业发展很大的时候依然只重视出纳而忽视会计的价值，很明显的现象就是出纳的工资要远高于会计的，这并不是个例，而是存在于许多公司中。薪水多少并不是岗位能力的体现，而是领导者心中衡量能为企业带来的价值体现，也就是说，仅限于企业早期甚至作坊阶段的时候会计的价值可能不如出纳的价值大。

3. 管控工具多以简单的流水记账工具为主

Excel 是这个阶段出纳普遍使用的工具，因为不复杂，所以也不用太多的公式函数的计算，对出纳的电脑操作也不会提出很高的要求。只要每天都能将自己记录的金额与银行等各个金融机构存款的余额核对一致，就算是完成了第一步的管理，然后每一笔交易都客观记录真实的情况。如果稍好一点的出纳就会将每一笔收支都做好分类，并按照这个分类做出分析报表，公司领导者就会满意。

二、融资期

所谓融资期，就是企业已经基本具备的产品生产或服务能力，市场开始启动，资金需求量开始增大，公司体量规模也在扩大。这个阶段的企业需要更多的资金来完善产品生产或服务能力，为下一步市场扩张而准备。当然，也不是每一家企业都会需要融资，企业的模式不同，发展轨迹也不尽相同。需要融资发展的企业在这个阶段多半都是在天使轮或 pre A 轮前后。

1. 资金计划多以现金管控为导向

与前一阶段不同的是，这个阶段通常会获得大量现金融资，公司突然多了许多钱，这就不仅仅是要管好日常费用那么简单了，而是要对公司所有资金的未来使用做好充分的规划和管控，特别是大手笔的支出，一定不要因为有钱而"任性"，其实更应当对每一笔支出做好充分的管控。所以，这个阶段应当对企业的全部资金进行集中管理，无论是总部还是分公司、子公司，尽可能由总部直接管辖，而不是放任到各个业务部门。有些领导者希望采取更为激进的模式，就是将资金都调配给一线部门，总部只要市场开拓的"战斗结果"。这种模式虽然对市场贡献很直接，但如果总部的管理管控能力跟不上，这种模式就会成为导致公司资金漏洞的潜在危机。

2. 管控岗位多以财务部模式为主

这个阶段就不能是只考虑记录钱进钱出那么简单了，而是应当建立属于企业自己的基础财务记账能力和初级的税务筹划功能。在初创期，许多公司都是聘请代理记账公司打理财务和税务，这是没问题的，毕竟业务不多，单独组建财务部成本也比代理记账高得多。不过，代理记账最大的缺憾就是不能跟随企业的业务共同发展。也就是说，外部记账公司难以将企业的业务流程贯穿在财务记账模式中，对于刚开始发展的企业来说，就不能满足最基本的管理要求了。

3. 管控工具多以财务系统加流水账为主

财务系统如果设计得好，可以记录企业复杂的业务流程。由于会计与出纳需要配合，所以出纳依然保持原先的流水账。如果企业再进一步加以自动化设计，则可以使出纳记录的流水账自动转换为财务分录，这样会计人员只要能前期设置好分录组，就能用更多的时间对数据进行检查和分析，而这样才算是逐渐建立起对领导者决策的帮助体系。

三、扩张期

企业扩张期通常的表现就是收入开始增多，来源于市场的资金也相对稳定，公司产品和服务也开始撼动市场。这时候公司的主要目标就是要进一步占据市场，所以对于资金的管理诉求大多就是夯实自我生存能力，也就是通过自我经营让公司获得更加稳定充足的资金。如果以融资阶段来看，通常处于 A 轮、B 轮前后阶段。

1. 资金计划多以市场扩张为导向

除了前期的费用管理、资金管理以外，还需要叠加现金流管控和资金合理化管理。绝不是进入新的阶段就放弃前一阶段的管理内容，恰恰相反，而是在前一阶段的管理模式上更加细化并同时逐渐叠加更为全面的管理。 例如，集团全部费用都由总部集中报销的模式，这是构建起集团集中管控的标志性能力，也是企业是否能在快速发展中有充分的管理能力的体现。

2. 管控岗位可以专设资金管理部门

资金量增大，收支频繁的公司会考虑增加专门的资金管理部门，不是每个公司都有专设部门的需要，而是要看企业是否到了一定的交易和资金频繁度不得不独立管理的程度。

使用工具以财务记账系统 +ERP+OA 等与管理系统叠加。随着业务扩大，这个阶段企业内部会突然多出许多信息化系统，财务数据有可能来源于不同的系统中。这个时候尽可能建立起各个系统都与财务系统非人工干预的无缝对接，让财务系统更多地实现自动化生成。当然，这之前需要站在更高的视角来统一规划全公司的各个信息化工具才有可能实现。

扩张期是一个十分重要的承前启后阶段，许多企业往往在这个阶段因为没有把握好节奏和使用好工具，甚至是因为没有建立好团队，会陷入繁琐的日常管理和到处救火的状况。图 4-13 列示了这个阶段企业常常存在的以及亟待解决的四个关键问题，包括公司内部管理体系并未真正规划好、关联公司的交易频繁并疏于管理、还有许多资金仍然存在"体外循环"问题而不改进以及对外部收购的分子公司无法做到集中管控，各路"诸侯"独霸一方不接受总部的实质管理等。针对这些现象，如果不采取稍微强势一点的管理手段，那么很有可能从此公司就不再真正受控，公司也不会发展成了不起的企业。

图 4-13　企业扩张期需要解决的关键问题

四、增长期

这里的增长期是指利润增长，市场普遍接受了公司的产品和服务，公司的利润也开始实现，日常经营趋于稳步增长，市场的整体发展也趋于稳定。从融资的角度来看，多半是处于 B 轮、C 轮、D 轮左右。

1. 资金计划多以利润为导向

除了前期管理模式不能放松以外，需要叠加采购与销售的资金调配。这非常考验公司的管理管控能力，特别是集团化运作的企业。一种现象是集团下某些企业资金充足但不愿贡献给总部调配；另一种现象是一些企业资金十分紧张，如果总部不能支持则不得不从外部融资。不仅融资成本高，更增加了经营风险。这个阶段企业就应当建立集团化集中收付款的能力，资金由集团内统一调配、综合管控，各个企业的盈利能力不能因为资金受限而受到损失。

2. 管控岗位可采取结算中心模式

在集团层面实现资金集中管理，结算中心行使内部资金结算功能，模式建立的成功与否直接影响整个集团资金调配是否顺畅。不要以为公司好像并不雷同于大型跨国集团的复杂模式就不用建立集中资金的管控模式，而是需要考虑在建立集中资金管控以后如何能更加快速高效地让各个企业都因此获益，而非因此而更加受限于资金。

3. 使用工具可采取财务系统 + 管理 OA+ 管理 ERP+ 预算系统的叠加

这个阶段不仅是新功能的叠加，更要考虑对每项信息系统的细化管理。

五、成熟期

成熟期的企业回报非常稳定，因日常经营积累而资金雄厚，企业体量规模庞大，企业完全具备上市能力，不管是否真的上市。

资金计划模式多以全局导向为主。全局导向也可以用"全预算管理模式"来衡量，成熟企业会将现金管理嵌入整个企业的预算管理体系当中，建立全球资金统一管理能力，包括投融资的整体协调和管控。

　　管控岗位可以采取财务共享中心及财务公司模式。共享中心由于企业足够庞大而体现出的规模效应明显，共享中心使集团管控不仅高效快捷、准确率提升，同时也在很大程度上降低了成本。集团内部形成资金池功能和内部融资功能，企业整体资金的使用效率会大大提升，同时融资成本也会大幅降低。

　　使用的工具是多系统打通的财务统管模式。虽然各个信息系统越发复杂，但最终的经营成果依然会呈现在财务报表中，过程中产生的大量信息数据都将成为财务报表的形成依据。利用财务框架搭建集团管控是最佳的均衡管理模式。

三个现金小结：

> 企业没什么都不能没现金。
>
> 企业没有利润还不会立刻死，没有现金就好像人没有了血液，会马上倒闭！
>
> 管理现金首先就要有整体意识和计划性。
>
> 做好及时记录和呈现，为决策做好充分分析。
>
> 多维度、多角度、多渠道地获取现金。
>
> 尽量多地收取现金，尽量少地支付现金。

05

第五章 —— Chapter
四个利润看业绩 five
增长能力

本章纵览：

利润是领导者最为关注的经营指标，也是领导者最擅长管理的。这一章我们着重将利润分为四个层次来进行讲解，让领导者更加深入地理解究竟什么才是利润。管理企业不应当只考虑扩大经营规模，更要考虑如何赚取尽量多的利润，或者尽可能不要让企业亏损。为了获取结构性利润，领导者也应当了解形成利润的前置来源。这些来源绝大多数都不会在财务体系中呈现，但都应当是管理重点。要想获得利润，交税是必须的。要想筹划税，首先就要懂税。

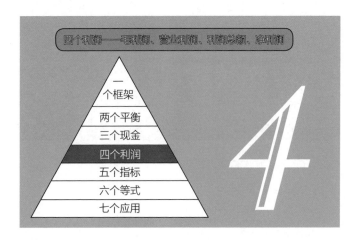

现在我们进入"极简财务金字塔"的第四层，即"四个利润"。

利润的构成，究竟什么是赚钱

一、形象地理解究竟什么是利润

究竟什么是利润呢？什么又是企业应当赚取的健康的利润呢？我们首先将"利润"这两个汉字在图 5-1 中做一个简单的拆解，更加贴切地展示和理解什么才是健康的利润。

禾：成长的业绩
刀：砍掉成本费用
水：流水代表现金
门：确保安全
王：老板和经营者

图 5-1　"利润"汉字解构

先看"利"字的左边"禾"，代表成长、业绩，成长的业绩就代表公司的销售收入。

再看"利"字的右边"刂"旁，代表削减，就是砍掉公司的成本费用。减掉成本费用的收入就是利润，这很容易理解。

再看"润"字的左边"氵"三点水旁，代表流水。流水就代表现金，这在前一章已经讲过，公司有流水就好像人体有血液一样不可或缺。

再看"润"字的右边"门"，代表安全。只有在安全的情况下赚取利润，才是持久的和可靠的。否则，就算获利再高也不可能使企业长期持续发展。

门里保护的是什么人呢？"王"代表公司的领导者、经营者。

也就是说，企业的领导者应当在确保安全的情况下赚取有足够现金流的利润，才是真正良好的利润、健康的利润。否则，公司账面上的利润再高也不一定能让企业真正有钱维持生命。从另一个角度讲，即使公司的钱再多，如果成本费用始终超过收入也会成为无源之水，早晚都会财力耗尽。如果公司不能始终处于合规的安全状况下，很有可能只要发生一两次严重违规事件就直接导致公司的失败，就算再赚钱、再有钱的公司也不能生存下去。就好像近几年被退市的上市公司，尽管看起来盈利能力非常强，现金也非常充足，但产品或服务在市场违规导致被监管部门审查，最终不得不退市，多年的经营积累顷刻间毁于一旦。

所以，汉字真是博大精深，通过"利润"这两个字就能直接将企业里所蕴含的想要实现的健康利润全部呈现出来。

我们还可以再聚焦一下，如图 5-2，只把"禾"单独拿出来，看看利润是如何形成的。

"禾"整体代表公司的收入，成本是支撑经营的重要支柱，那么"禾"字中间的竖线就可以代表成本，这部分是需要减掉的，减掉成本的收入就是毛利润：收入－成本＝毛利润。

收入

−	成本	=	毛利润
−	费用	=	营业利润
±	其他收支	=	利润总额
−	税	=	净利润

= 利润

1. 权利义务是否转移
2. 是否是此期间转移

日常经营焦点不仅仅是销售，
更应当是利润

图 5-2　"禾"字解构成为利润的各主要组成部分

　　下一步就是费用，费用是搭建经营的重要梁木，那么"禾"字中间的横线就可以代表费用，毛利润再去掉日常的费用开支，就变成企业的营业利润：毛利润 − 费用 = 营业利润。

　　接下来就是与日常经营没有直接关联的营业外收支，那么"禾"字的撇就可以代表其他收支增减，营业利润去掉其他收支就是利润总额：营业利润 − 其他收支 = 利润总额。

　　再下一步就是税了，这里的税是指企业所得税。那么"禾"字的捺就可以代表所得税，利润总额去掉企业所得税就是公司的净利润：利润总额 − 企业所得税 = 净利润。

　　自上而下全盘计算最终的结果，才是真正意义上的利润，也就是公司真正赚到的钱。企业日常经营的焦点绝不仅仅是销售收入，也不仅仅是公司的市场扩张，而应当聚焦在是否能够赚到足够的利润。

　　这里我们也要复习一个前面学习过的概念，就是权责发生制。在利润计算的全过程中，无论是收入成本还是费用支出，都遵循了权责发生制的原则。也就是说，依据权利义务是否发生了转移来确认收入、成本和费用。同时，也应当关注是在哪个期间发生的转移。例如，在 12 月 31 日发生的转移，就应当计入当年的收入成本中；如果是第二天，就要归到下一年的收入成本中。

二、四个利润分层拆解

1.毛利润

图 5-3 展示了毛利润的组成以及在利润表中的位置。毛利润是收入减成本的结果，也代表公司存在的实际价值。公司日常经营的产品服务究竟能不能让公司获得利益，这一点非常重要。如果有公司在一段时期内成本比收入还高，就代表在这段时间根本无法通过日常主营产品获得足够的利益。除非在未来的某一个时间能够扭转这种现状，否则这家公司就没有存在的价值。不过如果是为了扩大市场而短期降价促销就另当别论了，例如早年间的滴滴打车，不仅

毛利润，
公司存在的实际价值

利润表			
项目		20181231	20171231
一、营业总收入	89	700,117	555,419
营业收入	90	700,117	555,419
二、营业总成本	91	666,257	517,871
营业成本	92	502,341	394,792
营业税金及附加	93	3,215	3,101
销售费用	94	146,071	107,538
管理费用	95	11,347	10,166
财务费用	96	-910	-68
资产减值损失	97	782	667
公允价值变动收益	98	-	-
投资收益	99	569	580
其中:对联营企业和合营企业的投	100	-1	-10
汇兑收益	101	-	-
三、营业利润	102	39,785	40,726
营业外收入	103	535	304
营业外支出	104	136	398
非流动资产处置损失	105	-	-
四、利润总额	106	40,183	40,633
所得税费用	107	9,797	10,431
五、净利润	108	30,386	30,202

图 5-3　毛利润的组成以及在利润表中的位置

给司机补贴（销售费用增加），还给乘客降价（收入降低），在成本不改变的情况下（应当给司机支付的乘车费）自然就有可能出现毛利为负。这是战略性的亏损，只要公司有足够的现金支撑，那么用低价抢占市场的成果就是迅速坐上了网约车的头把交椅。如今的滴滴打车每一单乘车交易都会赚取此单交易的 20% 多的交易收益。全国每天的网约车交易量如此庞大，企业自然就获得了高额回报。

收入的管理绝不能只看这么一个大数，应当区分不同的产品线、不同周期、不同细节等更深入地进行项目制管理。这里指的项目制并非只针对专门做项目的公司，而是泛指所有公司都应当尽量细地分解收入来源和收入模式，毕竟收入是公司日常经营赖以生存的来源，没有收入就没有自我生存能力，有了收入并超过成本才是一个企业能够自我生存的典型标志。

成本与费用是如何区分的呢？简单理解就是成本与收入是完全匹配的关系，有收入就有成本，没有收入就没有成本，或者不管实质上有没有收入，只要是为了收入而产生的成本真的出现了，这部分就是成本。费用并不是与收入完全匹配的，而是为整个公司服务的。

举个例子，一家销售计算机的公司采购的计算机是 5 000 元（暂不考虑任何税，后同），当按照 8 000 元卖出去，8 000 元就是收入，5 000 元就是成本。如果这台计算机没有卖出去，那么 5 000 元就不是成本，而是存货。如果为了销售所有的计算机，打广告花了 1 000 元，差旅交通请客吃饭花了 800 元，这 1 800 元就是销售费用。换句话说，我就是打广告、请客吃饭等都花钱了，也不一定就百分之百地保证计算机卖得出去，同时这些销售行为并不是仅仅为这一台计算机的销售服务的，而是长期销售的综合行为，所以这 1 800 元就不是成本。

有一些成本的配比关系是由于时间周期的消耗而逐渐产生的，

例如公司购买了一年的播放权，这一年应当是均衡消耗的。也就是说，每个月会按照流逝的时间平均分摊购买播放权的成本。就算其中某一个月一分收入都没有，这个月的成本也是存在的，表面上看好像成本收入并没有十分匹配，但这种收入成本的实现方式就是如此。现实当中用户通常也会购买几个月或一年及以上的周期，收入也会按照月份平均分摊到各月，这样收入与成本又是匹配的。

毛利越高，理论上公司存在的价值就越大。毛利越低，理论上公司的生存压力就会越大。股神巴菲特对于拟收购公司的毛利就非常看重，他希望看到的是毛利相对比较高的公司且经营模式也比较能看懂的。原因就是公司的日常经营开支应当全部包含在所获得的毛利当中，就是毛利减去销售费用、管理费用、财务费用等这些费用以后才是最终利益。如果公司的毛利过低，就代表没有更多的空间来做市场销售和日常管理，自然公司最终的净利润也不会大到哪去。所以毛利越高，公司所要施展拳脚的空间也就越大。

毛利是考量一家公司主业经营能力非常重要的指标，可惜在我国的财务报表中却没有将这个数字单独列示出来，或许就是因为计算太简单了。不过在西方的财务报表中，普遍都会将毛利金额直接列示在利润表中。对于你自己的公司来说，对毛利的关注度应当提到足够重要的程度上。关注公司毛利的滚动发展变化，最好的状况就是逐渐稳定地扩大毛利。当然，面临市场压力，同时又希望获得更多的市场份额，也不得不降低毛利率。有一点需要谨慎对待的，就是毛利率虽然可以下降，但毛利的绝对值最好还是要保持增长，这是一个重要的考量。销量大就意味着更多的支撑，配套的人员、车马、水电等都会增加，就需要更多的毛利来支撑。否则，一旦费用增加而毛利降低，就会很容易出现整体亏损。如果再长期不能扭转的话，公司就会进入萎靡不振的状况。

前面讲过，收入成本都是权责发生制，也就是以权利义务发生转移的时点来确认，有些行业看起来就是用收现金的时点来确认的，这是什么原因呢？因为这些行业现金的收付恰好与权责发生制的时点重合，例如零售行业一手交钱一手交货，现金流和利润之间的权责转移是完全重叠的，所以就可以用现金收付的记录确认企业的收入或者是成本费用，但这并不是一个普遍存在的规律。所以作为领导者，如果只关注公司的账面上有多少钱、收了多少钱、付了多少钱，而不关注权利义务是否发生真正转移，就会遇到现实中的理解错误。

2. 营业利润

接下来是公司的营业利润，图 5-4 展示了营业利润的组成以及在利润表中的位置。毛利减去各项费用等就是营业利润。从字面上也容易理解，就是公司的日常经营管理能力是否能够支撑整个公司的运营，通过公司所支付出去的各项费用就可以看得出来。我们首先选出最有代表性的"四费"来解释，也就是销售费用、管理费用、研发费用和财务费用，这四项费用也是绝大多数公司都会发生的。

营业利润，
公司管理能力体现

利润表

项目		20181231	20171231
一、营业总收入	89	700,117	555,419
营业收入	90	700,117	555,419
二、营业总成本	91	666,257	517,871
营业成本	92	502,341	394,792
营业税金及附加	93	3,215	3,101
销售费用	94	146,071	107,538
管理费用	95	11,347	10,166
财务费用	96	-910	-68
资产减值损失	97	782	667
公允价值变动收益	98	-	-
投资收益	99	569	580
其中:对联营企业和合营企业的投	100	-1	-10
汇兑收益	101	-	-
三、营业利润	102	39,785	40,726
营业外收入	103	535	304
营业外支出	104	136	398
非流动资产处置损失	105		
四、利润总额	106	40,183	40,633
所得税费用	107	9,797	10,431
五、净利润	108	30,386	30,202

图 5-4　营业利润的组成以及在利润表中的位置

首先是销售费用。公司因为销售行为所产生的所有费用都是销售费用。许多领导者将销售能力视为公司的生命线，销售能力强则公司的市场规模大，能盈利；销售能力弱，则公司产品很难打开局面，盈利能力也就弱。所以，销售费用的投入就显得尤为重要。当然，也不是说费用越高越好，而是能够让公司的市场稳定扩大，就必须投入必要的销售费用。应当关注一家公司在销售费用上的投入是否与同行业在各自收入中的占比均衡，在竞争对手之间各自投入的销售资源是否能够获得更高效的回报。如果过分节省，就会导致公司没有办法打开市场局面。

其次是管理费用。最佳管理模式是建议按照事项本身来目标化管理，也就是说不是仅仅用数字的多少来衡量，而是用费用的多少与产生的效果做对应管理。细化到因为什么事件、可能导致什么后果，是什么人做了什么努力、付出了什么代价、取得了什么收效等。可以简单地用"六什么"来提醒自己，是否这些都考虑到了，哪些还只是付了钱而没有了解其收效。

费用管理也应当进一步拆解到更加细节的维度来管理，例如按项目、按市场、按区域、按事件、按部门、按人员、按服务、按效果、按时间等多元化维度进行综合立体的管理。当然，这对财务工作者提出了非常大的挑战，因为只有记录了这些维度，才有可能用这样立体的方式进行分析和管理，正所谓可测量的才可检验。

管理费用是指因为公司的管理行为所产生的所有费用，是体现一家公司的管理运营投入是否恰当的数字。管理费用跟销售费用不同，投入销售费用或许不到一年就能看到效果，而管理费用要持续几年的投入才能看到企业管理能力的整体变化。不过，管理费用如果持续低投入，短期内看起来是很赚钱的，但长期发展就会缺乏管理后劲，很有可能出现企业越大、管理能力越弱的现象。需要找到一个既顾及未来发展，又不会过分投入的均衡点配置给自己的企业，冷静地对待管理投入。

　　管理费用与销售费用都不会因为收入增长而同比例增加，这与成本不同。成本多半与收入同比例增减，而费用则是阶梯式的。因为费用在很大区间内是相对保持不变的，例如一家公司在 5 人的时候销售额 100 万元，有 1 名综合管理人员；当员工增加到 20 人的时候销售额增长到 500 万元，依然还只有这 1 名综合管理人员。当人数增加到 50 人的时候销售额增长到 1 000 万元，或许综合管理人员会增加到 2 名。综合管理人员的人数并没有随收入同比例增加，薪酬也不会同比增加。

　　在销售费用和管理费用中，都有可能出现固定资产折旧和无形资产摊销。这两项是不需要当月支付现金的，是由于以前已经购买而将原先的价值通过每一期的消耗而分摊到当期逐渐减少利润的。

　　固定资产在会计准则里的特征就是要在一年以上的使用期，其价值呈现也是相对均衡地在未来几年逐渐释放的。例如，购买的机器设备在未来几年都能为公司生产产品，那么其价值就是在未来几年逐渐释放给产品的。再如，公司的办公家具是给员工在未来几年持续使用的，其价值也是为公司产生经济价值的一种体现。不过由于无论是会计准则还是所得税法都不再规定金额限制，理论上讲，哪怕只有几块钱的工器具，只要使用周期在一年以上的，都可以当做固定资产来管理，但这对于企业来说就太过细碎了。所以许多企业自己规定了一个金额限制，比如 5 000 元以上就列为固定资产，5 000 元以下就列为低值易耗品。而列为低值易耗品的资产虽然在财务账面上不一定再当作资产记录，但在财务账套以外通常也以清单式管理存在。无论价值高还是价值低，公司都应当有所管控，不能失控遗失。

　　固定资产在使用多年以后通常都会将剩余的价值作为二手品卖掉，收回一部分资金，这部分资金就是前期对固定资产预计的"残值"。

公司会预计一个比例，比如 5% 的残值，把扣除这部分残值以后的固定资产价值再在未来使用年限中平均分摊到每一个月，这就是折旧的来源。固定资产折旧方法也有很多，刚刚讲过的叫年限平均法，另外还有工作量法，就是按照工作量的消耗来计算折旧金额；还有年限总和法和双倍余额递减法，这两种方法都是在使用期的前半部分加速折旧，后半部分减速折旧。

固定资产折旧最早来源于美国历史上修建铁路增加运力的建设，如果一次性将铁路修建的付出都作为项目成本，那么就没有人愿意投资，因为会连续多年没有利润。于是当时的经营者与投资方就商定将铁路建设的一次性投入按照这条铁路计划服务年限平均分摊到每个核算周期里，这样财务报表立马就漂亮很多，这或许也是人类历史上最早的固定资产折旧了。

固定资产根据其使用的年限不同，折旧期也不同。会计准则里并没有限定每类资产的建议年限，原因是会计准则更多让企业自行根据行业特性来判断，自己负责，我国所得税法倒是给出了税法要求的年限。例如：房屋、建筑物为 20 年；飞机、火车、轮船、机器、机械和其他生产设备为 10 年；与生产经营活动有关的器具、工具、家具等为 5 年；飞机、火车、轮船以外的运输工具为 4 年；电子设备为 3 年。如果企业选择了比这个时间周期短，就意味着利润下降，那么税务部门就会要求按照税法的年限重新调整计税基础。

无形资产摊销与固定资产非常相像，原理都是一样的，只是无形资产通常都没有残值，因为它在使用生命终了以后很难再卖得出去，所以无形资产通常不计算残值。无形资产如果有明确年限的按照这个年限来摊销，例如合同里规定了使用 3 年，就是 3 年摊销。如果没有明确规定年限，同时这个无形资产也会因为时间的流逝而价值减少，通常可以按照 10 年来摊销。

会计上有一个规定就是：固定资产当月增加当月不折旧，下月折旧；当月减少当月依然折旧。无形资产则是当月增加当月摊销，当月减少当月不摊销。

销售费用和管理费用都是企业日常管理的重中之重，管理好了就会有很好的收效，管理不好就会成为公司的巨大漏洞，资金都会白白流失。

再次是研发费用。研发分为两个阶段，一个是研究阶段，另一个是开发阶段。公司在研究阶段所产生的支出都归属于研发费用，这称之为"费用化"，比如人工、水电、车马费等。在开发阶段所产生的支出都归属于开发支出，这称之为"资本化"，也就是不影响当期的利润，而是在未来组合成为公司的无形资产。

研究阶段就是还不知道要研发什么产品，做一个前期调研或者前期测试，是一种以研究为主的投入，这部分就应当归属于利润表里面的研发费用减少当期的利润。

但如果是公司已经确定了要研发什么产品（比如要开发一个App），公司内部已经立项、签署了立项手续以及做好了各种预算和资源安排，那么这一部分就应当成为公司内部研发支出。也就是说，从立项开始，所有产生的支出都应当归属在资产里的研发支出。最终在研发成功以后，所有因为这个项目所花费的都应该归集为这项技术的成本，成为公司的一项无形资产。所以，公司内部研发所需要的费用要按照其性质分属记录。这里描述起来很简单，但日常操作中就会很复杂，会面临各种各样的判断，对记录人员的能力是个不小的挑战。

最后是财务费用。因为公司日常运营管理筹措资金而产生的费用都是财务费用，例如公司贷款利息、存款利息（是负费用）、银行手续费等。贷款利息也存在费用化和资本化的区分，凡是因为日常运营管理而贷款的利息都是财务费用，凡是因为公司构建长期资产而贷款的利息都要归集到这项长期资产的成本里去。这跟研发费用有点类似,例如你从银行贷了一笔款,目的是为了日常的经营周转,那么产生的利息就应当在财务费用里面记录。如果你借的这笔钱是为了盖一个厂房,那么在建设期间利息都应当计入这个厂房的成本中,而不应当计入财务费用里。也就是说,为了建造这个厂房所产生的贷款利息都应当成为这个厂房本身的价值组成。

这里就会有一些数字间的逻辑关系需要体现了。如果你看到一家公司财务报表有很多的贷款,却没有在财务费用里面看到利息,那么就要进一步查看这个贷款的性质是什么了。如果是日常经营的贷款,那么这家公司一定漏记了利息费用;如果是构建长期资产,那么就需要进一步查看公司的在建工程是否记录了贷款利息。

除了"四费",营业利润组成还有资产减值损失、公允价值变动损益和投资收益等。

关于资产减值损失的含义,需要特别关注。根据会计准则的规定,企业在每个会计期间终了都应当对资产进行判断,是否出现减值迹象,必要时需要测算减值了多少,由此根据公允价值来调整公司资产的账面价值,同时减少公司的利润。

减值损失在企业里以两种形态存在,一种是计提的损失,就是预计可能有损失就先算成损失了;另一种是真的损失了。

短期资产的减值准备。例如公司的某一笔应收账款,客户始终都不支付,公司内部就应当考虑这笔钱是不是很有可能收不回来。从稳健性的原则出发,公司就要将这部分钱先算成减值损失。公司也会根据历史情况和同行业对比制定会计政策,规定一些合理性的推断,按照公司应收账款的账龄长短给出可能损失的比例。例如,某上市公司的会计政策里规定:账龄在 1 年以内(含 1 年)按 5% 计提坏账准备;1~2 年 10%;2~3 年 30%;3 年以上 100%。这里的百分比就是无法收回的金额占比。短期资产无论是应收账款还是存货的减值,如果市场重新恢复了原先更高的价值,已经计提的减值就可以根据市场情况做相应的转回。

长期资产的减值准备。例如公司购买一台笔记本电脑（10 000元）作为固定资产，按照三年使用期 5% 的残值计算，经过一年的使用后，会计提 3 166 元折旧（ 10 000×（1−5%）/3 ），也就是一年后这台电脑的账面价值是 6 834 元。但由于电子产品更新速度很快，可能现在一台同样配置、同一型号的笔记本电脑在市场上购买只需要 7000 元，与原先购买的价值相差很大，那么公司就应当考虑笔记本电脑价值的核减，就是按照现在市场价做同样的折旧后看价值减少了多少，这个减少的价值就应当成为减值损失。我国的会计准则还有一个要求，就是长期资产发生减值如果将来又恢复原先的价值甚至更高了，例如这台笔记本电脑市场价格又恢复至 1 万元，会计准则也不允许将这个价值重新再调回去。所以长期资产减值是单方向的，减了就减了，永远都回不去了。

当然，在非上市公司里大多不愿去做这种资产减值损失的计提。因为只要不是真实损失的，税务部门是不会认可抵扣所得税的。也就是说，虽然公司减少了利润，但税务部门依然要求公司将这部分计提减值恢复以后计算所得税。那么简单按照利润总额来看，企业的所得税比例就有可能超过税法的比例，也就是企业通常所说的税务部门不认可企业发生的损失，这部分也要交税。只要公司真正出现了资产损失，税务部门通常是认可能够抵扣企业所得税的。

公允价值变动收益是指公司购买了有公开交易市场的金融产品（例如股票）能够方便地随时看到价格变动，而且持有目的也是为了获取差价收益的，那么这个变化就需要调整公司账面价值，增减就会记录在公允价值变动收益中。

接下来是投资收益。公司对外的投资如果有收益回报，都会在这里做记录，无论这个收益是正数还是负数。投资收益大多数是收到了收益，或者对方已经明确宣告了发放股利，公司就应当记录。不过有一种投资收益是这样的：当公司占有对方公司20%~50%股权的时候，对方公司的账面利润无论是否分配，公司都应当按照占比在这里记录收益情况。20%~50%是表示公司对被投资方有重大影响，所以被投资方的利润变化应当直接影响公司的投资收益变化。

整体上将"四费"和减值等因素扣减以后，就形成了企业的营业利润。营业利润体现的是公司的日常经营管理能力。我们常常会用这些数字的变化来考量整个公司的内部经营管理，是否因为公司体量或是市场能力的增减而随之增加和减少。通常，这些数字的变化也不应当跟收入增减是线性关系，而应是一个阶梯式变动关系。公司收入在从一个阶段跳到下一个阶段之前，公司的管理人员和销售人员是相对稳定的，工资不会因为收入的增加同比例增加。企业收入增长的时候费用有所增加是正常的，当企业收入下降的时候，费用是随之下降还是依然惯性增长，这就十分考验管理者的管控能力了。所以，公司的增长其实能够掩盖许多企业内部存在的问题，特别是管理问题。常常看到上市公司在业绩突然下滑的时候，日常费用依然还跟以前一样呈增长趋势，并没有因为业绩下滑而少花钱，这就会使公司加大亏损、雪上加霜。

3. 利润总额

图5-5展示了利润总额的组成以及在利润表中的位置。用营业利润加上营业外收入，再减去营业外支出，就是公司的利润总额。利润总额就是将公司的所有经营都含在内究竟获得了多少利润。所谓营业外收入支出，就是跟公司日常经营没有直接关系的那些收入支出，例如政府给企业的没有任何回报要求的补贴就属于营业外收入，再如公司没有按时交税而受到税务部门的罚款就是营业外支出。企业不应当有太多的营业外收支，更多的收入和支出都应当在主营业务上，否则就变成了"不务正业"。有一些经营

遇到困难的上市公司营业利润是负数，而最终利润总额却是正数，就是用非主营业务的收入使得公司不至于亏损，不必"ST戴帽"。但毕竟这类收支不是公司日常经营的范畴，相当于无源之水，这一次有了，下一次就不一定了。所以，企业的经营重点还是要放在主营业务上。

利润总额，
公司额外收益损失管控

利润表			
项目		20181231	20171231
一、营业总收入	89	700,117	555,419
营业收入	90	700,117	555,419
二、营业总成本	91	666,257	517,871
营业成本	92	502,341	394,792
营业税金及附加	93	3,215	3,101
销售费用	94	146,071	107,538
管理费用	95	11,347	10,166
财务费用	96	-910	-68
资产减值损失	97	782	667
公允价值变动收益	98	-	-
投资收益	99	569	580
其中:对联营企业和合营企业的投	100	-1	-10
汇兑收益	101	-	-
三、营业利润	102	39,785	40,726
营业外收入	103	535	304
营业外支出	104	136	398
非流动资产处置损失	105	-	-
四、利润总额	106	40,183	40,633
所得税费用	107	9,797	10,431
五、净利润	108	30,386	30,202

图 5-5　利润总额的组成以及在利润表中的位置

4.净利润

图5-6展示了净利润的组成以及在利润表中的位置。净利润与利润总额之间只差了企业所得税。企业盈利了就会有所得税，没有盈利理论上就没有所得税。在没有所得税的情况下，利润总额和净利润是相等的。同样地，在没有所得税、没有营业外收支的情况下，净利润、利润总额和营业利润也是相等的。所以，最终企业所关注的重点应当都是在营业利润上。

净利润,
所得税与企业整体收益

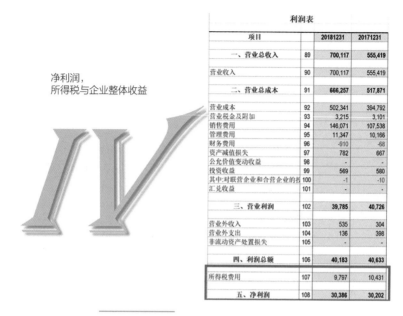

利润表			
项目		20181231	20171231
一、营业总收入	89	700,117	555,419
营业收入	90	700,117	555,419
二、营业总成本	91	666,257	517,871
营业成本	92	502,341	394,792
营业税金及附加	93	3,215	3,101
销售费用	94	146,071	107,538
管理费用	95	11,347	10,166
财务费用	96	-910	-68
资产减值损失	97	782	667
公允价值变动收益	98	-	-
投资收益	99	569	580
其中:对联营企业和合营企业的投	100	-1	-10
汇兑收益	101	-	-
三、营业利润	102	39,785	40,726
营业外收入	103	535	304
营业外支出	104	136	398
非流动资产处置损失	105	-	-
四、利润总额	106	40,183	40,633
所得税费用	107	9,797	10,431
五、净利润	108	30,386	30,202

图 5-6　净利润的组成以及在利润表中的位置

　　许多企业在考核管理者的时候,更愿意用的一个指标叫 EBIT,也就是息税前利润。

　　从名字上就可以看到,"息"指的是利息,"税"指的是企业所得税。为什么用息税前利润来做经营考核呢?因为无论是利息还是所得税,都不是企业经营者能够掌控得了的。如果资金来源不是从金融机构贷款而是股东投入的,那么就不会产生利息。这部分资金来源不在经营者的掌控范围之内,只在于股东做了什么选择。如果股东愿意拿出钱来,那就没有利息了。虽然利息减少了公司的利润,但这部分的影响度就应该从管理者对企业经营管理的考量中剔除出去。

　　所得税率也同样不被经营者所掌控。如果是一家普通企业,所得税就是 25%;如果是一家高新技术企业,那么政府就会给 15% 的优惠税率。这种差异并不是因为公司的经营管理者多么有能力而额外增加了 10% 的利润，仅仅是因为企业身份不同（关于所得税，我们后面会用单独一节来进行描述）。

三、利润的日常管理与企业价值

企业无论怎么经营，最终都希望能够获得足够的利润。获得利润并非企业的经营目的，企业的目标其实是为了让企业价值不断增加，最终让人类获得更多的普遍利益。尽管目标远大，企业还是要随时保持能够生存的底线不被打破，同时用赚取的利润不断扩大生产经营规模健康成长，才能真正有可能实现终极目标。图 5-7 展示了企业价值提升的一些常规因素。

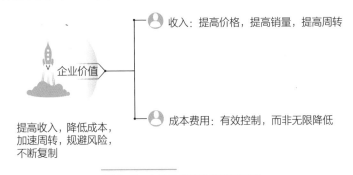

图 5-7　企业价值提升的常规因素

获得利润并非企业目标，但没有利润企业就无法实现目标。所以早期企业的目标都设立在"利润最大化"，这种理念已经被普遍诟病。再后来企业的目标都设立在"股东利益最大化"，毕竟股东是公司的拥有人。不过这种说法也被挑战，只考虑股东现实利益最大化，就有可能伤害公司的未来成长，或者说是以"杀鸡取卵"的方式让公司看起来很有价值。所以再后来许多公司就将目标改为让更多的人类获得更多的利益。无论这个目标怎样，公司想要扩大价值就必须踏踏实实做好每一步经营，就是要不断提高收入、降低成本、加速周转、规避风险和不断复制。

有一个很好的例子,有一部电影《我不是药神》曾经一度大受欢迎,许多人看过以后都痛恨不良药商。如果仅从商业经营的角度来看,如果是药厂自己发明的新药,通常的研发成本至少10亿美元,而且至少要耗费十年以上。药厂之所以能够付出如此大的代价来研发新药,就是期待未来销售的时候能够获得更高利润,以此来弥补这十年10亿美元的代价。当然,如果是中间商也因为新药稀缺性而漫天要价就不太被接受了。片中的男主角最初打通走私渠道,目的并不是为了让更多人活命,仅仅就是为了赚钱,而且也真的赚了好多钱,成了一个小富翁。这个时候他的"企业"一味追求利润最大化而放弃了安全、放弃了良知。这个阶段的企业早已渡过生存期,如果还一味追求利润最大化,就一定会伤害自己。

因为担心受罚以及被竞争对手打压,男主角及时收手,用赚来的钱开办了服装工厂。这个阶段的"企业"更在意风险,违法经营毕竟不是可持续的,更不能长期赚钱。男主角新开办的工厂就跟我们平时看到的工厂很像了,要花费很大代价去说服客户,要花费很多精力去管理工厂。但是这样的企业只要还能赚钱,其实还是可持续的,有利润、有现金、低风险或无法律风险,这也就符合了本章开始描述的赚取"健康的利润"。

可到了后来,舆论谴责也好、良心发现也好,男主角宁愿赔钱都要给病患进药。此时他的目标就已经转变为"为更多的人活命而付出",只不过依然采取了违法手段,虽然目的很好但手段违法;虽然也真的帮助了很多病患,最终还是被判有罪。这个情节里的"企业"就已经不是真正意义上的"企业"了,因为成本增加而收入不变,成本远远超出了收入。此刻他也已经不再是企业经营思维了,而是超常规付出的奉献思维。

尽管这个案例并不是非常正面,毕竟有违法行为,但这部作品恰好就是许多企业现实经营的写照。

扩大企业价值首选的就是提高收入。提高收入有多种方式，比如提高价格、提高销量、加速周转等，都可能增加收入。提高价格的代价通常是减少客户量，也就是用更高的价格、更好的质量为相对更少的人群服务。术业有专攻，做好自己的工作并达到极致，也是不错的选择。例如瑞士手表很贵，但依然有很多人热衷。提高销量是目前许多企业愿意采取的，巨大的市场需求就意味着每个人只要贡献一点点就能让一家企业有足够的收益，只是这需要投入更多的广告宣传力度，以及更加经济的售价才会吸引更多用户。加速周转的核心点是让企业运转更加高效，以此来降低成本、获得更多的毛利空间。

扩大企业价值的另一种方法一定是降低成本费用。只是应当合理控制，而不是无限降低。无限降低成本最大的损失一定是以你的产品质量或者以服务质量下降作为代价，这其实并不是一个企业经营应当有的状况，因为用户购买你的产品和服务就是要"值"，当发现"不值"了，就不会购买了，这就会让收入降低。控制成本费用是用更高效、更优化的方式在不降低质量的情况下尽量降低成本费用，这才是有效的。例如，许多智能化工厂已经将以前的生产工人换成机器人和机械手臂，可以 24 小时不停工地生产，效率提升、质量稳定。虽然购买机器人价格昂贵，但从长远看，机器的成本远低于人工成本，企业的毛利润自然会大幅提升。

商业合同，收入成本的前置管理

收入和成本的前置条件多半都是先签订合同，而签订合同之前通常要先付出很多的劳动和努力。一个工程项目在确认收入之前一定先要签订一份工程合同，签订工程合同之前一定要先做大量的销售行为，那么想要管好账面上的收入成本，就首先要管好让收入成为现实的那一纸合同。尽管合同数据本身不会出现在财务账面和报表上，但管理好这些收入成本的前置条件才能真正管理好公司财务。

一、商业合同条款管理

签订合同的各个要素需要以财务管控思维来加以规范和考量，包括标的物、供货周期、标的要求、标的金额、付款周期、何时开票、何时收据、违约金是否开票等。这些因素都要尽可能在合同中明确规定好，否则无论是执行还是违约后的责任划分都会遇到阻碍。而且每一个因素都应当处于交易本身同一逻辑下的前后关联状况，而不是孤立的。在公司编制商务合同模板时，任何一个描述或决定都很有可能直接影响公司未来收入成本的确认，以及最终影响公司的利润确认。

例如公司的销售收入，如果按照交付时点来确认的话，那么合同里面出现的描述可能就是"当甲方签收即视为确认收货，货物权归甲方所有"等诸如此类的描述。如果合同里这样描述"甲方签收不视为货物所有权转移给甲方，而是在甲方将乙方货品装配至产品中并验收功能合规后方视为所有权转移，此前甲方可无条件退换货"，那么乙方就不能在货物签收时点确认收入，而要等到甲方生产完毕以后方可确认收入。这么看来，合同约定才是确认收入抑或是成本的最主要因素。

所有的财务数据确认，理论上都应当依靠前期的合同条款以及商业模式的建立，任何一种商业模式都有不同的财务体现。

企业内部的合同日常管理也应当有明确的区分职责，执行部门及管理架构各司其职。企业管理得越好，这种分级分层的职责就越细化、越明确；相反，如果各个层级的职责越粗犷、越不明确，则企业管理可能就会越混乱。有一些新兴企业故意不设置岗位职责和管理规章，其目的是为了发挥每一个人的最大潜能，这当然无可厚非。

企业快速增长期间或许是可行的，但随着企业的不多扩大，或许同样会面临无法管控到位的尴尬境地。

二、商业合同清单管理

无论是甲方合同还是乙方合同，也无论是销售合同还是采购合同，企业内都应当有唯一的官方部门或岗位。商业合同清单管理的目的就是要明确公司所有收支来源，并切实可行地管理到位。虽然清单管理听起来是很简单的一件事情，但如果管理不善也会导致企业收入成本确认不实。

我们曾经碰到过这样一种状况，有一家企业销售情况非常好，准备融资上市之前要我们去做一些尽职调查，发现企业的销售合同竟然没有一个完整的清单，而且很多合同都在销售员个人手里保管，公司层面甚至不知道自己究竟签了多少份合同。这听起来好像很荒唐，但实际上这并不是个例，很多企业都存在这种状况。究其原因就是公司没有明确管理职责，导致办公室没人要、财务部不收钱就不知道有合同。

恰当的做法是公司将所有合同都统一编号、统一管理，并不是只有大公司才这样做，而是每个公司都应当这样做。统计的时候不应当只是罗列一个合同名称的清单，而是要将这个合同所涉及的一些细节摘取出来，例如付款周期、开票周期、交货日期等。当你有了这样一份清单以后，就会发现经过一段时间的积累，你将来的预算会做得更加准确。因为预算会涉及两种情况，一种是权责发生制的收入成本确认，另一种是收付实现制的现金流确认，都用这一份清单就解决了。只要将相应周期按照一定时间轴确定下来，就很容易获得。只有这样管理才算真正管到了根源，财务工作也不会永远都是被动的，从此就可以主动地管控到业务层面。

薪酬与人工成本

如果将所有产品都回到最底层的状况来核定其价格组成的话，你会发现几乎所有产品的价格都只包括大自然产物、人工、税和利润这四项。例如一张桌子，其最底层的原料是木材，由自然界的树木加工而来。而加工是由人来执行，就会发生人工费，而加工所使用的工具又遵循了这样一个原理，就是无限底层的拆解。工具最底层是铁，铁是由铁矿石而来，而开采和运输加工也都是人来执行，又是人工费的代表。就这么无限拆解下去，你会发现所有环节的更多的人工费组成了一个产品的大部分价格因素。所以，几乎任何一个产品中，最有影响的因素就是人工，人工成本就成了十分重要的管理内容。

对人的管理，公司里的人力资源部更有发言权。作为财务仅仅用数字来衡量人工成本对企业发展的贡献度，以及哪些人工成本会影响利润，而哪些又不会直接减少利润。

首先看人工成本对企业发展的贡献。人工成本包括员工工资、社保、公积金、个税以及公司为员工承担的其他各项薪酬类支出。而工资里又包括基本工资、岗位工资和绩效工资等，这些都是工资总额的组成部分。工资总额不代表人工成本，人工成本比工资总额会更多。网上曾流传过一个段子，讲一个员工被招聘进公司，你给他承诺的工资是 1 万元。员工要交纳社保、公积金、个税等，可能拿到手的是 7 000 多元，而公司为这名员工所付出的社保、公积金等加起来总共要付出 14 000 多元。公司的付出与员工的现金所得相差将近一倍。这样看起来，人工成本其实远远大于员工所拿到的现金薪水，也比承诺给员工的工资要多。

企业往往用人均收入、人均利润来测量"人效"。不过人均有其弊端，有些企业喜欢用高薪酬低人数来经营，有些企业喜欢用低薪酬高人数来经营，那么用人均值就不可比了。更好的方式是使用薪酬作为权数，例如"每万元薪酬创造多少收入""每万元薪酬创造多少利润"等。这样就可以规避人均所存在的弊端，毕竟最终体现在企业效益上都是用金额来衡量的。

　　另外，不是每一个员工的工资都会直接减少公司利润的，我们以如图 5-8 所示的例子来解释。

序号　部门　　　人员	明细	小计	费用归属
一、技术研发部		270	
其中：前沿技术研发	120		研发费用
立项产品研发	150		开发支出
二、市场营销部		150	
其中：市场推广人员	60		销售费用
产品销售人员	80		销售费用
销售大区财务人员	10		销售费用
三、人力资源部	25	25	管理费用
四、生产组装部		380	
其中：生产车间人员	200		存货
组装车间人员	180		存货
五、财务部	35	35	管理费用
六、基建维修部		95	
其中：生产设备维护人员	45		管理费用
新购生产用设备安装人员	50		在建工程
七、总经办	45	45	管理费用
合计：	1 000	1 000	

练习题：

公司本月发放工资 1000 万元，尚未发放。

（暂时不考虑社保、公积金、个税等）

图 5-8　不同部门工资对报表的不同影响

　　对于研发部门的工资，需要看员工是为了什么来工作的，前沿技术的研发并没有在公司内部立项成为一个产品，而是以研究为主的，这部分就是公司的研发费用，直接减少公司利润。如果是为已经立项的产品做研发，那么工资就是开发支出，就是一项资产的组成，未来将会成为公司的无形资产。无论是销售人员还是市场人员以及在销售大区里专门为销售服务的后勤人员，都是公司的销售费用。生产部门的员工工资绝大多数都会是产品成本的组成部分，金额都计入公司的存货。如果是为了组装某个新购置生产用设备的安装人员的工资，就可能是这个设备价值的组成部分，其工资就是在建工程，组装完毕后都成为固定资产。除此以外的公司内部后勤人员，无论是在办公室还是在人力财务等岗位，其工资都是管理费用。

税

一、我国的税

想要筹划税，首先就要了解税。图 5-9 是根据我国国家税务总局的公开信息编制的我国历年税收总额以及占 GDP 的比例关系，2018 年全国税收收入 17 万亿元，其中增值税 7.7 万亿元，占总税收的 45%，增值税也是我国的第一大税种。其次是企业所得税 3.5 万亿元，占总税收的 20%。几乎任何一家企业都会涉及增值税和企业所得税。

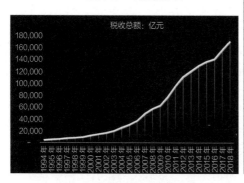

1994~2018 年
我国税收总额
及占 GDP 比重统计表

年份	税收总额：亿元	GDP：亿元	税收占比：%
1994年	5071	48198	10.5
1995年	5974	60794	9.8
1996年	7051	71177	9.9
1997年	8226	78973	10.4
1998年	9093	84402	10.8
1999年	10315	89677	11.5
2000年	12666	99215	12.8
2001年	15166	109655	13.8
2002年	16997	120333	14.1
2003年	20466	135823	15.1
2004年	25723	159878	16.1
2005年	30867	184937	16.7
2006年	37637	216314	17.4
2007年	49452	265810	18.6
2008年	57862	314045	18.4
2009年	63104	340903	18.5
2010年	77394	401513	19.3
2011年	95730	473104	20.2
2012年	110764	519332	21.3
2013年	119960	568845	21.1
2014年	129641	636463	20.4
2015年	136022	676708	20.1
2016年	140504	744127	18.9
2017年	155739	827122	18.8
2018年	169050	900309	18.8

图 5-9　我国税收总额及占 GDP 比重统计表

我国目前有 18 个税种，分别是货物和劳务税：增值税、消费税、车辆购置税和关税四个税种；财产和行为税：土地增值税、房产税、城镇土地使用税、耕地占用税、契税、资源税、车船税、印花税、城市维护建设税、烟叶税、船舶吨税和环境保护税 12 个税种；所得税：企业所得税和个人所得税两个税种。

总而言之，所有的税都跟你的业务、财产、行为和所得有关！国家根据不同的发展阶段，税法的内容也会经常修改和更新，所以今天的税种、税率一定不是永远的，随着时间的推移一定会发生变化。领导者了解税应当从底层逻辑和运行规律上掌握，而具体的税率则可以从自己公司的财务部门获得。

如图 5-10 所示，我国的 18 种税中与企业关联度最大的就是增值税及附加税、企业所得税和个人所得税。如图 5-11 所示，以上四种税都有各自的计算基础，我们就分别将这几个重点税种做讲解。

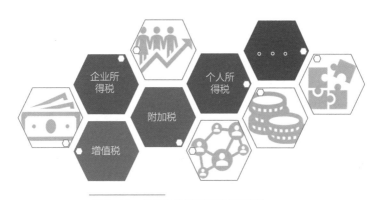

图 5-10　常规企业通常可能有的税种

图 5-11　常规企业常见税种的计算基础

二、增值税及附加税

从名称上就可以了解到，增值税是产品增值部分所要交的税，没有增值部分就不交税。只是这个"增值"是税法意义上的增值，而非我们普通认知里的增值。简单一点讲就是，凡是有进项税发票的都可以认为是原值，而没有进项税发票的那些，无论企业是真实付出的还是企业的利润，都是增值部分。这当然也包括虽然你真实采购了但由于没有获得增值税专用发票，那么从增值税的角度讲这部分也算是增值部分，也要交增值税。所以增值税的一个前提原则就是增值部分交税，而增值与否要看是否有专用发票，这与会计准则的"权责发生制"是不同的。经常听到领导者要求企业做"纳税筹划"，首先要知道所要筹划的是什么税，才会知道应当如何筹划，综合各种税收政策才能够将不同的原则和规则互相贯穿协同成为公司的纳税筹划方案。

企业在增值税管辖范围内有两种身份，一种叫"一般纳税人"，另一种叫"小规模纳税人"（见图 5-12）。这两种身份最大的区别就在于，一般纳税人的增值税率高但可以抵扣进项税。小规模纳税人的税率低但不能抵扣进项税。这里所说的进项税就是公司对外采购或获得的专用发票上记载的税金金额。所以，增值税发票也有两种显著的区分，一种叫作"专用发票"，另一种叫作"普通发票"。只有一般纳税人获得了专用发票，才可以抵扣。小规模纳税人只能获得普通发票，是不能抵扣进项税的。小规模纳税人也可以用自己的税率开出"专用发票"给一般纳税人，一般纳税人同样是可以抵扣的。

2019 年，我国的增值税分为三种税率——13%、9%、6%，另外还有简易计税的 3%。是经过几轮大规模的变化逐渐演变到这个状况的，最早的增值税率是 17%、13% 和 11%。2013 年营改增，将营业税改为增值税，设置税率 6%。2017 年取消 13%，变为 17% 和 11% 两种税率。2018 年又调整为 16% 和 10%，加上营改增的服务类税率 6%，组合成为了 16%、10%、6% 三档税率结构。2019 年再进一步调整为 13%、9%，形成 13%、9% 和 6% 三档税率结构。期间还发布了一些具体的阶段性执行优惠政策，例如小微企业如果季度收入不超过 30 万元，则全额减免增值税。

一般纳税人

· 年销售额 500 万元以上
· 税率比小规模纳税人高但可进项税抵扣
· 应纳税额：当期销项税额 - 当期认证进项税额
· 有资格开具和收取专用发票

小规模纳税人

· 年销售额 500 万元以下
· 税率比一般纳税人低但不能进项税抵扣
· 应纳税额：当期销项税额
· 部分符合条件的可以自行开具专用发票

根据 2019 年税法规定

图 5-12　增值税一般纳税人和小规模纳税人

增值税是价外税，也就是价格之外的税，比如我们去商场购买的商品其价格都是已经含增值税的了。从概念上讲，商场的标价并不是真正的价格，扣除了增值税以后的才是商品真正的价格，只是我们已经习惯了这样的呈现方式。如果你去美国的商场购买商品，标价是 10 元，你付款的时候可能就会向你收 12 元，多出的 2 元就是他们的消费税，跟我国的增值税比较相像。我国商场里如果某个商品的标价是 11.3 元，你不会多付一分钱，不过商场的记账则会记录为 10 元收入和 1.3 元增值税。所以，我国商品的增值税计算公式如图 5-13 所示：增值税 =［含税总价 /（1+ 税率）］× 税率。例如商品 113 元，增值税则是：13 元 =［113 元 /（1+13%）］×13%。

- 增值税计算公式:

- 增值税 = [含税总价 / (1+ 税率)] × 税率

- 13 元 = [113 元 / (1+13%)] × 13%

- 税率: 13%、9%、6%、3% 等，计算公式均一致

图 5-13　增值税计算公式

销项税

顾名思义，销项税就是销售项目的增值税。其中，包括实质销售的和视同销售的两种情况。实质销售就是商品或服务销售给客户的全部价款和价外费用，全部价款容易理解，价外费用是什么呢？例如除了商品价格以外，另收取的手续费、补贴、返还利润、奖励费、违约金、包装费、包装物租金、运输装卸费等都是价外费用。这样看来，收取客户的违约金也是应当作为计税基础的。也就是说，商业合同行为产生的违约金也是可以索取发票的。

无偿提供服务或者无偿转让资产等都视同销售行为，都需要交纳增值税。例如，你销售给你的客户 100 件商品，客户要求你打折，你说我不能打折，但是我可以免费赠送给你 10 件商品，就算打折了。如果是"免费赠送"，那么你就相当于卖给客户 110 件商品，多出的 10 件依然按照 100 件商品的单价来计算，这样看来就会额外多交纳 10 件商品的销项增值税。如果你是打折销售，以 100 件原价的总价钱均摊在 110 件商品上均衡降价，那么你这是商业降价销售行为，并不视同销售行为，你就不需要额外交纳增值税。不过这绝对不应当成为企业合同描述上的漏洞，税务依然还是有其裁量权，如果明显是偷逃税款行为的合同，税务部门还是可以认定你的销售行为和记录是有问题的。

对于销售行为，不管开不开发票或开什么类型的发票，税法规定都是需要交纳增值税的。

进项税

进项税就是公司采购物资或服务所票载的增值税，这个"票载"主要就是增值税专用发票，除了专用发票，也包括海关进口关税的专用缴款书、农产品收购发票、完税证明等。总之，就是只有税务许可的票据才能够作为进项税。否则，如果是真实的采购但没有获得增值税专用发票等，即便是获得了增值税普通发票，税务也是不允许作为进项税抵扣的。

针对购买物资或服务的收益对象也有明确的区分，用于免税项目的、用于个人消费或集体福利的，即便是获得了专用发票也是不可以进项抵扣的。如果正常采购的物资由于非正常原因造成的损失，这部分损失的物资所对应的进项税也是不能能够抵扣增值税的。另外，对于购买的贷款服务、餐饮服务、娱乐服务、居民日常服务等也是不能够进项抵扣的。总之，进项税在必须获得增值税专用发票的基础上用于企业正常经营事项上的，才能够抵扣进项税。

在了解了进项税与销项税的规则及逻辑关系后，针对商务谈判和合同签订的税务问题，就可以提前考虑税务筹划了。例如，商务谈判中应当标明服务报价是否含增值税。许多外企的合同中会单独列示商品和服务本身报价是多少、增值税是多少；我国本土企业通常报出的都是含增值税的全价，不过最好能够在合同中加以明确，否则一旦产生歧义必然会引起无谓的争端。究竟是开具增值税专用发票还是普通发票，也最好明确注明，以免双方因为认知不同而导致增加合同成本或无法抵扣。另外，在什么时点开具发票也是需要明确约定且不能与税务要求相违背的。税务的原则是只有在商品交付或服务完成以后才能够开具发票，不能够在尚未交付之前开具。现实中不少合同是根据付款进度来开具发票的,这一点需要谨慎约定,以免与税务要求冲突而违反规定。

　　一些还不太成熟的企业宁愿不要发票也要购买更加便宜的商品，表面上供应商在你不要发票的时候会给你打 8 折、打 7 折，看起来省了不少钱，实际上我们只要简单计算一下就知道究竟是谁赚谁赔了。

　　先说你自己的逻辑，本来要购买 100 元商品卖给你的客户 150 元，供应商说不要发票给你打 8 折，你省了 20 元钱。那么你 150 元的增值税（150 ÷ 1.13 × 13%=17.26 元）就没法抵扣。若供应商给你开具 100 元专用发票，则你可以节省 11.5 元。看起来好像还是你赚到了 20–11.5=8.5 元是吗？还没完。由于没有发票，所以也不能抵扣企业所得税，那么这 100 元可以抵扣的企业所得税应当是 22.1 元（100 ÷ 1.13 × 25%），你损失的是 33.6 元（11.5+22.1），而你所谓赚到的只有 20 元，一进一出你实质上亏掉了 13.6 元。除此之外，还有可能面临税务的处罚，这的确是得不偿失的。

　　再说你的供应商，由于没开发票，他的目的就是不向税务部门申报收入，一旦被税务稽查到，首先他的销售全部都要补交税款以及滞纳金罚款。那么他销售出去的任何记录都有可能成为连续穿透追缴的依据，你依然有可能被处罚。

　　有人会说，这是许多小公司不得不做的，因为我国的税实在太高了。我更愿意相信的是，如果所有企业都能够正规经营，进项销项都能够正规开具发票，整体来看绝不是国际上高额税负国家，而是越发趋于合理的水平。只是在开创事业之前的所有计算中总是忽略了税负的成本，在真实经营的时候才会觉得好像额外多了负担，好像许多初创企业就只是"赚取"了应当交的税和应当交的社保。如果所有生意都是以这样的思维来经营，自然就显得那些合法经营的企业负担重。相反，越是大的企业、越是正规的企业反而是越赚钱的。还是回到一个整体的逻辑上来，越是懂得税的领导者就越懂得如何筹划生意。不懂税就会莫名地对税产生恐惧进而能躲就躲、能藏就藏，这一定不是让企业发展壮大的思路。

附加税

附加税就是在流转税的基础上附加了一些为地方建设和教育投入而积累的资源，例如城市建设维护税、教育费附加、地方教育费附加等。这些附加税的基础基本上就是本月上交的增值税乘以相应附加税的税率。

城市建设维护税有三档，即城市 7%、县镇 5%、其他 1%。教育费附加是 3%，地方教育费附加是 2%。

三流合一

图 5-14　增值税的三流合一要求

图 5-14 列示了增值税监管的一项重要规则就是要求"三流合一"，三流就是"发票流""资金流"和"货物流"。

发票流就是增值税发票的销货方和购货方必须是真实的，且与合同载明的相一致。资金流则必须与票据载明的购货方和销货方完全一致，也就是说资金必须从销货方直接转入购货方。货物流则不管是销售货物还是提供劳务或服务，其双方主体必须是发票中载明的销货方和购货方。这三个流转如果没有达到一致，那么税务部门就有可能怀疑其间有其他的参与方被隐藏，甚至可能存在偷逃税款行为。

近年来，国家为了扶持中小微企业的发展，无论是增值税还是附加税都给出了不少优惠政策，作为领导者应当大体了解税务优惠政策究竟是什么，自己的企业是否也能够享受这些政策，同时也要督促企业财务人员随时关注国家税务总局网站的新政策，及早学习。而不是仅仅从微信公众号或各类移动媒体中获知，这必然有一些偶然性，甚至有些曲解的情况。有好几次给领导者以及财务工作者讲课的时候，当我提起其所在行业的优惠政策时往往看到的绝大多数都是茫然的表情，也就是从来都没有听说过，这就浪费了很多本来可以让你合理合法减税的资源。

三、企业所得税

企业所得税是我国的第二大税种，其实也是我国税种中较为复杂的一种，同时也是各类优惠政策最多的一种。

首先，企业所得税针对的是所有在中国设立的公司等组织（这里不包括个体户和合伙企业），统称为居民企业。居民企业的标准税率是利润总额（税务口径称为应纳税所得额）的25%。对于外国企业没有在中国境内成立实质管理机构但在境内设立机构场所的，或者虽然没有机构场所但有来源于中国境内收入的，这里统称为非居民企业，这些企业都遵循中国企业所得税的标准税率25%。如果是境外企业与境内机构场所没有实质联系的，来源于中国的收入则可以遵循10%的所属税税率。

企业所得税的计算口径遵循的是权责发生制，无论是收入还是成本支出。这里的权责发生制理论上与会计准则的权责发生制是一样的，只是内部一些特殊事项的处理规定有所不同。其最大的不同显然就是，会计口径遵循的是会计准则，税务口径遵循的是企业所得税法。尽管重叠度很高，但还是有非常多的差异和不同。

计算企业所得税的计税基础，税法的口径叫作"应纳税所得额"，这个计算公式就是：收入总额 – 不征税收入 – 免税收入 – 各项扣除 – 以前年度亏损 = 应纳税所得额。

收入总额，简单理解就是企业所有各个不同来源的收入，不管有没有收钱，也不管是不是要收钱，例如销售收入、劳务收入、转让财产、投资收益、利息收入、租金收入、特许权收入和捐赠收入等。

不征税收入，例如有明确表明不必征税的财政拨款，行政事业单位的收费或政府性基金等，这部分基本与企业无关，都是政府或事业单位的收费。

免税收入，例如国债利息收入，有指定用途的减免或返还的流转税等。

各项扣除，就是企业实际发生的与取得收入有关的合理的支出，包括企业的成本、费用、相关税金、实际损失和其他支出等。境内发生的通常都需要发票作为依据，工资则需要工作表、发放记录、个税申报等作为依据。境外发生的则需要对方开具的形式发票及相关证明凭证。

以前年度亏损，企业当年的亏损可以在未来 5 年内抵减盈利的所得税，而对于高新技术企业和科技型中小型企业，在一个阶段内的优惠政策则是扩展到 10 年内都可以抵减所得税。

如图 5-15 所示，体现的是企业所得税有关费用的扣除标准。例如，业务招待费按照发生额的 60% 扣除，但最高限额不得超过当年销售收入的 5‰。也就是说，企业中发生的任何一笔招待费，其中的 40% 是永远都不可以抵扣的，而且发生额 60% 与收入的 5‰ 孰低则是抵扣最高标准。所以，许多企业的会计要求业务人员尽量少用招待费报销。

项目	扣除标准	超标部分
业务招待费	按照发生额的 60% 扣除，最高限额不得超过当年销售收入的 5‰	不得扣除
职工福利费	不超过工资总额 14%，实报实销	不得扣除
工会经费	不超过工资总额 2%，工会收据	不得扣除
职工教育经费	不超过工资薪金总额 2.5%，实报实销	结转下年
利息费用	不超过金融企业同期同类贷款利率	不得扣除
广告费、业务宣传费	1. 一般企业：不超过当年销售收入 15%	结转下年
	2. 化妆品制造、医药制造、饮料制造（不含酒类），不超过当年销售收入 30%	
公益性捐赠支出	对公益社团和县上政府不超过年度利润总额 12%，其他捐赠不得抵扣	不得扣除

根据 2019 年税法规定

图 5-15　企业所得税有关费用的扣除标准

2019 年，国家税务总局更是加大了优惠政策的力度。对于应纳税所得额不足 100 万元的小微企业，所得税可以降至 5%；对于应纳税所得税不足 300 万元的小微企业，所得税可以降至 10%。

四、个人所得税

2019 年，我国全面改革了个税政策，由原先的月度计算基础改为年度计算基础，利润工资薪金由原先每月抵扣 3 500 元更改为年度抵扣 60 000 元。也就是说，一年收入不足 60 000 元的不需要交纳个税。同时还增加了除社保、公积金以外的专项附加扣除，例如子女教育、继续教育、住房贷款利息、住房租金、赡养老人和大病医疗等。

如图 5-16 所示，整体上个人所得税分为三大部分，第一大部分为综合所得，包括工资薪金、劳务报酬、稿酬所得和特许权使用费所得。这些收入在年底均采取 3%~45% 的递增税率，也就是每上一个台阶就在台阶上的部分增加计算税率。

图 5-16　2019 年个人所得税税率简表

按照如图 5-17 所示的个人所得税累计预扣预缴计算逻辑和计算过程，例如某人一年工资、薪金合计是 20 万元（暂不考虑社保、公积金和专项附加扣除），那么首先 20 万元减 6 万元的 14 万元作为计税基础。14 万元的个税计算如下：

36 000 × 3%=1 080（元）

104 000 × 10%=10 400（元）

合计 11 480（1 080+10 400）元就是需要交纳的个人所得税。这样算来，在收入 20 万元的时候税负大约是 5.74%。

个人所得税——累计预扣预缴应纳税所得额

累计收入	（费用）	累计免税收入	累计减除费用	累计专项扣除	累计专项附加扣除	累计依法确定的其他扣除
·工资、薪金所得 ·劳务报酬所得 ·稿酬所得 ·特许权使用费所得 ·其他需扣缴	·仅劳务报酬所得、稿酬所得、特许权使用费所得 ·居民纳税人出租财产：4000元内800元；4000元以上20% ·非居民：20%	·仅稿酬 ·30% 免税	·6 万元（5000元/月×月数）	·三险一金	·子女教育 ·继续教育 ·住房贷款利息 ·住房租金 ·赡养老人 ·（大病医疗）	·企业年金 ·职业年金 ·商业健康保险 ·税延养老保险

根据 2019 年税法规定

图 5-17　个人所得税累计预扣预缴计算逻辑

如果考虑了社保、公积金，大约分别会占工资总额的 10.2% 和 12%，合计 22.2%，也就是 44 400 元社保、公积金可以抵扣，抵扣后的计算税款是 7 040 元，也就是税负大约是 3.52%。

如果考虑了专项附加扣除以后，例如一个孩子的家庭（可抵扣 1 000 元 / 月），其中一位正在继续教育（可抵扣 400 元 / 月），在大城市租房（可抵扣 1 500 元 / 月），并赡养老人（可抵扣 2 000 元 / 月）合计抵扣 4 900 元 / 月，那么年税款就会变成 1 160 元，也就是税负大约是 0.58%。这样看来，对于普通家庭的普通收入人群，新的个税政策还是比以前的税负大大降低了。

整体来说，个人所得税理论上是不影响企业整体负担的，因为这部分由个人承担。只不过对于并不是特别规范的企业，往往给员工承诺了税后工资，那么税的部分也就自然成为公司的负担，这与个人所得税法的初衷是不一致的。比较客观的做法还是需要对员工承诺税前工资，包括应该个人负担的社保、个人承担的公积金以及个人承担的个税都是个人薪金的组成部分。

四个利润小结：

企业一定要赚钱，赚钱就是赚"净利润"。

利润是立体的、是分层的，混淆结构就等于丧失了管理。

关注耗费利润的种种环节。

不同人群做不同的事会有不同性质的影响。

并不是所有收支都影响利润，也并不是没有收支就不影响利润。

想要筹划税费，首先要了解税。

06

第六章 —— Chapter
五个指标纵览公 six
司全貌

本章纵览：

通过五个分析指标就可以全面综合地看清一家公司的风险、收益、运营、效率和生存能力。而掌握这五个指标以后，就可以变形成为 30 多个财务分析指标，也就可以掌握绝大多数财务分析指标了。对于领导者而言，让这些指标在管理上发挥作用才具有真正价值。同时也需要跳脱出这些指标的拘束，用任何可以解释本行业特性的指标或数据形成可视化比较强的图表，都是帮助领导者看清自我、看透对手、理清思路的有力工具。

现在我们进入"极简财务金字塔"的第五层，即"五个指标"。

五个指标综述

财务指标有很多，即便是学习财务专业的人也很难将所有财务指标都运用得很顺畅。其实，财务指标最终也是要为领导者服务的，也是要为企业管理提供决策依据的。所以，如果聚焦关注企业的经营风险、盈利能力、运营能力、管理效果和生存能力的话，我们就会选取最有代表性的如图 6-1 所示的五个财务指标来学习。这五个指标分别是代表经营风险的资产负债率、代表盈利能力的股东权益报酬率、代表运营能力的流动比率、代表管理效果的总资产周转率以及代表生存能力的净利润现金保证比率。

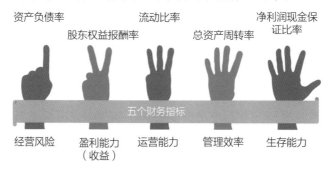

图 6-1　五个财务指标

一、看清公司经营风险的"资产负债率"

资产负债率也称为负债率，是最常见的财务报表分析指标之一，重要程度绝不亚于净利率。净利率考量的是公司的自身盈利能力，而资产负债率则考量的是企业的整体健康状况。

$$资产负债率 = 总负债 / 总资产$$

从公式计算上看非常简单，总资产和总负债都是在报表中可以直接看到的。资产负债率主要考量的是一家公司的负债占总资产的比例是多少。这个比例越高，相对风险越高；比例越低，相对风险越低。这就好像如果我有 10 万元，我自己做生意只能做 10 万元的生意。如果我来跟你讲，你借给我 90 万元，我们一起来做 100 万元的生意，我可以给你支付利息。当你同意以后，我就相当于用我自己的 10 万元撬动了 100 万元的市场。这时候，我的资产负债率就是 90%。

为什么说这种高比例负债率的风险会高呢？假如我生意受挫，摆在我面前的有两条路，一条是放弃，另一条是扛下去。放弃很简单，我自己亏 10 万元，债权人亏 90 万元。如果扛下去，我需要付出很多的努力来扭转败局，同样可能经过很多努力依然会失败。或者如果我没有那么负责任的话，就会直接选择放弃，因为毕竟我自己的损失可能没有那么大。而且如果经过几年的经营每年都有 10% 的总资产回报率的话，我可能就已经赚到 20 万元，扣除负债利息也能剩 10 多万元，我自己其实没怎么亏。可是对于债权人而言可就不同了，损失就会相当惨重，血本无归。所以，许多金融机构对高负债的企业都收紧了贷款额度。

当然，这个指标也有另外的解释。如果一家公司不具有相当的实力，那么它也很难获得别人的债务资助。例如，一家小公司就很难获得银行贷款，供应商也通常不会做更长时间的欠款。 所以，一家实力不强的公司看起来资产负债率非常低，这并不能表明绝对的风险低，而需要辩证地去看，是实力不足而资产负债率低还是实力足够强让许多金融机构都趋之若鹜地想要给你贷款。

整体来说，每一个行业的资产负债率都有其特点。例如，银行、金融机构、房地产公司的负债率通常会比较高一些；一些高科技企业或以服务为主的企业的负债率通常会相对比较低一些，因为服务类的企业不太需要大量的资金来做前期投入，更多依靠人的工作。资产负债率是许多金融机构评价一家公司风险程度的重要参考，所以要引起足够的重视。

如图 6-2 所示的资产负债率经过变形，分子或分母替换就可以变换成其他指标。例如，分母将总资产改成所有者权益总额，那么指标就变成产权比率。我们知道，总资产减总负债就是所有者权益的总额。类似这类变形其实还不少，建议领导者不必每一个都掌握，只要将资产负债率的原理搞清楚，知道怎么计算，而且知道所处的行业通常都是什么样的标准，以及外部监管部门（例如给你放贷款的银行）对你要求的比例限制额是多少等，就足够了。

1. 资产负债率	负债总额 / 资产总额
2. 产权比率	负债总额 / 所有者权益总额
3. 有形净值债务比率	负债总额 /（所有者权益总额 - 无形资产 - 递延资产）
4. 利息保障倍数	（税前利润 + 利息费用）/ 利息费用
5. 营运资金长期负债比率	（流动资产 - 流动负债）/ 长期负债
6. 长期负债比率	长期负债 / 负债总额

图 6-2　资产负债率及相关变形后指标

二、考量公司盈利能力的"股东权益报酬率"

股东权益报酬率的作用是分析属于股东的权益（或者叫作净资产）获得多少利润比例，英文简称ROE。这是非常重要也是非常著名的分析指标，同时也是"杜邦分析法"的最终计算结果。

$$股东权益报酬率 = 净利润 / 股东权益平均值$$

股东权益为什么是平均值呢？利润是"时期数"，就好像看视频一样，是一个期间所发生的。而股东权益是"时点数"，就好像看一张照片，是某一个时点的数字。时期数与时点数理论上是不可比的，为了让它可比，就人为地将时点数变换成时期数，那么就用股东权益的期初数与期末数之和的一半，来模拟出股东权益整个时期的变化过程值。这样，净利润和股东权益就能在同一个维度上计算了。不过，如果期初与期末股东权益的变动不大，或者为了简化计算，在真实应用计算中也会忽略平均值，而直接用期末的股东权益来计算。

为什么不用净利率来考量获利能力呢？净利率不是更加容易理解吗？

净利率是更多领导者懂得如何去计算和如何去考量的，如果从更高维度的视角来看待经营回报，不应当仅站在公司层面而更应站在股东层面去看经营回报。一家公司自身以收入规模为基础的盈利能力测量，并不能代表最初让这家公司存在的股东们所能赚取的投入回报。也就是说，成立公司的主要目标之一是让成立这家公司的股东们获得丰厚报酬，就应当站在股东的角度看究竟投资这家公司是否真的赚到钱了。股东权益就是资产减负债的差额，也就是作为一家公司所有股东所投入的以及日常经营累计赚取的属于股东自己的那部分。用这部分权益与净利润作比例计算，就得到了股东权益报酬率。

我们用一个简单的例子来讲述。假如你手里有1 000万元，存到银行的活期只有百分之一点几的利息，这很不划算。如果存为定期存款，那也就百分之四点几的存款利率，依然回报率太低。如果你购买企业债或者国债，那么你的回报利息为5%～6%，这其实也并不高。如果投资P2P会给你承诺10%～15%的回报率，只是这些机构自身风险太高，部分机构存在严重的失信行为，以至于本金都无法偿还。那么这1 000万元放在哪里会更合适呢？有人会选择投资给一家公司。如果这家公司经营情况还不错，而且持续稳定增长，那就有可能获得这家公司所创造的利润回报。而且投资给一家公司的回报也是遵循了复利原则，就是每年的获利对于第二年也是同样会计算利息。例如，上市公司的股东权益回报率中超过20%~30%的还是非常多的。如果你是原始股东，那么这个20%~30%的股东收益率就是你投资这家公司所获得的回报。

这里不得不再提另外一个概念，如果你是从二级市场购买股票的股民，那么这个股东权益报酬率与你有关系吗？

我们只能说，二级市场的价格已经将高额回报率的绝大部分消化掉了，股东权益报酬的额度几乎全部都会被股票价格恢复到了活期存款的收益率。例如，股票市场经常会用到的市盈率，也就是市值除以净利润，市盈率在股市里20倍、30倍是很常见的，甚至更高的50~200倍。如果将市盈率的分子、分母互换，让净利润除以市值，其实就得到了一个我们称之为"股民报酬率"的指标。例如，市盈率20倍就是$1\div20\times100\%=5\%$，这也就代表了你购买这个公司股票所获得的回报率。5%相当于五年定期存款的盈利能力，不同的是定期存款几乎没有风险，而股票的风险显然大得多。如果市盈率是50倍，就是$1\div50\times100\%=2\%$，那相当于活期存款的收益率。一些股票价格高到了 200 倍的市盈率，那也就代表了 $1 \div 200 \times 100\% = 5‰$ 的收益率，已经几乎没有股民回报率了。价值投资的一个重要原则，就是你首先购买股票不应当超出其账面价值太多。如果超过太多，基本上就已经将这家公司所有未来可能产生的收益都用高股票价格消化掉了股东权益报酬率。

还有一个特别著名的分析方法叫作杜邦分析法。

$$股东权益报酬率 = 净利率 \times 总资产周转率 \times 权益乘数$$

$$股东权益报酬率 = \frac{净利润}{营业收入} \times \frac{营业收入}{总资产} \times \frac{总资产}{股东权益}$$

杜邦分析法就是将股东权益报酬率拆解成三个指标的乘积，来分析究竟是什么原因导致了股东权益报酬率的增加或减少。这三个指标分别是净利率、总资产周转率和权益乘数，权益乘数是资产负债率的变形指标。当股东权益报酬率变化的时候，要看这三个指标分别是增加了还是减少了。举例说明，如果净利率增加了而其他两个指标没变，说明公司的盈利能力是真的提高了，当然是一件很好的事情。如果总资产周转率提高了，而其他两个指标没变，说明公司经营效率提高了，因效率提升而获得了更多的收益，这也是一件好事情。如果是权益乘数提高了而其他两个指标不变，有可能是公司承担了更多的风险而使经营规模扩大，借入更多的债务使规模扩大、利润增加，这种收益的提高就应当引起足够的重视。在风险可控的情况下，这是可以接受的。如果风险过高，很有可能会导致经营失败，尽管看起来收益很好。

这个著名的杜邦分析法是由当年杜邦公司一名学工程专业的普通销售员发明的。这位销售员为了写出一份漂亮的销售报告苦思冥想，终于想出了这个将股东权益报酬率拆解的方法，获得了上级领导的认可，并在杜邦公司内部加以推广，最终全球企业界都用这个指标来分析公司经营情况。后来，这位销售员因此名声大噪，也成为杜邦家族的女婿，并一跃成为通用汽车的执行董事、首席执行官，他就是唐纳德森·布朗。

让所有财务人员考试都要挠头的杜邦分析法竟然不是财务人员发明的，而是一个工程师发明的。所以不得不说作为一个财务工作者应当有更广泛的视野和更广阔的思路，让自己的工作不能仅限于日常的记账借贷分录，而要着眼于公司管理层的管理需求和决策依据。只有真正帮助了公司的决策，财务人员才能够在企业里面受到应有的重视和尊重。

不过杜邦分析法也有其考虑的欠缺，就是企业里考量生存的现金并没有在杜邦分析法中有所体现，而现金的多少更代表了公司的现实风险。如果用减少现金的方法来获得利润，那么就算再赚钱也会饱尝缺乏现金甚至资金链断裂的苦果。

所以，我们希望将杜邦分析法加以改良，叠加上现金因素。

$$股东权益报酬率 = 1/净利润现金保证比率 \times 销售现金比率 \times 总资产周转率 \times 权益乘数$$

$$股东权益报酬率 = \frac{净利润}{经营净现金流} \times \frac{经营净现金流}{营业收入} \times \frac{营业收入}{总资产} \times \frac{总资产}{股东权益}$$

我们将净利率加以变形，得到了上述公式的前两个指标。如果净利润除以经营净现金流增加了而其他三个指标不变，则表示公司丧失了更多的现金来换取高额利润，这是非常危险的，是极其不建议采纳的盈利方式。如果销售现金比率增加而其他三个指标不变，则代表公司赚取了不错的现金，保证了公司的健康盈利度。

当然，杜邦分析法以及改良后的杜邦分析法都不会只有一个指标变化而其他几个指标不变，现实中更多是要看哪一个指标的变化更大、影响更大，以此来加以判断公司的经营在哪个环节非常优秀，或者在哪个环节需要改善。

如图 6-3 所示，股东权益报酬率也有许多的相关变形，也就是分母、分子不同的变换就会有不同的考量角度，不过这些其实都是对企业盈利能力的不同角度、不同维度的计算。最佳应用模式就是用这些指标计算结果长期滚动地对比查看，以及与竞争对手或同行业对比，并在业务层面找到存在差异的原因，加以严控就会产生良好的收效。

1. 长期资本报酬率	（利润总额＋利息费用）/（平均长期负债＋平均所有者权益总额）
2. 资本金收益率	净利润 / 平均资本金总额
3. 股东权益报酬率	净利润 / 平均股东权益总额
4. 总资产利润率	净利润 / 平均资产总值
5. 毛利率	毛利润 / 销售收入
6. 营业利润率	（营业利润＋利息支出净额）/ 销售收入
7. 净利率	净利润 / 销售收入
8. 成本费用利润率	营业利润 /（销售成本＋销售费用＋管理费用＋研发费用＋财务费用）
9. 费用收入比	（销售费用＋管理费用＋研发费用＋财务费用）/ 销售收入

图 6-3　股东权益报酬率及相关变形后指标

三、考量企业结构化资金管理和短期偿债能力的"流动比率"

流动比率的计算原理就是公司现有的流动资产是否能够覆盖所有的流动负债，或者反过来说，如果一旦公司产生了供应商、债权人、员工集体挤兑向公司要钱，公司能否在短时间内变卖一些变现能力强的资产加以偿还，而不会因此导致公司资不抵债引发破产。通常，流动比率保持在 2 以上会比较安全，当然这也要看不同的行业。

$$流动比率 = 流动资产 / 流动负债$$

流动比率也是考量一家公司日常经营是否有充足的运营资金来持续运行，流动资产减流动负债得到的是营运资金，营运资金越高，对于企业来说营运空间就越大，反之则会越小。如果流动比率常年低于 1，代表这家公司欠债过多，而资产又很难去偿还负债，风险自然就会高。流动资产和流动负债在资产负债表中都可以直接找到，流动资产在我国的资产负债表左侧资产的中间位置，流动负债是在资产负债表右上边负债的中间位置。

如图 6-4 所示，流动比率经过变形可以变成速动比率，速动比率 = 速动资产 ÷ 流动负债。速动资产就是将一些流动性并不是特别好的存货等扣除后来计算。速动比率通常在 1 以上会好一些，代表公司能够快速变现的资产能够覆盖所有的流动负债。

1. 流动比率	流动资产 / 流动负债
2. 速动比率	速动资产 / 流动负债
3. 现金比率	（货币资金 + 有价证券）/ 流动负债

图 6-4　流动比率及相关变形后指标

再加以变形就是现金比率，现金比率 =（货币资金 + 有价证券）/ 流动负债。有价证券通常是可以随时变现的，也就可以当成货币资金来使用。现金比率就是看公司所有的现金能不能覆盖所有的流动负债。当然这个比率也要辩证地看待，一家公司现金存储过多其实也代表一种浪费。因为现金如果不运用到企业的业务当中而仅仅是存留在账面上，就不能产生任何的使用价值。我们所讲的现金为王，是针对企业出现资金链断裂危机而言的。如果企业有足够多的现金且运营良好，不会出现资金链断裂，就应当做出适当的投资，来发展更为广阔的市场。

四、考量企业资产运营管理效率的"总资产周转率"

总资产周转率的作用是分析公司所有总资产在日常经营过程中一年能周转几次。如果用一年的天数除以总资产周转率，就会得到总资产周转一次需要多少天。

$$总资产周转率 = 总收入 / 总资产平均值$$

这里又涉及了收入的时期数和资产的实点数。同样，我们选择用总资产平均值来换算成模拟时期数，让这两个指标可比性成立。当然，如果总资产的期初期末变化不大，也可以采取简便计算，直接用期末总资产计算总资产周转率。

不少上市公司的总资产周转率偏低，也就是说用更多的资产来产生较少的收入是相对简单的。曾经一位企业家说要先设立赚一个亿的小目标，当年胡润富豪榜显示这位企业家的家族总资产为 2 000 多亿。如果用 2 000 亿的总资产来创造一个亿，无论这一个亿是收入还是利润都好像并不是特别困难的事情，关键是看家底有多少。

如图 6-5 所示，总资产周转率也可以经过变形变成固定资产周转率、流动资产周转率、应收账款周转率、存货周转率以及各自的周转天数，叠加起来就会得到 11 个财务分析指标。根据每家公司不同的经营情况和经营特点选取最适合和最能够体现企业以及行业特性的指标进行充分分析，就会对领导者的决策起到作用。

五、考量企业现金流效率的"净利润现金保证比率"

净利润现金保证比率是看经营性净现金流是否能够覆盖净利润。这里仅考虑了经营活动的净现金流而没有关注投资性现金流和筹资性现金流，目的就是为了聚焦到日常经营中是否能够赚取到更多的现金，只有日常经营才是真正自己的"造血功能"。成熟公司必须考量自我"造血功能"是否健全，就看这个指标是否能够稳定在100%以上。

1.总资产周转率（次）	总收入 / 总资产平均值
2.固定资产周转率（次）	销售收入 / 固定资产平均净值
3.流动资产周转率（次）	销售收入 / 流动资产平均占用额
4.应收账款周转率（次）	销售收入 / 应收账款平均余额
5.存货周转率（次）	销售成本 / 存货平均余额 或 销售收入 / 存货平均余额
6.总资产周期（天）	365/ 总资产周转率
7.固定资产周转天数（天）	365/ 固定资产周转率
8.流动资产周转天数（天）	365/ 流动资产周转率
9.应收账款周转天数（天）	365/ 应收账款周转率
10.存货周转天数（天）	365/ 存货周转率
11.营业周期（天）	应收账款周转天数 + 存货周转天数

图6-5 总资产周转率及相关变形后指标

净利润现金保证比率 = 经营性净现金流 / 净利润

虽然净利润现金保证比率大于1会比较好，但也并不是越高越好，还需要具体分析出高的原因。例如，一家公司净利润是1 000万元，经营性净现金流5 000万元。也就是说，这家公司日常经营收到的现金要比净利润高得多，净利润现金保证比率是5倍。这就要进一步分析是不是这家公司应当支付给供应商的钱长期没有支付而存留下来的现金。如果长期不支付供应商就会因此而停止供货，虽然报表好看但经营实质受到影响也不是好事情。另外一种情况就是公司主要依靠前期大量投入的重型机械来产生价值，例如油田设备是前期一次性投入的，后期运营成本需要支付现金的就会非常少，就会显示出大量的经营性现金流入企业，而流出企业的非常少。只不过这些流入公司的经营性现金流也会成为未来大量流给投资人或者债权人的现金，而这类现金属于筹资性的，所以在经营性现金流里没有体现很多的流出。所以，净利润现金保证比率也应当辩证地看。

如图 6-6 所示，净利润现金保证比率也可以变形，成为现金流动负债比（经营性净现金流 / 流动负债）、现金总负债比（经营性净现金流 / 总负债）和销售收入现金回收比率（经营性净现金流 / 总收入）。

1. 现金流动负债比	经营性净现金流 / 流动负债
2. 现金总负债比	经营性净现金流 / 负债总额
3. 净利润现金保证比率	经营性净现金流 / 净利润
4. 销售收入现金回收比率	经营性净现金流 / 销售收入

图 6-6　净利润现金保证比率及相关变形后指标

五个指标的实例

接下来，我们用一家上市公司的公开数据来计算这五个指标，并分别做简单分析。

图 6-7 列示了这家上市公司连续三年的五指标对比。首先看资产负债率，从 2016 年的 32.79% 下降到 2018 年的 26.55%，是逐年下降的趋势，也就代表这家公司的自有资金更加充足，而对外借债的情况相对减少。简单理解就是这家公司股东权益的比例逐渐增大，而负债的比例相对减少。理论上讲，这家公司的风险会显示出逐年下降的趋势。

	2018 年度	2017 年度	2016 年度	2018 年变化	2017 年变化
资产负债率	26.55%	28.67%	32.79%	-2.12%	-4.13%
股东权益报酬率	35.45%	33.74%	25.23%	1.71%	8.51%
流动比率（倍数）	3.25	2.91	2.44	33.86%	47.39%
总资产周转率（次数）	0.52	0.49	0.40	6.28%	22.39%
净利润现金保证比率	109.40%	76.37%	208.87%	33.03%	-132.49%

图 6-7　某上市公司五指标历年数据对比

　　再看股东权益报酬率。从 2016 年 25.23% 的回报率上升到 2018 年的 35.45%，还是相当不错的。对于股东来说，就是两年都保持在 30% 以上的回报率。当然，我们前面也提到过这只是针对股东的收益，而并非二级市场购买股票的股民。尽管股民也是公司的股东，只不过股民付出的在二级市场购买股票的价格已经远远超出了公司账面上的股东权益价值。

　　接下来是流动比率。这家公司从 2016 年的 2.44 倍增加到 2018 年的 3.25 倍，也就是说公司的流动资产是流动负债的三倍多。从数字上看，这家公司的运营能力是相当强的。

　　接下来再看总资产周转率。从 2016 年的 0.40 次 / 年增加到 2018 年的 0.52 次 / 年，也就是说周转率是逐渐提高的。尽管每年只周转半次，从趋势上看效率也是不断提高的。只要效率是逐渐提高的，无论基数大还是小，都可以证明这家公司的情况是不断好转的。

　　接下来再看净利润现金保证比率。从 2016 年的 208.87% 到 2017 年下降到 76.37%，再到 2018 年又恢复到了 109.40%。仅从 2018 年来看，公司的现金保障情况是良好的，也就是公司所收到的经营性净现金是超过净利润的。尽管这几年的波动比较大，但依然可以看出公司收取经营性现金的强劲能力。

这五个指标整体上概括了一家公司的经营风险、盈利能力、运营能力、经营效率和生存能力，通过掌握这五个指标并加以不断运用和练习，就能够对公司的分析指标有相当的感知和判断能力。如果能够再加以变形就可以学会并掌握 30 多个财务指标，财务分析能力就可以达到相当的水平了。

其他有效的分析方法

一、不同规模的数据比较

尽管学会并运用财务指标看起来很酷，但对于企业日常经营的分析还是使用变动比和重要性占比来得更多一些，也更实际一些。追踪每个月的关键数据变动并分析其原因，是提高管理能力的重要手段。

另外，在做不同公司或不同规模的比较时，常常采用人均指标来测算哪一个效率更高。不过人均有其弊端，就是如果一家公司希望用更高的工资请更少的精英工作，而另外一家同行业公司希望用更少的工资请更多的普通员工工作，这两家公司用人均比较就失去了真正的价值。所以我们更建议用公司真正付出的代价，就是薪酬本身作为衡量基础会更加客观。

例如，用每万元薪酬创造的收入，或者每万元薪酬创造的利润，这些指标对比起来就消除了个体薪酬高低的差异性，能够更客观地以公司付出的薪酬代价来衡量所获得的收入或利润哪一家更加高效。

当然，这类平台性指标还有很多，例如零售企业用每万元房租来代替面积、重机械型企业用每万元折旧来代替人均等，这些做法的出发点都是以企业核心代价的付出为考量基础的。

二、财报十大危机信号

分析完数据以后，如何判断企业是否遇到了问题呢？其实，根据很简单的几个指标就可以得出结论，我称之为财报十大危机信号。

（1）收入不断下降。如果一家企业收入是连年下降的，很明显就是公司的市场在萎缩。如果不能及时扭转局面，那么公司就很有可能"兵败如山倒"，势头丢失了就很难再重新找回来。

（2）利润连年下降，甚至出现亏损。即便是收入连年增长，但如果利润连年下降，也不是好苗头。因为持续下降很有可能就会由赚钱变成亏钱，就需要尽快找到亏钱的原因，是成本过高、竞争太过激烈还是由于管理不善导致费用过高等。成熟企业必须盈利，不盈利就只能等待失败来敲门。

（3）毛利润畸低，而且不断下降。有时虽然看起来净利润是能保持的，但如果毛利率持续下降，也表示公司的主营业务正在面临巨大挑战。如果不能保持住足够的毛利润，则公司很有可能无论怎么努力、怎么减少费用，都无法扭转败局。有些上市公司甚至用政府补贴来掩饰公司的亏损势态，终究还是杯水车薪。

（4）货币资金持续降低。就是公司的现金在持续减少。让公司死掉的不一定是亏损，但公司如果没有钱很快就会倒闭。所以，公司任何时候都应当存留足够的用于日常开支的现金。

（5）应收应付畸高，增幅超过收入。这里的应收应付是指由于销售或采购产生的应收账款和应付账款。如果应收账款增幅超过收入，则代表公司用更长时间的欠款来获得客户，而欠款越多，则坏账的可行性就越大。除非公司的催收力度足够强，否则一定会在某个时间段遇到资金链断裂危机。同样的情形，如果应付账款增幅也超过收入，说明公司积压了太多的供应商欠款，长此以往，供应商就有可能停止供货，那么公司经营就会变成无米之炊。一旦断供而客户又不能及时付款，公司就会立即陷入停滞。

（6）存货畸高，增幅超过收入。存货太高就代表公司采购占用的资金太多。往往存货高的公司都大量堆积了不经常使用的原料物资，是为达到客户的随时供货要求而不得不备的库存。这样的高库存早晚会把公司的资金链压垮。

（7）经营现金连年负，投资现金连年正，融资现金连年负。经营现金常年为负说明公司根本没有造血功能，除非是为了大举占领市场而降价攻坚，否则公司就没有生存下去的能力。投资现金为正数需要辩证地看，如果是投资收益，当然是好事，表示外部的造血功能已经可以反哺给公司。但如果是本金的收回，则又需要分两种情况来看。如果是外部投资到期或战略投资已经完成其目的的回收，这是好的，说明投资是成功的。但如果由于公司资金紧张不得不"割肉"地将外部投资减少而收回现金，就是很危险的信号，表示公司已经没有更多的资金支撑经营了。融资现金为负数也需要辩证地看。如果公司货币资金充足，每年都不断归还外部债务，或者持续地支付利息和股利，只要账面上资金充足，这都是减少公司债务的好事情。但如果公司账面资金吃紧又减少了融资性现金流，则很有可能是金融机构落井下石，你越是没钱它就越要收回贷款，这样的公司离资金链断裂也就不远了。

（8）收入连年增长而经营性现金总流入却下降。收入增长意味着将有同等金额加增值税金额的现金会流入公司，如果长期都没有流入公司，那么公司就变成了无源之水。表面看收入很不错，实质上没有现金支撑，那么公司就会失去持续生存的能力。

（9）资产负债率持续上升。表示负债在不断增加，负债越高则风险越高。如果公司不能准备充足的资金应对债务，或者不能赚取比债务利息更高的利润，则公司就会被债务拖垮。

（10）流动比率长期低于100%。流动资产低于流动负债的表现就是公司缺乏营运资金，营运资金就是流动资产减流动负债的差，表示公司短期就可能面临无法及时偿付债务或支付供应商货款的状况。这种情况常常出现在短贷长投的公司，就是用短期借款构建长期资产或做长期投资，这都是极其危险的行为。

可视化图表分析

数据分析的最佳呈现方式，一定是可视化的图表。有些比较直观的图表不用做任何解释都更容易看清状况，比写再多的解释文字都更能让领导者领悟其精髓。

下面就用一家上市公司的业务图表以及同行业的几家公司的图表做一个可视化呈现。

图 6-8 展示了这家上市公司总收入、总成本、经营性现金流入、经营性现金流出四个数字的对比。这家公司是酒类上市公司，红色

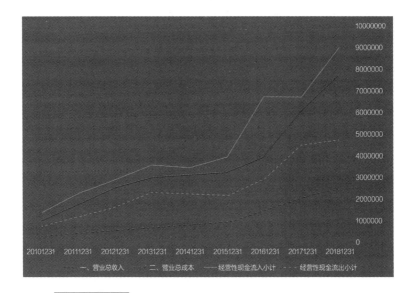

图 6-8　某上市公司总收入、总成本、经营性现金流入流出对比图

实线代表历年收入的变动情况，而红色虚线代表历年的总成本变动情况，总成本就是成本与费用的总和。红色实线与虚线之间的距离，就代表公司的营业利润空间。这家公司的两条线的距离随着时间的推移而不断扩大，表示公司的营业利润空间在不断扩大，也就是公司越来越赚钱了。

图中蓝色实线是经营性现金流入，蓝色虚线是经营性现金流出。这两条线之间的距离就代表经营性净现金流，图中的蓝色实线和蓝色虚线随着时间的推移距离不断扩大，也就代表公司的经营性净现金流不断加大，也就是公司由于日常经营所获得的现金越来越多了。

红色实线与蓝色实线表示公司收入与经营收到现金的关系，公司每年收到的现金都超过收入，因为收入是不含13%增值税的，所以正常来说收到的现金应当比收入高13%。图中整体上各年收到的现金都超过收入，表明这家公司的经营情况持续良好。

红色虚线与蓝色虚线表示公司的总成本与经营支付现金的关系，公司同样每年都支付了超过公司总成本很多的现金。由于购买原料等存货所花费的现金也属于经营性的，当这些存货没有生产完毕及没有卖出去的时候，公司的总成本里是不含这部分的。这说明公司对外支付货款的及时度还是很高的，能给这样的公司供货也是不错的选择。

简单的一张图就可以看出相当多的内容，如果将各个有关公司类似的图表放在一起来看，就会得到更多的结论，从而为公司决策做出贡献。如果我们的财务人员都能够依据企业经营特性而不断将关键数据用更直观的图表呈现出来，那么领导者做出决策的信心就会更加充足。

接下来，可以在几家同类公司中做出图表分析。

图6-9列示了五家酒类上市公司历年收入走势对比，这五家公

司分别是贵州茅台、五粮液、洋河股份、水井坊和泸州老窖，都是
我国比较著名的白酒企业。

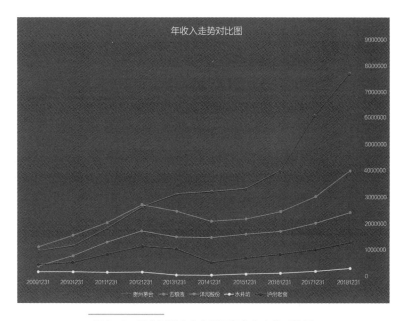

图 6-9　五家酒类上市公司历年收入走势对比图

　　这五家白酒公司在 2018 年的时候站在了相对均衡的各自层
级市场位置，贵州茅台一马当先冲在我国白酒行业的领头位置。
如果关注一下历史就不难看出，在 2012 年之前五粮液的市场份
额是要超过茅台的，2013 年几乎所有的白酒公司都业绩下滑，
这是因为 2012 年年底中共中央发布了"八项规定"，特别提
出了要厉行勤俭节约，白酒行业因此而受到冲击。不过奇怪的
是茅台非但没有减少收入，反而更加速了收入的增长。也就是
这一年，茅台把五粮液远远地甩在了身后，业绩增长一发不可
收拾。

　　图 6-10 列示了五家酒类上市公司历年经营性净现金流走势对

比。从现金流上看，这五家公司除茅台以外都处于各自层级的相对
位置，五粮液在 2013 年的现金流减少非常大，2014 年继续减少，
直到 2015 年才恢复往日的状况。

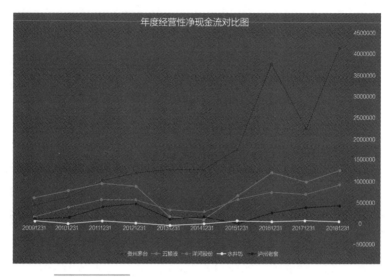

图 6-10　五家酒类上市公司历年经营性净现金流走势对比图

　　如果细细品味，这几张图能够说明太多的状况，这也是可视化
图表的魅力所在。数据再客观，都不如一张漂亮的图直观，也不如
一张图对领导者的冲击大。所以作为领导者，首先要想自己需要看
到什么样的数据分析图，哪怕是用铅笔在白纸上反复画出各种草图来，
让自己知道什么样的数据对你是有价值的，然后让财务人员或相关
人员绘制一系列图表。没有领导者视野的员工往往难以想象公司领
导层想要看到什么，但如果你给下属提出了相对具体的要求并指示
必须想办法完成，下属还是能做到的。所以，真正的智慧存在于领
导者的思想中，让这些思想变为图表展示在你面前，你就会有完全
不同的决策依据，这种依据也会更加令人信服。

五个指标小结：

首先看风险，企业不能持续高风险地运营。

其次看收益，企业存在就应当赚钱。

再次看运营，日常经营管理是否有足够的掌控力。

然后看效率，效率越高越赚钱。

最后看生存，强大的自我造血功能才是生存之本。

每个指标都能变形成多个指标，五个就等于三十个。

企业分析，最简单的或许才是最有效的。

不要被趋势迷惑，但也不能不关注趋势。

07

第七章 —— Chapter
seven
六个等式贯穿业
务管理

本章纵览：

　　在企业内部建立贯穿业务始终的数字逻辑，是帮助领导者管控企业的最佳工具，所有的数字都有其前后呼应的关联关系，如果将这些关系全部都用可计量、可验证的方法呈现出来，那么任何一个环节出现问题都很容易被发现，企业管理也就变得清晰和简单了。同时，由于业务与财务口径不同、统计时期不同导致企业内部关于同一事项各部门提供数据不同的问题，也能够得到有效解决。

现在我们进入"极简财务金字塔"的第六层，即"六个等式"。

销售、收款与应收

上期末客户应收款 + 本期销售增加金额 − 本期收回客户应
收款 = 本期末客户应收款

从公式看肯定是永远都成立的，关键的是真实情况是否如公式
计算出来的一样。在企业当中，如果能将这些可视化的数据随时都
呈现在领导者面前，并且将真实的核对数据与之吻合相对应，将每
一个最小可监管单元都清晰地罗列出来，例如哪个单位、哪个项目、
哪一笔交易等，这样的监管模式一旦建立起来，企业的应收账款和
销售数据就一定不会混乱。

但现实当中，很多企业在这方面出现了严重的问题。我们看
到有很多企业由于记录的口径不同或者是没有严格监管，导致
常年积累了大量无法核对的数据，慢慢都形成了所谓的垃圾数
据，这些烂账长期积累下来变成了用常规思维永远都无法解决的
难题。

建议企业最好能够按照"两个口径两个原则"来执行，两个口
径就是业务口径和财务口径，两个原则就是收付实现原则和权责发
生原则。

对于销售、收款与应收的等式监管工作，最能够让领导者看得懂的就是业务口径。第一步将上述等式均按照独立合同为核算单元的清单式明细等式呈现，将合同口径的含税金额与客户的付款金额和欠款金额建立累计的清单明细。这个公式是领导者最能够理解的，也是最容易管理的内容。最佳方式是以公司内部不重复的独立合同编码为唯一可识别码建立其他数据的核对关系，同时明确记录含税金额的税种、税率以及计算逻辑。这样就可以满足日常管理需要了。

第二步是迭加财务口径。依据业务口径提供的数据，由财务甄选出实质交易的时点，据此判断收入确认时点；根据协议判断发票开具的时间；同时根据税种和税率不同分别计算合同的不含税金额，以及各个时点或各个产品线拆分的具体金额。确认了这些信息，财务不仅可以据此做账和核对，更能与业务建立起完全贯穿一致的核对手段。也就是说，领导者再询问某个数字的时候，尽管还是可能从财务和业务部门得到完全不同的数字，但是也能够在两个数字间建立起来互相转换的关系，让企业内部不会产生口径差异带来的混淆，越是清晰明了就越能降低管理难度。

第三步需要考虑收付实现原则的现金收付，也就是等式的"本期收回客户应收款"的。就是要记录应当在哪个时点收钱，以及实际上是在哪个时点收钱的对比，以此记录在合同口径的应收账款是多少。这个合同口径一方面是全额制，另一方面是阶段完工制。全额制比较好理解，就是合同签订第一天开始就记录客户总共欠公司多少钱。尽管这说起来不是很合理，合同还没有执行怎么就开始欠钱了呢？其实，这是为了实现总量控制的一种计算方法。阶段完工制就是不管开没开发票，也不管客户是否确认验收等，只要是公司有证据证明阶段性完成应该收款的环节了，那么这部分客户的欠款就要真实记录了。目的是监管到业务口径下完成的工作就应当有相应的回报。这个阶段性完工的日期也应当与合同约定的日期对应，现实中往往这两个日期不会是完全相符的，会有时间差，客观记录这个时间差是精细化管控应收账款的关键。只有及时反映欠款的情况，才能够及早安排催收。企业的大多长期欠款往往都是因为错过了最佳催款期而变得遥遥无期。

第四步需要考虑权责发生原则的执行情况。与第三步的完工时点非常相像，只不过权责发生原则更加在意的是是否获得了客户的确认资料。只有获得确认的才是真正实现了权责转移，财务上才真正应当确认收入和应收账款。同时，财务也要考虑发票的开具时点和金额。在合同执行的每一个确认时点，都应当有这些记录，确认具体内容、具体金额以及是否涉及开票。

当企业内部依据销售、收款与应收的公式并迭加两个口径和两个原则的数据以后，就可以建立起完整的管理和监管系统，或者说用理论数字建立可衡量模型，用真实数据盘查和监测管控。这样，就不会因为记录的原因或登记不及时、不准确等导致上述公式与真实事情不一致了。

采购、付款与应付

上期末对供应商欠款 + 本期采购金额 − 本期偿还供应商欠款 = 本期末对供应商欠款

（考虑真实库存与虚拟库存，例如服务成本组成）

这个等式与上一个等式看起来非常像，只不过上一个是与销售有关的，而这个是与采购有关的。采购环节和入库环节的错误率在企业中还是比较高的，我们建议依然按照"两个口径两个原则"来执行对采购与应付款的管理。

第一步让业务口径在管理上成立，也就是清单式明细化地将所有采购合同登记罗列，以合同口径记录完整的含税金额和付款周期，涉及的税种和税率需单独记录，让这个等式首先在业务口径上确保正确一致。如果涉及项目管理，则需要将本合同的编号与对应的主合同或者项目号建立一对一关系，便于未来对项目成本进行汇总与管控。

第二步将财务口径的数据在第一步的基础上迭加，将不含税金额以及交易时点详细登记，包括在什么时点收取发票、在什么时点支付货款等，也就是将等式中的不同口径、不同维度都在同一个平台上呈现出来。

第三步是现金收付，即处理等式中的"本期偿还供应商欠款"。记录应当在哪个时点付钱，以及实际上是在哪个时点付钱的对比。以此记录在合同口径的应付账款是多少，即从全额制和阶段完工制两方面记录。全额制就是从合同签订第一天开始就记录欠供应商多少钱，这是为了实现总量控制的一种计算方法。同时不管供应商有没有开发票，只要是供应商已经交付了，就应当是真实产生了应该付款的环节，目的是监管到业务口径下完成的工作就应当有相应的成本支出。供应商交付日期应当与合同原约定的日期相对应，现实中这两个日期不会完全相符，客观记录这个时间差是精细化管控应付账款以及供应商的关键。只有及时反映对外欠款情况，才能够及早安排资金筹措工作。企业长期对外拖欠往往都是因为记录不及时或不准确而使得供应商不能按约定获得货款，进而导致供应商停止供货、提高价格或降低货品质量。

收款、付款与往来

上期末库存金额 + 本期采购金额 − 本期销售出库金额 = 本期末库存金额

（考虑真实库存与虚拟库存，例如服务成本组成）

这里的本期采购金额视同入库金额，当然入库不一定都是采购，还有可能是销售退回的；本期销售出库金额也不一定都是销售原因的出库，还有退给供应商的出库，以及试验品出库、坏损出库等。这个等式看起来就是公司库存管理的一个普通逻辑，只要细化到每一个明细记录或许就不会有太多管理问题。凡是涉及退库的，无论是退出还是退回，都应当用本性质的负数来记录，而不能混淆。

依照此等式，如果迭加"本期销售增加金额 – 本期销售出库金额 = 本期毛利润"这个等式，就能够将前面讲到的销售行为和采购行为的两个等式完全贯穿起来了。

图 7-1 展示了一个采购付款与销售收款之间的外部关系以及各自循环的走向。本期采购金额 15 万元就是采购与付款等式里面的本期采购金额，也就是图中供应商供货金额 15 万元，这两个数字是相等的，计算中这里也会包括采购退回给供应商的负数。本期给供应商付款 10 万元，就是减少了对供应商的总欠款。图中的案例显示月初欠款 50 万元，本月采购 15 万元和付款 10 万元，到月底变成了欠款 55 万元。月底这个数字也自然成为下个月的月初数。只要按照这个逻辑将所有供应商的每一笔交易都记录下来并做好分类，那么各

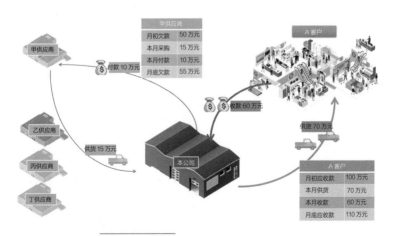

图 7-1　采购付款与销售收款的外部循环图

个供应商的欠款就不会混乱。最担心在企业中出现供应商名称不规范导致记录出现差异，甚至导致重复给供应商付款的现象。转到销售循环，本月对客户供货 70 万元，这 70 万元是售价而不是库存的成本。本月收了客户 60 万元。月初应收客户 100 万元，供货 70 万元和收款 60 万元，月底客户欠公司 110 万元，这个欠款自然就变成了下个月的月初应收款金额。

接下来，我们从企业外部转入企业内部，看看这个流转循环是怎样的逻辑。图 7-2 就描绘了企业内部采购，生产、销售的业务循环。这里既有成本价格也有销售价格，我们逐一来看。公司采购 15 万元货物入库，原来库存有 70 万元，这样库存就变成了 85 万元。本月由于生产就领用了 30 万元原料，经过加工生产以后就会迭加生产工人的工资以及水电、折旧费等，30 万元原料加工成产品后价值增加到 50 万元，这样再进入成品库以后，公司的总库存变为 105 万元。公司当月销售了 70 万元，这是出厂的销售价。这 70 万元产品对应

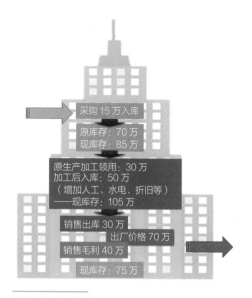

图 7-2 企业采购、生产、销售额的内部循环图

的公司产品成本是 30 万元,这样自然就可以算出公司这次销售赚取了 40 万元的毛利。而公司出库了成本为 30 万元的产品后,公司的库存就变为 75 万元。这就是一个企业内部采购、生产、销售的循环过程。

任何公司都应当在企业内建立前面讲过的三个等式的完全贯穿关联监管关系。销售环节因为供货和收款有时会产生一些记录差异,例如虽然供货了但客户并没有正式签收;虽然客户付款了但公司并没有记录到这个客户的账下,诸如此类的问题都会导致记录错误。

相比较而言,采购环节出现等式与真实情况不相符的情况比销售要严重得多。因为绝大多数领导者都会对销售非常关注,经常性地询问核查销售合同的执行和收款情况。我们见过大量企业的真实管理现状,往往对于采购付款和应付账款管控并不十分乐观,有的公司甚至出现给供应商重复付款都没有任何察觉的现象。对于领导者来说,绝大多数都不会亲自涉及采购环节数据的详细记录,或者因为有了 ERP 系统就全部依靠和信赖系统数据。ERP 的自洽计算当然是完美的,与上述公式一定是永恒相等的一样,只是当 ERP 数据与真实情况对照的时候,则发现各种不能吻合的问题。究其原因,将数据输入到 ERP 这个环节还是人为来控制的,如果输入不及时或不准确而长期积累大量的错误数据,想要恢复到正常状况就难上加难了。

任何数据从原始出处到进入信息化系统,几乎都是需要人工实施的,除非未来物联网和人工智能的大规模运用才有可能脱离人工操作。凡是涉及人工录入的,就必然存在发生错误的可能性,造成录入错误的原因有很多,有的是不认真,有的是理解不正确,有的是缺乏沟通,有的甚至是故意舞弊,其中缺乏沟通是管理上最为隐蔽的一种方式。

图 7-3 描绘了一个货物由供应商直接转入外协厂加工,在加工完成后直接给客户供货的循环图。货物在全过程中都完全没有进入

过公司的仓库，自然也就没有了验收入库以及清点发货的过程。采购人员和销售人员各自都了解发生了什么事情，但仓库管理人员却毫不知情，公司 ERP 系统中也就没有采购记录和销售记录。这种情况下，越是依赖 ERP 系统的数据就越容易出现严重遗漏。换句话说，如果由于企业 ERP 系统监管不严导致数据错误，还不如采购和销售记录得准确，那么公司整体的管理就会陷入失去管控信任的状况。真有这么荒唐吗？我们确实发现有一些企业财务记录的数字与 ERP 记录的完全不同，而 ERP 数字与真实的盘点数字也不同，同时采购部门或销售部门登记的手账本数字与前面所说的三个数字也不同。这种情况势必会导致企业在内部管理上逐渐混乱。企业里的现实管理情况并不像想象中的那么到位，特别是不像领导者想象的那么逻辑化、完美化。

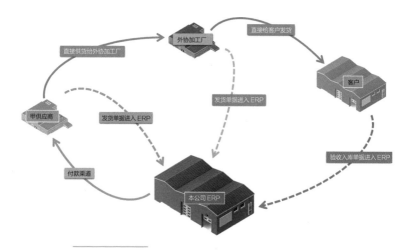

图 7-3　货物由供应商直接转入外协加工以及直供给客户

采用我们提供的这套公式以及"两个口径两个原则"的管控模式，或许能够大大降低这些荒唐事件的发生。

从业务口径上讲，需要独立在系统中完整、及时地登记合同情况和现金的付款进度，以及涉及金额的含税价格。乙方合同特别需要关注是否要与甲方合同相对应，其目的就在于需要做项目核算的时候，以甲方合同为项目管理单元来汇集的时候，能够将甲方合同相关的所有执行合同全部索引出来，便于加强管理。

财务口径也是一样，需要完整及时地登记具体实质交易时点，以及开发票的具体时点。财务口径的金额都是不含税的，需要标注税率多少和计算方法。

从现金收付款角度来看，需要关注每一个时点的收付款金额，并对照相应的合同和项目。与供应商之间可能存在金额互抵情况，例如供应商违约的滞纳金或罚款通常从付款的额度中予以扣除。但不应当只记录差额，而是记录收全额和付全额。也就是说，原先应该支付多少就记录支付多少，应当收供应商多少罚款就记录多少，绝不能只记录差额。否则，如果当时只记录了差额，过一段时间以后所有人都忘记了这个处罚事件，很有可能就好像还欠供应商的钱没给完，也会导致最后多给供应商付款。

财务最关注的就是权责发生，也就是每一笔交易的真实完成。所以，采购环节或销售环节确实已经交接完毕且权利义务发生转移的时点，应当就是财务记录的精确时点。

当用每一个真实数字与我们搭建起来的等式模型去随时验证和监管时，就会及时发现偏差和错误。每一个错误在发生的当下能够及时改正，自然就能够确保企业内部的管理数据准确无误了。

支出、消耗与受益

所有现金支出 = 成本费用支出 + 资产支出 + 债务支出

这里所讲的现金支出都是公司以现金支付出去的资源购买以及成本费用，等式的管理目的就在于明确公司当期所有支出中哪些会导致利润下降、哪些会导致资产形态变化、哪些会减少债务等。

　　我们用图 7-4 打个比方，将水流比喻成公司的资源或者支付的现金。第一种情况是用水清洗车辆，水一次性冲刷汽车以后全部流走，没有留下任何积累。也就是说，这次只为了一次性冲刷车辆而贡献，这类的资源消耗就是费用化的，对于公司利润表来说就是"成本费用支出"，会减少公司当期的利润，且不会积累成某个资产。而另外一种情况是水流入桶里积累下来，就好像公司研发某个产品，经过长期积累最终完成了无形资产的开发，那么桶里就积累下来公司为这种产品消耗的所有资源，这类就是"资产支出"，也称之为"资本性支出"。这是两类最容易混淆的支出分类。债务性的支出很容易区分，要么是支付的利息，要么是偿还了本金。

有的水用来洗车
消耗掉了
为了此项工作当时的收益

有的水用来存储
积累下来
未来会变成一个完整的资产

图 7-4　资源一次性消耗或资源长期积累成完整资产

　　等式当中的成本费用支出就是我们经常说的日常经营产生的差旅费、交通费、费用化的研发支出等，资产支出包括购买固定资产、购买存货、对外投资等，债务支出包括支付贷款利息、偿还贷款、支付工资等。通过这个等式将公司当月支付出去的全部现金都能按照其对企业产生贡献的受益资源来归类，以总结查验公司支付的现金是否均具有合理性，哪一些并没有真正对公司产生价值而是白白浪费掉的。有一些支出在花费之前不知道是否真有收益，只有等到总结的时候才知道究竟贡献有多大。如果缺失了这个总结过程，很有可能就会持续长期地付出一些根本不会产生价值的成本费用，就好像米缸底部总有可以钻入老鼠的小窟窿没有被发现一样。

这个等式只涉及现金的支付，所以无论是业务口径还是财务口径，都是一致的，也不必考虑权责是否发生转移，只考虑现金的支付对企业究竟贡献了什么。

折旧、摊销与时效

上期长期资产账面净值 − 本期折旧摊销 = 本期长期资产账面净值

这个等式的主要目的是为了将长期资产在一个较长的时间段里根据实际贡献或实际消耗均衡地影响公司利润的考量，等式最终体现的是长期资产的剩余价值。想要得到一个好的结论，就需要夯实过程的准确性。

等式里涉及的折旧摊销还需要进一步拆解为折旧摊销 = 长期资产 − 残值（若有） − 上期按贡献已消耗金额 − 下期按贡献尚未消耗金额。

用如图 7-5 所示的长期资产逐月减少价值的变化来对折旧摊销拆解后的简单理解，就是按照长期资产在当期对企业的贡献或者当期的自然消耗而折损的那部分价值。通常，这样的价值也是理论计算的，并不会根据实物损耗精准测量而来。等式中的残值是指长期资产在使用完毕以后是否还能够留下一点可以销售的残留价值，哪怕是卖废铁也会回收一部分现金。如果使用终了以后没有任何价值，那么这部分残值就是 0。按贡献消耗计算是理论上的，企业通常按照收益年限中均衡的消耗来计算，财务上称之为年限平均法；也有在收益年限中加速折旧损耗的，例如双倍余额递减法和年数总和法。

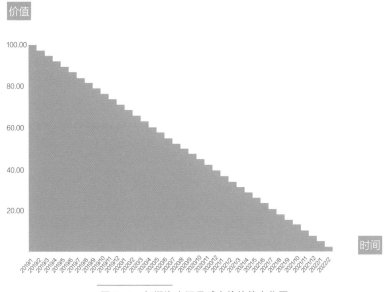

图 7-5　长期资产逐月减少价值的变化图

　　折旧摊销的金额不一定会影响当期的利润，因为如果这个资产的消耗也是为了另外一个长期资产构建而形成，就会变成另外那个长期资产的构建成本。所以，影响当期利润的折旧摊销还可以聚焦为：

　　影响当期利润的折旧摊销 = 一次性或阶段持续性购建长期资产（例如固定资产、无形资产）- 残值（若有）- 按贡献期已消耗金额 - 按贡献期尚未消耗金额

　　全部折旧摊销减掉影响当期利润的折旧摊销，就是不影响当期利润的那部分了。不过这些等式看起来还是很不直观，甚至许多财务人员也都没有按照这样的底层逻辑来思考，仅仅是按照财务教科书上写的等式来计算，例如年限平均法就是：

　　固定资产原值 ×（1 - 残值率）/ 折旧年限 / 12 个月 = 每个月的折旧摊销额

　　这个等式所有会计人员都熟悉，只是这个等式只具有计算

价值，却缺少了资产按照贡献或消耗的递减性逻辑价值。企业的日常管理不必拘泥于某一种固定的计算方法，而是建议使用最符合企业管理模式的方式。未来企业智能化和数据化发展到一定程度的时候，折旧摊销就可以从消耗为主变为贡献为主的计算方式，甚至能够精确到每一天、每一小时、每一分钟的即时数据，企业也就能够将所有数据都做到最小颗粒度的精准管理了。

利润、现金与转换

净现金流 = 净利润 + 减少利润但不减少现金的支出 − 增加利润但没增加现金的收入 + 增加现金但没增加利润的收钱 − 减少现金但没有减少利润的支钱

图 7-6 描绘了净利润与净现金流本来就应当建立牢固的核对关系，企业经营的最终效果就体现在赚取有现金流的利润，没有现金流的利润是虚的，没有利润的现金流也是无源之水，这两方面缺一不可。虽然这个等式对于财务人员并不陌生，但可惜在企业中很少能将这两个角度的数据用这个关联等式来持续贯穿起来管理。这个等式的最终目的是为了考量净利润与净现金流之间的差异究竟是怎

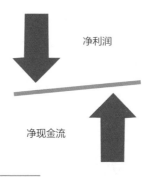

净利润

净现金流

图 7-6　净利润与净现金流的互相转换测算关系

么产生的，进而可以针对性地加强应当收现却未收现的管理，以及加强可以迟缓付现却更早支付的现金管理，最终达到的效果就是让公司始终都有充足的现金。

等式中的净利润是从利润表里直接可以查到的，净现金流是从现金流量表里可以查到的。减少利润但不减少现金的支出通常都是折旧摊销、没有付现的成本结转、资产减值、公允价值变动等，折旧摊销都是因为长期资产的折耗减少利润，但并没有现金的流出。增加利润但没有增加现金的收入通常都是没有收到现金的收入，以及没有收到现金的投资收益等。增加现金但没有增加利润的收现绝大多数都是筹集资金的收现，以及投资性现金流的本金回收。减少现金但没有减少利润的支出绝大多数都是投资性现金流的对外投资、筹资性现金流的归还本金等，这个结构看起来很像是现金流量表的内容。财务上有一个等式是现金流量表的附表计算，就是从净利润加加减减成为经营性现金净流量。我们的等式只不过是增加了筹资性的和投资性的现金流计算，目的也是为了能够获得以企业整体为管理框架的结构式管控手段。

将六个等式不断细化并加以日常运用，是帮助企业真正提高管理能力非常好的工具。试想，如果企业内所有数据都被管控到、所有逻辑关系都是被打通的、所有数据都能够得到相应的验证，企业管理怎么可能不在正常轨道上呢？只是想要建立起完整的逻辑并非易事，还需要了解公司业务的同时又理解财务逻辑的人与公司管理团队共同持续地参与，才有可能成为企业管理事半功倍的利器。

信息孤岛问题对领导者的困扰

如果进一步拆解六个等式，就会出现几十个等式，这些数据错综复杂，仅依靠人工计算越发显得难度和工作强度都很大。其实随着科技的发展，企业中已经运行了几个甚至几十个系统的信息化数据，只是这些数据都还在各自的系统中自洽运行，与外部其他系统打通的情况有但却不多。只有将这些数据都打通并最终汇集到财务的框架下综合考量，才能够既节省大量的计算核算时间又大幅提高准确度。

图 7-7 描绘了公司内部各个系统之间出现的信息孤岛状况，每一条箭头线中间都是断开的，理论上都可以贯穿打通，为什么现实中会如此之难呢？其核心环节就在于系统开发的产品负责人极少懂得财务逻辑，而懂财务的人又极少精通开发逻辑。这两方面的通才少之又少，加上对各个业务模块系统的深入了解需要花费大量的时间，而大多数企业都不会给开发人员很长的时间综合学习，因为系统间的差异性非常大，许多数据需要经过大量的逻辑转化才能够与其他系统对接，而且为了承接全数据，接收数据的系统很有可能还需要增加数据库的设置和容量，这就又涉及更多的工作量。工作难度大、工作量多、成功率低、收效不见得明显，所以打通系统数据就变成了脏活儿、累活儿，最终变成无人问津的领域。

图 7-7　公司内部信息孤岛状况

想要解决这种问题的最佳方案就是在各个系统开发之初就引入财务专家团队对上下游数据的逻辑关系进行深入剖析，找到对接难点和对接方式，让开发人员直接搭建更加顺畅的接口。其实，财务专家解析数据最重要的大的逻辑就是我们前面讲过的六个等式以及这些等式的深度分解。通过前面的讲述可以看得出来，只要能够较为深入地思考和积累，想要这些等式成立都不是难事。

信息打通的最大受益者一定是更多的领导者和财务工作者。先说财务工作者，就能够大幅度减少工作量，至少许多单据的录入就会变成自动生成，而且如果系统逻辑严密，则极少可能出现错误，也就是准确度会比人工操作大大提高。这样财务人员就可以有更多的精力来站在领导者角度上分析数据，为公司决策提供多视角、多维度的支持。而领导者在数据均可自由获取的情况下就能够按照自己的管理要求和管理风格索取几乎任何的分析，而不是现在不得不适应各部门各自孤立的互相无法验证的多口径数据。仅从这一点就能够帮助领导者节省大量的时间，更加精准地做出正确判断，带领公司更高更快更稳健地发展。

> ### 六个等式小结：
>
> 六个等式其实就是企业日常管理的底层逻辑。
>
> 任何一个等式都应当与实际结合并确保实质相等。
>
> 企业管理就应当用更多的等式。
>
> 只有可验证才可管控，等式就是可验证最好的工具。
>
> 打通信息孤岛的自动化同步验证、旁路验证、反向验证、结果呈现。

08

第八章 ——— Chapter
七个应用（一） eight
——预算、定价

本章纵览:

　　在学过了前面七章的财务知识以后，就进入到了应用层面的内容。毕竟财务是一门实践科学，只学不用就失去了它应有的价值。除了解读报表分析数据以外，企业内部的预算、产品定价都需要有财务知识作为支撑。本章，我们将这些应用层面的管理工具与财务知识结合起来进一步讲解如何落地应用。

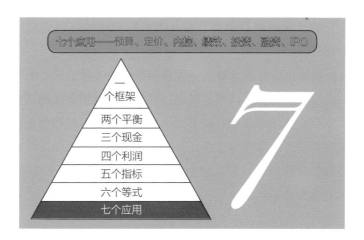

现在我们进入"极简财务金字塔"的第七层，即"七个应用"。

企业预算与预算的扩展应用

预算在企业财务应用中是十分广泛和重要的，许多企业管理者都希望用预算的工作来帮助其将企业管理得井井有条，可惜现实当中预算反而成了双刃剑。没有预算显得公司没有章法，有了预算要么就是处处束缚、要么就是形同虚设。到头来，预算成了公司管理的"鸡肋"。

预算执行好了，对企业管理的帮助是非常大的。但凡稍微规范一点的企业都在执行预算管理，甚至都难以想象这些企业如果没有预算会变成什么样子。其实无论对于大企业还是初创企业来说，预算都是一个非常好的工具，只是根据企业规模不同，需要按照不同的层级来使用。一家大型企业如果还是按照初级预算模式来管理，一定会混乱不堪；相反，一家初创企业如果按照全预算管理，基本上是无法执行的，甚至都难以编制出来。

一、预算编制与执行的 15 个误区

我们总结了企业在预算编制和执行中经常出现的 15 个误区，就是这些出现频率很高的误区导致众多企业最终无法真正将预算真正

落地。

（1）全盘交给财务编制或业务部门各自编制，缺乏协同规则和汇总查验。预算主要是数字呈现，所以自然就容易落在财务编制。不过这里的误区是，预算来源于业务，不懂业务的人是难以将预算做到位的。如果企业财务人员对业务不是很精通，那么预算肯定是要脱离实际的。单独交给业务部门孤立地编制也是不行的，业务部门虽然对"事"了解，但对数字通常缺乏敏感度，且数字的规范化和标准化通常不会很到位，预算会缺乏自洽性。

（2）预算制定标准不一致，财务业务口径缺乏统一性。经常会看到财务人员和业务人员之间互相抱怨，财务说业务的数据口径不对，业务说财务的数字不准。其实，就是缺乏统一平台上的沟通。例如，财务的"收入"是执行完毕后的不含税金额，业务的"收入"可能是签订合同数、可能是回款数，而且都是含税的。就是因为这些看起来不起眼的小事，反而让预算遭遇很大阻碍。

（3）预算制定与公司整体战略脱节，导致预算执行与管理行为不统一。这种情况往往出现在内部管理不是特别完善的企业，公司管理层制定了战略但并未很好地传达，各部门也没有遵循战略指导方针来编制预算，各自站在自己的角度考虑问题，预算自然就脱离了公司最初的目标。

（4）预算模板不适合或者模板太开放，汇总和分析工作量大、效率低、错误率高。别看这些特别实操性的工作不起眼，往往也是导致数据无法真正汇总的主要原因。预算一定是各个部门各自编制并汇总的，而汇总的环节卡壳并不是汇总的部门"无能"，而可能就仅仅是模板不顺手，或者填报的人不规范而耗费了大量的汇总时间。在反复修改和核对的过程中无法确保及时看到结果，预算自然就变成一项痛苦的工作。

（5）规则不明确，职责不清晰，预算制定者不知道如何编制，制定过程缺乏系统性。一些企业的领导者对预算特别重视，甚至亲自参与预算的编制。而基层员工则不知应该做什么，因为没有安排好各自的职责，所以出现任何问题都"找领导"。只要领导不行动，公司预算工作就持续等待。

（6）预算未以市场发展为起点，也没有最终汇集成整体利润和资金计划。不少企业做预算比较茫然，可能不太了解预算的逻辑，就仅是将希望达成的某一个目标当作预算，并没有与企业整体经营贯穿起来，也没有将目标定立在市场规模或公司发展规模上。

（7）管理层与执行层的基准偏差大，因期望过高导致难以执行落地。管理层期望过高一定会出现无法落地的结果，任何企业都不能脱离实际限制来编制预算。

（8）制定预算缺乏必要的资源支撑，导致有心无力难以实施。任何预算都要有相应的资源支持，即便是保持以前的规模不变，相应的支持也需要先到位或者部分到位才能够开展工作。

（9）预算没有分解到最小期间和最细岗位，缺乏可落地的前置条件。有些企业只有年度预算，而且只有公司层级的预算。这样的预算是无法实现过程监管的，因为没有能够监管的具体执行点。只要是缺乏监管的，大概率是无法真正执行到位的。

（10）宣贯不到位，各层级缺乏对预算制定与执行的认知。预算一定不只是管理层的事，更是每个执行人的事。一些企业在部门负责人那里签署了"军令状"以后，好像预算工作就结束了，所有员工原来怎么工作还怎么工作，甚至都不知道公司的预算是什么。

（11）未与绩效考核协同一致，不考核什么就不会太在意什么。绝大多数预算都是"跳一跳才能够到"的，也就是或多或少都有压力的。如果没有与实际的考核关联，那么预算做到与否都跟个人无关，预算自然就难以真正落实到位。

（12）高标预算的支撑前置导致成本加大，预算完成不力则亏损更加严重。前面讲过，前置支撑不到位就无法达到更高的预算，但如果前置支撑全部都提前到位，那么一旦预算执行出现问题，公司则会面临更加惨重的亏损。例如，不少上市公司的收入突然在某年锐减的时候，发现其总成本还是跟以前一样持续飙升，这家公司的亏损就会变得更加严重。

（13）预算过于死板，未设定官方调整渠道，有偏差就简单定义预算失败。预算就是预算，永远都不可能预计得很准，当市场出现系统性变化时，就应当考虑调整方案。如果出现非系统性因素的预算偏差，只能是企业积累预算经验的过程。如果粗暴地认为这就是预算失败，就难以积累更多的经验，企业就真的没法成功执行预算了。

（14）预算执行过程缺乏必要的检查督导，年底发现偏差已错失最佳提升时机。与前面的预算没有拆解类似，就是没有设置更细致的执行期和执行人。如果分解了却不去监督过程的话，分解也就失去了意义，错过了时间就再也无法重来了。

（15）缺乏阶段性总结，执行人员对当下进度缺乏基础性了解。监督是相对比较外部的，总结通常都是内部的，而总结才是让自己进步的重要手段，预算也不例外。对于绝大多数企业来说，预算经验都不足，需要积累和总结。对自身当下的进度有一个充分的认识，才能开始想办法完成全年计划。

预算可能是企业领导者最痛的工具，如果能将我们总结的这15个误区解决，那么公司的预算就能够落地，能够为企业管理贡献力量。

二、预算体系的认知

比较官方的预算定义是，预算是通过对企业内外部环境的分析，在科学的生产经营预测与决策基础上，用价值和实物等多种形态反映企业未来一定时期的投资、生产经营及财务成果等一系列的计划和规划。

我们更愿意用比较接地气的说法：就是企业想实现、想突破的目标通过可衡量、可监督的方法实现的过程。

这里的关键词有想实现、想突破、目标、可衡量、可监督、过程。想实现的就是公司的基本目标，必须是可量化的行动和数字；想突破的就是在原先的基础上更上一层楼，这些都是公司的目标；而且只有量化的才是可衡量的，也只有可衡量的才能够做到可监督；预算绝不是一堆数，也绝不是一堆表，而是企业管理的全过程。

按照企业实际的执行情况，我们将预算分为资金预算、利润预算和全面预算三种，如图 8-1 所示。

图 8-1　企业实际执行中的三类预算

资金预算希望将企业资金作为主要管理对象，一个公司可以不赚钱，但是不能没有钱。只要有钱（现金），不赚钱（利润）也能活。相反，就算再赚钱（利润），只要没钱（现金）公司照样会倒闭。所以无论什么规模的公司、无论管理能力如何，首先要将公司的资金预算执行到位。在资金管理到位以后，再着手编制利润预算也绝对来得及。

　　利润预算就是将企业经营利润作为主要管理对象的预算。通常，企业进入正常的发展增长周期，一定是追逐利润的，否则企业就失去了发展的价值。

　　当公司的资金预算和利润预算都执行到位了，还要考虑全面预算。因为全面预算的结构相当复杂，涉及的因素也非常多，而且这些因素互相之间关联都错综复杂，牵一发而动全身，改变任何数字都会引起一系列的数字变化。如果企业没法掌控这样的模式，最好还是将前两种预算做实做透，真正帮到企业的发展，才是真正有效的预算。

　　全面预算的价值非常大，真正运行好了就会成为很好的管理工具。即便是公司不执行全面预算，也建议领导者和财务工作者都能在全面预算的框架下开展各项预算工作，这样才能做到更加系统，考虑问题也会更加全面。

　　如图 8-2 所示，全面预算的框架体系涉及企业的方方面面。从线条上看错综复杂，好像缺乏章法。实际底层的逻辑相当清晰，只是在企业真实运行的时候就像图中线条一样，在视觉上很混乱。了解了这个图就相当于建立起了公司整个运营的全貌，当然这仅仅是一个框架，每一个单独框里可能又是一套独立的框架，层层分解到更细小的单元。

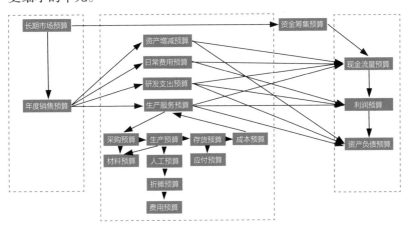

图 8-2　全面预算体系框架图

　　首先是全面预算的最左边部分，从长期市场预算到年度销售预算，也就是说公司的预算一定是着眼于未来的发展，而并非只看眼前，当下的市场一定是未来发展的组成部分之一。最右边部分是所有数字的最终呈现，也是互相关联的逻辑性紧密的进入三大报表框架的数字。中间部分就是所有的企业日常运营数据了，从生产服务到日常开支，再到研发以及资产增减等。除了这些其实还有不少内容并没有放在这张图中，是因为我们看到的都是日常经营最常出现的内容，借用这些内容搭起思维框架至少是容易理解的。当你将整个框架全部印在脑子里的时候，你会发现其实预算就是一个庞大的管理体系。财务的体现落点就是资产负债表、利润表和现金流量表，就像前面讲过三种预算的现金流、利润和公司整体一样。对于领导者来说，这张图其实就是业务流程全貌。无论是领导者还是财务人员，都应当了解这张图的关系和逻辑，无论对做预算还是企业管理决策都会有很大的帮助。

　　预算的形成逻辑究竟是什么？如图 8-3 所示，最早的工作应当是设立企业愿景，依据愿景设立明确的发展目标，再制定战略以明确这些目标的实现路径。通常，战略目标不是一年两年的，而是五年、十年甚至更长时间的。所以在编制预算时，首先要考虑三到五年的发展目标，并让这个中长期发展计划滚动更新，随着时间的推移而不断接近整体目标。根据中长期计划再进一步分解到当年的，也就形成了年度预算，年度预算是企业通常的管理范畴。或许公司暂时尚无预算，但公司领导人一定有自己对短、中、长期的期望，尽可能形成书面材料，再形成预算就更容易实现了。为了能够真正执行落地，预算必须进一步分解到具体岗位、分解到更短的周期段，否则无法真正发现其不合理之处，在实施过程中也难以真正执行。预算最终是要指导组织执行落地的，所以预算更重要的在于执行。再完美的预算也会在执行中遇到阻碍，所以预算既要考虑严肃性又不得不考虑冗余性。

预算的形成逻辑

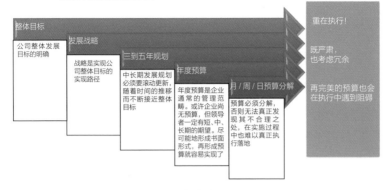

图8-3 预算的形成逻辑

图8-4列示了预算的起点和落点，这两点必须清晰明确，否则企业编制预算就会陷入更多的误区。

图8-4 预算的起点与预算的落点

预算的起点一定是销售和市场，是整体发展规模。如果企业尚未实现销售，则预算的起点就应当是此阶段的发展目标，其实也是整体规划的范畴。预算的落点首先就是资金，也就是前面反复提到的现金；其次才是公司的利润。而预算更重要的就是要挖掘发展瓶颈，任何一个瓶颈都不是发现了立即就能解决的，所以如果等真出现了就晚了，而是要在瓶颈出现之前就尽量发现它，并找到一系列的解决办法，按照成功率提前准备解决方案，这样就不至于让公司总是像消防员一样到处救火了。

三、实战中的整体预算七步走

我们更在意的是在企业实战中真的能将预算编制出来、执行到位。我们将预算的整个过程分解为七个部分，称之为"预算七步走"。第一步是以发展的眼光看规划前置，必须紧盯企业规划；第二步是始终滚动三到五年市场而不是固化了某一时间做完了就结束；第三步是搭建预算结构，支撑起预算所有的事件和数字，让每一个数字都有背后的事件逻辑做支撑；第四步是分解到最小可执行单元，必须要分解到能执行的岗位，以及能检测的最短时间；第五步是挖掘瓶颈缺口，提前做好解决瓶颈的预案；第六步是重在执行，必须执行落地；第七步是监督机制和总结体系的执行，不监督一定是不可能执行到位的。

1. 第一步，以发展的眼光看规划前置

第一步是以发展的眼光看规划前置，就是企业战略。编制战略的工具有很多，诸如 SWOT 态势分析法、波特五力分析法、波士顿矩阵分析法等，这些都是很好的对企业状况做分析并做出战略决策的工具。如果还是不了解应当如何做战略规划，图 8-5 给出一个简单的模式"四阶五步走"。首先是"四阶"，第一阶就是"我以前是什么状况、什么能力"，充分了解自己是正确工作的开端。给自己一个明确的答案，企业目前是什么状况、客户都是谁、我能为客户做的都是什么、我有什么样的能力等。第二阶就是"我打算在未来实现什么增长"，必须让自己非常明确地设立目标，这个目标可不仅仅是数字，什么销售额多少、销量多少、利润赚多少，而是要实现的"事"是什么，这些"事"背后都是用钱数来衡量的。这个目标必须坚定且清晰，决不能游离和摇摆，否则公司就会陷入长期左右摇摆、目标不明确的状况中，不用

说预算了，就连日常管理都会遇到大麻烦。第三阶就是"为实现增长需要什么支持，有什么瓶颈"，这就是最为重要的发现瓶颈的阶段，也就是说我在发展过程中需要什么样的支持，要么是增加或是调整人员，要么是获取资金等，这一阶想不清楚，做预算的时候就会举步维艰。第四阶就是"需要提前做什么预备，步骤过程是什么"，当发现阻力的存在就要考虑如何解决，领导者对未来阻力的难易程度通常是有比较清晰的判断的，同时需要提前考虑到解决问题的时间周期。就好像如果等把钱花光了再去考虑如何融资，一切就都晚了。

简单规划战略的"四阶五步走"——思维过程　　简单规划战略的"四阶五步走"——至少包括五部分

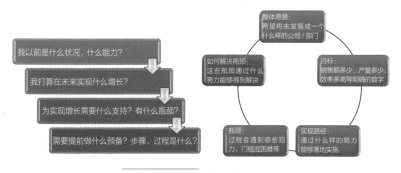

图 8-5　简单规划战略的四阶五步走

"四阶"考虑完毕以后，就开始进入"五步走"。

第一步是确立整体愿景，希望将来发展成一个什么样的企业，也就是将思考未来的状况明确下来。第二步是明确目标，这里可以用一些数字来解释更多的事件了，例如销售额多少、产量多少、利润多少、效率多高等明确数字。第三步是确定实现路径，通过什么样的努力能够落地实施去实现。第四步是挖掘出尽量多的瓶颈限制，预算制定过程中一定会遇到各种阻力、门槛、困难等，不过做预算的时候遇到总比真实工作中遇到要强得多。第五步是要制定解决瓶颈的预选方案，这些瓶颈通过怎样的努力能够得到解决，正所谓"运筹帷幄而决胜千里"。当把这五步走都做好了，相信预算已经进入状态了。毕竟预算和公司发展规划紧密相连，任何一个发展目标都应当有预算支撑。没有预算，企业的规划就变成了"鬼话"，没法真正实现。

2.第二步，始终滚动三到五年市场

市场预测往往让领导者茫然不知所措，数字太高没法完成，数字太低则员工懈怠。这里，给出一个我们在实战中总结出来的"市场预测七步法"。

市场预测第一步是写下来五年的销售数字，必须是分产品系的五组数字。会有人说："我连明天都还不知道怎样，哪里知道五年后什么样子？"不确定性其实就是预算的重要特性，在充分接纳不确定性的前提下尽可能放眼未来，才是有远见能统筹的领导人。所以，就算是逼一逼自己，也要写下来这些数字。第二步是问自己凭什么相信这五个数字能出现，这一步就开始挑战自己，给自己能站得住的理由来支撑这些数字。如果你实在没底，则有可能的确没有这个市场，或是对自己企业的信心还不是很足。听起来有一点"鸡汤"，不过经营企业有时就是要稍微"不切实际"一点，如果每个人都只看确定的事情，的确是没法把企业做大的。第三步是把你的理由写下来，看你缺什么。特别建议你一定要把这个理由写下来，写完以后你再反复去看到底还缺什么东西，这种看起来无聊的动作其实是特别能帮助你明确目标的。第四步是就短缺的项目找到解决方案，再写下来。第五步是算出你的解决方案花多少钱。任何一个方案都可以用金额来衡量，这就是财务的魅力所在，把所有内容都变成了一个钱数，例如用多少人会变成工资、用多少计算机会变成固定资产等，这些数字都可以向财务人员询问历史情况或者找公司内相关人员查询。如果不用钱数表达，那么往后的预算工作就会被卡死，没法开展。第六步是要问什么时候实施解决方案，要提前多久。一定要提前筹划，给企业足够的时间。第七步要考虑瓶颈缺口，怎样

找到解决渠道、代价多大。其实，主要就是落在资金上以及那些不能用钱来解决的事情上。资金都是有代价的，贷款需要付利息，股权融资需要出让股份，压供应商的货款会涨价等。当这七步走完之后，那么对未来市场的预测就算比较夯实了。这个过程最好每个月都能走一次，这样就能确保计划是滚动更新的。即便是不能每个月都走这七步，只要每个月都能监管执行情况，那么对于企业的市场发展和行业理解就会越发深入，对市场预测也会越来越准确。

3. 第三步，搭建预算的结构

做预算总要有一个明确的结构支撑，在所有企业管理应用软件中，唯独预算软件的市场始终没有像财务系统或 ERP 那么通用。因为每个企业的预算结构都不同，甚至完全相同行业的两家企业也很不一样。即便是同一家企业，可能今年和去年的预算也会有天翻地覆的变化。所以，想要有一个通用性强的预算系统十分困难。聚焦的结构很难开发，不过整体结构还是相当通用的，就是在理解层面的结构。同时，这个结构也能帮助企业不要遗漏项目，能够保证完整性。

我们依然还是将这个架构拆分成七部分内容，如图 8-6 所示。

1. 定规模 ·（周期、方向、收入）
2. 定成本 ·（原料、生产、资金）
3. 定人工 ·（数量、层次、薪酬）
4. 定费用 ·（销售、管理、财务）
5. 定税负 ·（增值、附加、所得）
6. 定资产 ·（固定资产、无形资产）
7. 定来源 ·（供应商、往来周转、银行贷款、投资人）

图 8-6　预算结构的七部分

第一部分是定规模。如果企业有正常的销售，那么这个规模就是前面我们做过的市场预测。市场预测仅仅是一个开始，尽管预测市场已经是比较令人挠头的工作，不过只要能明确市场方向和规模，那么后续的所有预算都是为实现这个目标而提供支撑的，就好像有了一个坚实支点。如果企业还没有正常的销售，甚至可能未来几年都不会有收入，例如初创企业可能会花费好几年的时间做研究开发。这类企业的第一部分定规模就是要确定这几年究竟要干成什么样子。销售收入在财务口径下是不含增值税的，这会让领导者和业务管理者挠头，建议销售收入的预算全部使用含税价以适应领导者的思路。然后将增值税全部在第五部分定税负里全盘考虑，把增值税当作成本支出。尽管这不符合增值税作为"价外税"的原理，但对于企业领导者来说是更容易理解的。毕竟预算是为企业经营服务的，不是为所谓的概念定义服务的。

第二部分是定成本。前面我们讲过，成本与收入是相关性很强的，甚至可以说没有成本就没有收入。成本里可能有硬件，如原材料生产、半成品组装、零配件安装等；成本里也可能有软件，如早期研发的技术摊销、管理软件的摊销、相应配套服务采购等。这些都是跟创造收入息息相关的，想要达成第一部分的发展规模，就必须有足够的成本支撑。

第三部分是定人工。其实，人工费可能是成本，可能是费用，也可能是资产的组成，关键就是要看人工为什么而服务。之所以要将人工单独拿出来成为一个独立部分，就是因为越来越多的企业最大的投入渐渐地变成了人工费。人工的管理也越来越复杂，已经不能仅仅按所谓历史上人工费占收入比重来匡算，而是更细致地测算想要实现当年目标具体需要多少个人、什么水平、什么岗位、什么职级以及什么薪酬水平和福利待遇等。企业领导人习惯将这部分测算交由人力资源部门来组织，这是不错的选择。只是人力资源部门大多数对财务数字的掌握不够充分，需要与财务部门以及各个业务部门共同参与制定和测算。需要特别强调的是，人工成本绝不是工资总额，公司为员工付出的成本要超过工资总额。人工测算可能是所有预算中最为困难以及繁重的，想要做细比较难，不过一旦能够细致地完整考虑，这份预算直接就可以变成当年人工绩效的考核指标，甚至在几月份招聘或减少什么岗位的多少人都能清晰可参考，这份预算就实现了日常执行的指导功能。

　　第四部分是定费用。最主要的费用就是财务里经常讲的"四费"，即销售费用、管理费用、研发费用和财务费用。只要跟销售行为有关的都是销售费用；跟公司日常管理有关的都是管理费用；跟研究开发有关的需要区分是研究阶段还是开发阶段，开发阶段的费用会成为未来无形资产的累计成本，而研究阶段的花费就是公司的研发费用；与资金筹措有关的用于日常经营的费用都是财务费用。企业更愿意用历史的数据占比为参考来制定新一年的预算，如果实在缺乏时间或者没有足够的精力编制更细的，用历史参考也是可以的，至少不会有严重偏差。更好的做法还是要基于新计划都要实现什么事情、需要多少工作量来具体核算。第三部分已经将人员情况做完了，其实就完成了非常繁重的一部分，而费用方面要考虑具体做了什么事情和付出了什么代价。

　　第五部分是定税负。这部分财务人员会更加专业一些，很少有其他岗位的人员对税的了解达到他们那么深入。只是需要提示财务人员，编制税负预算应当考虑将增值税作为成本费用对待。第一部分已经将收入用含税价格来计算了，那么就必须将增值税独立对待。税负也是企业各个部门预算最容易忽略的一部分，我们前面章节讲税的时候提到过，我国所有税负占国家 GDP 的 18.9%，简单来说就是一个微观组织的 18% 可能会是税负，当然许多企业的税负要比这个额度低得多。不过税负绝不是可以忽略不计的，这么大占比如果在做预算的时候被忽略了，很可能会造成重大预计错误。

第六部分是定资产。第一部分到第五部分都是跟利润相关的，这部分则是跟资产特别是长期资产的支撑作用有关。企业想要增长就一定需要各种支撑，长期资产是最为普遍的，而投资长期资产大多数都是要花费现金的。这部分资产必须提前预计，包括什么时间需要增加，以及资金来源于哪里。

第七部分是定来源。所谓来源，就是所有的支撑和资源都是从哪来的，供应商是不是充足、周转是否合理、银行贷款是否渠道畅通、投资人是否需要足够提前的时间接触、人员招聘是否能够按期完成、客户渠道是否已经建立完成等。如果支撑不能到位，那么即便预算看起来完美，也依然没有办法真正落地。

以上七个部分内容的具体操作因人而异，在掌握前面几章内容以后，这些预算所涉及的知识性内容就都可以在预算环节加以应用了。

4. 第四步，分解到最小可执行单元

想要预算真正执行落地，就必须拆解到最小可执行单元以及最短可监控周期。第一个是空间维度，第二个是时间维度。

先说空间维度。如果不能将大预算分解到每个执行岗位，那么真正执行预算的人就可能没法做到位。大概率事件是由各个部门的负责人承接预算指标，然后再尽可能分解到部门内每一个执行岗位上。有些指标很容易拆解，但也有很多指标很难直接落到一个具体岗位上。例如，销售部门的文员如何承接一年 10 亿元销售额？这就要考虑哪些指标可以直接分解，哪些指标需要间接分解。直接分解的相对比较简单，所有相关岗位相加就可以。间接指标分解的核心是这些工作的完成是否能够最终组合成整体目标。

再说时间维度，应当依据公司的经营特点尽可能细分周期。例如，零售行业就应当至少分解到"日"；项目公司应当至少分解到"月"等。

其目的也是尽可能短的监管周期，一旦出现延期或未达成情况也能够马上被发现，从而及时做出相应的调整方案。一旦错过了最佳时间，则很有可能一年的时间都会被浪费。

5. 第五步，挖掘瓶颈缺口

其实在许多环节都要考虑到挖掘瓶颈，因为这一点实在太重要。所以在整体编制预算过程中，还应当有一个独立的环节将所有的瓶颈缺口进行统一的深度挖掘和汇集，并找到最佳解决方案。特别建议将这些瓶颈问题单独委派相关人员督导完成进度，因为问题特殊，所以大部分都不会是日常工作，也就不会有专人针对这些问题跟进。企业常常在编制预算的时候考虑很多，一旦开始执行就恢复到各自原本的岗位工作中，预算时思考过的许多解决方案自然也就被搁置了，等到问题出现的时候只能是相互抱怨为什么不提前执行。单独委派专人对特殊问题督导，甚至将这些工作设定成 KPI 指标以便于激励执行人或督导人，只是设置这个 KPI 的主要目的不是惩罚，而是随时提醒他们需要完成。

6. 第六步，重在执行

预算的执行的好坏是影响预算成败的关键。编制预算的时候就需要考虑到执行环节是否能够落地，而不是空空地编制一堆表格、一堆数字，真正干活的人却不知道如何将这些数字变为现实。预算编制过程的最佳状况是企业的预算委员会或高管团队中有非常了解业务的预算领导人带领，同时他也了解一些财务的体系性知识。那么，这个人就能够在编制过程中指导大家如何编制以及未来如何落地。

想要将编制好的预算实施落地也不是一件简单的事情，跟日常管理一样烦琐。不同之处在于，有了预算以后一切工作都有了目标和方向，同时也好像是有了一个无形的枷锁套在日常经营上，会让许多人不能"任性"经营。这对企业当然是好事情，只是对于被束缚的执行人来说会很难受，甚至抱怨而抵抗预算的执行。如果这种抵抗上升为群体共识，那么基本上预算就变成了企业内所有人员的抱怨中心点，再漂亮完美的预算也无法真正推动企业发展。所以，预算在执行前、中、后都应当做到以下工作。

（1）宣贯并形成上下一致的认知，是管理层与执行层能否达成共识成为成败关键。让所有人了解和理解与之相关的预算十分重要，这不仅是一个全体动员的过程，更是让每一个人认可预算、认可公司的过程。只有真正接受了和理解了自己要做什么以及怎么做才能达成目标，企业的预算才有能落地的基础。

（2）执行中遇到偏差很正常，没必要定义为预算失败。许多企业员工甚至高管常常"宣告预算失败"，称因为偏差过大而无法遵循预算。预算就是要接纳偏差，关键是要察觉到并找到发生偏差的原因。如果是在编制预算时没有意识到会有这类事件发生，则以后的预算就可以考虑进来，这不就是成长的过程吗？

（3）执行中需要循序渐进，特别不建议一次性"全情投入"。所谓全情投入，就是为了能让销售扩大，前期所有的支持一步到位，这看起来很过瘾，毕竟花钱会令人很有成就感。而如果成本全部都投入完毕却没有收到明显效果就很容易造成更大范围的利润减少甚至是巨大亏损。所以，建议一定不要将所有资源全部提前投入，而是逐渐投入，根据市场的变化打出足够的裕量时间即可，需要关注整体执行的节奏。

（4）遇到无法预知的状况应当及时考虑是否调整预算，或调整执行节奏。遇到问题很正常，预算不是"神仙姐姐"，什么事情都能全部提前考虑周全。预算对大多数情况预料得到，而一小部分是永远都无法预料的。重要的是要灵敏地察觉问题的存在，同时针对问题做出相应的应对。

（5）调整预算并不是单一行为，应当与原先确认预算一样考虑相互之间的逻辑依靠关系。如果决定更改预算，则必须按照最初制定预案的流程重新走一遍。任何一个数字都不是孤立的，当更改一个数字时就会涉及许多数字的变动，一旦丢失哪个环节，则调整预算本身就变成了扼杀预算的罪魁。

（6）对于极度恶化和极度好转都应当格外谨慎，都有可能造成经营失败。极度恶化是常有的事情，管理层也会很重视，在制定预算时也常常准备了许多预案。当极度好转时，人们以为一定是好事，其不知许多企业不是"饿死的"而是"撑死的"。好转通常就会面临更多的客户和更大的市场，也就意味着公司的交付能力需要提高。交付能力最重要的环节就是供应和人力，供应环节就是要更多的采购并支付更多的现金，人力环节就需要在短期内更多的招聘和工资的支付。这些都是需要现金支持的，一旦暴涨的市场没法提供足够的现金，而都是应收账款的话，企业就会被这种表面繁荣的场景"谋杀"。

（7）每个阶段都应当有所总结，不能因为过好、过差或正常而放弃沟通。当执行过程中实际与预算比较吻合的时候，大家还是很愿意讨论预算执行情况的。当偏差过大的时候，甚至公司管理层都懒得召集预算总结会，这种偏差无论过好或过差都是如此。建立预算信心往往就是在这些极端状况出现时依然能够见到管理层认真对待，各岗位才能重视预算执行。否则就连管理层都在抱怨预算的话，属下怎么可能认真对待。

7. 第七步，监督机制和总结体系

缺乏监督总结机制的预算一定是无法落地的预算。图8-7展示了预算的监督机制和总结体系，就好像是PDCA（Plan计划、Do执行、Check监督、Action总结）的全过程。编制预算就是计划P的过程，确定目标、制定预算、细致分解、充分沟通；执行预算就是执行D

的过程，积极辅导、严格执行、保持节奏、面对差异；检查执行情况就是监督 C 的过程，建立机制、设定考核、及时沟通、正向应对；最终执行完毕的总结就是总结 A 的过程，阶段总结、适时调整、关注进展、长效机制。

图 8-7　监督机制和总结体系

　　企业需要定期和定位检查，并将这些工作形成机制，以及形成一系列的检查清单。这种检查的最佳方式是让信息化系统自动生成检查结果，而不是人为检查。常常看到有些公司的管理层在听预算汇报的时候总是能听到这一期里最好的那些事，所谓"报喜不报忧"。这样管理层是开心了，可问题依然是存在的。所以，形成汇报机制应当更客观地呈现更多的问题，以便能够解决实际问题。提前发现问题也能够引起足够的预警重视，这样能够在过程中及时调整更新。最可怕的是过程不检查，事后不总结。以为每个人都了解全貌，但实际上更多的人只了解自己本职的那一部分，对于出现的问题更愿意抱怨其他人的配合度不够，而不会反思自己可能也有问题。

　　以上就是财务知识在预算环节的应用，看起来很多事情都跟财务没关系。财务最终也是要为企业服务的，预算就是用财务知识服务企业的最佳实践。预算的成败在于先构思再行动，而不是盲目上马、不想清楚就做；一旦确定了目标就尽可能不要变；找到当前与目标之间的差距付诸于行动，使差距逐渐缩小；最后，不要等到一切都考虑完美了才去行动，没有完美的预算，只有预算帮助企业提升了管理才叫完美。

产品定价与项目价格体系

无论是产品还是项目，都有许多种定价方式，比如成本导向定价法，就是产品单位成本加预期利润，这种方法多用于对传统 2B 制造行业的供货价格制定；需求价格弹性定价法，就是看价格微小变动后需求会不会随之变动；还有竞争导向定价法、需求导向定价法、撇脂定价、渗透定价、价格折扣和折让、密封投标定价法、认知价值定价法等。定价方式千百种，考虑因素也相差甚远，不过任何一种定价方式都离不开价格的成本核算。只有算出相对准确的成本以后，你才能够按照各种定价方式确定价格，而成本往往就是企业定价里最难估算的一个重要环节，无论是生产企业还是服务企业。而财务就提供了一个非常好的价格测算模型，接下来我们就以一个定价案例来贯穿前面学习过的知识。本案例涉及硬件、软件、服务等，这就已经涉及了大部分行业，领导者可以按照适合自己企业的那部分内容甄选出来编制自己公司产品和服务的成本核算体系。

单一产品成本核算最困难的一点就是将所有的成本费用分摊到每一件产品上，特别是一些公共费用和摊销费用。由于企业生产的产品种类繁多，组成模式也千差万别，这些都消耗的是同一个厂房或同一台设备，如何能够将厂房和设备的成本分摊到这一件产品的成本上，这也就是成本会计需要做的事情。当然，这种详细的核算非常烦琐，领导者可以不用关注到如此细节，但成本核算中所涉及的内容还是需要大体了解的，否则自己估算的时候就没法考虑完整。

一、原材料成本

是图 8-8 列示的原材料成本过程。这部分相对比较容易，因为每一件产品的耗用量是相对固定的，组成方式也是相对固定的。这类企业里都会有 BOM 清单，也就是产品硬件组成表或者叫配方。例中提到的原材料有需要加工的 A 主料和 B 主料，A 主料用的相对多一些且是属于大宗原料，所以以吨为购买单位。B 主料相对少一些，采购是以公斤为单位。这些只要能明确 BOM 清单，测算成本组成就是相对简单的。其他那些按照克、米、件等计量的辅料配件等原理都是一样。当然，在测算的时候也需要考虑损耗，装料、试机等都会消耗一部分原料。本例中设定所有的损耗都是 5%，在实际工作中每一种用料的损耗都不同，需要分别设定各自的损耗。

		单位	单价（不含税）	产品单重	单品成本	损耗		单位成本
原材料	需加工主料 A	吨	11 000	0.013	143.00	5%		150.53
	需加工主料 B	公斤	550	0.150	82.50	5%		86.84
	需安装辅料 aa	克	15	5.000	75.00	5%		78.95
	需安装辅料 ab	米	65	0.450	29.25	5%		30.79
	需安装配件 ba	件	2	20.000	40.00	5%		42.11
	需安装配件 bb	件	5	4.000	20.00	5%		21.05
	需安装半成品 Aa	套	135	1.000	135.00	5%		142.11
	硬件成本:							552.37

图 8-8　原材料成本计算表

二、生产摊销

第二部分就是图 8-9 列示的相关厂房设备分摊以及公共消耗的分摊，即生产摊销。首先是厂房，如何能将生产大量多类产品的一个厂房成本分摊到一个单品上呢？其实也是有计算公式的，先将厂房的总价格按照使用年限分摊折算到每分钟的消耗金额，再测算这一分钟内可能有几种产品同时在生产，每种产品的消耗工时是多少，这样用这个时间段里共同消耗厂房的其中此类产品的公式与厂房每分钟消耗相乘，考虑到厂房利用率以后，就能够得到单品所分摊的厂房耗用成本。设备使用的逻辑也是完全一样的。这部分可以有许多估计因素，不要将关键环节疏漏即可。

	（残值5%）		原值	摊销期（年）	日额定工时	开机利用率	每分钟耗费	单品耗费工时（分钟）	单品摊销成本
折旧费	厂房	间	8 500 000	20	22	70%	1.20	40	48.00
	甲设备	台	500 000	10	22	70%	0.14	20	2.80
	乙设备	台	350 000	3	22	70%	0.33	15	4.95
	丙设备	台	150 000	3	22	70%	0.14	5	0.70
	折摊成本：								56.45
			单价(不含税)					单品消耗	单品能源成本
能源费	电	度	1.20					5.000	6.00
	气	方	3.65					0.020	0.07
	热	方	20.00					0.050	1.00
	水	方	5.00					0.050	0.25
	折摊成本：								7.32

图 8-9　生产摊销表

接下来是厂房中使用的水电热气等能源费，这些单价都是能够简单获得的，而单品的消耗又是一个难题。本例中是直接给了消耗量，而实际工作中同样也需要考虑同一时间共同生产的产品都是多少，以及过程的损耗度，来测算一件产品的实际消耗量。

三、人工费和开发成本摊销费

图 8-10 列示了人工费和开发成本的摊销。人工费的测算可能是最为复杂的一部分，正如预算中我们讲到过的，因为涉及的人数和岗位职级可能都有很大差别，每个人在多个产品中的消耗也难以简单区分。如果在日常工作中积累的计件工资基础数据，则这部分就不会太复杂，否则难以有准确的测算。还有一些车间人员是需要在

所有产品中共同分摊的，例如车间管理人员，这部分摊到每个产品上或许是很少的金额，但也不要漏掉这些因素。

			月薪（含社保公积）	时薪	工作效率		单品消耗人工时	单品消耗人工
加工费	甲设备技工	人	6 500	36.93		70%	0.333	17.59
	乙设备技工	人	6 500	36.93		70%	0.250	13.19
	丙设备技工	人	6 500	36.93		70%	0.083	4.40
	主任技师	人	15 000	85.23		70%	0.010	1.22
								36.39

	开发成本	预计销售件数（万）				单品摊销成本
开发成本摊销	5 000 000	50				10.00
产品生产成本：						662.53
毛利率：					45%	542.07
产品不含税单价：						1 204.60

图 8-10　人工费和开发成本摊销表

开发成本通常是对这个产品的这类技术的开发，而这类技术通常也不会仅仅是一种产品，可能会是有多种产品共用一个技术，这个技术在设计之初所考虑的市场总产品销量可能就成为价格组成的重要计算依据。按照财务的计算模式，很有可能是按照时间的推移而自然消耗的技术费用，这部分可能就是财务账面上的呈现。不过对于产品报价来说，用总销量来测算可能会更直接一些，也更容易被管理层所理解。财务可能需要做的就是过一段时间就要重新检查一下这个总销量的预计是否按照原计划正常推进的，如果销量远远小于预计，有可能就要提高成本。这可能看起来公司更不赚钱了，没办法，财务就是要客观反映相对真实的成本，尽管这让管理层挺不舒服的。作为领导者，应当清醒地认识到客观事实，应当去面对真实发生的成本，而不是用更好看的数字来骗自己。

我们在本例中给出了一个 45% 的毛利率，也就是提前让企业设定了一个固定比例。这看起来有一些粗暴，因为好像毫无依据。没关系，我们可以接着往下看。

四、公共费用分摊

图 8-11 列示了企业公共费用分摊情况，这部分公共费用用历史上的比例即可，因为这样既符合实际情况又比较简单。当然，如果能够以业务细节为背景的计算来编制预算是最理想的状态，只是复杂程度会高很多，对于业务的管理管控要相当熟悉才能比较准确，否则用历史的比例作为参考是比较容易实现的方法。例中给出的各项费用支出比例加起来是 32%，也就是说这些费用会消耗掉接近产品价格的 1/3。如果这部分不提前预留出来，那么产品好像看起来应该赚钱，但实际上就会被日常费用全部消耗掉。这就可以理解为什么前面我们给出的毛利率是 45%，其中 32% 要留给费用，还有一部分是企业所得税，公司留下的净利润也就只有 10% 左右。

销售费用					15.0%	180.69
管理费用					5.0%	60.23
研发费用					8.0%	96.37
财务费用					3.0%	36.14
其他支出					1.0%	12.05
利润总额：						156.60
所得税：					25.0%	39.15
					9.8%	117.45

图 8-11　企业公共费用分摊表

本例给出的价格是不含增值税的，你在日常测算的时候也可以将所有数据都用含增值税的进行测算，只是在计算这些比例的时候如果从财务调取数字，则比例都需要做相应的更改，否则就很有可能会放大各种占比的结果，价格就可能过高，就会承担没有必要的市场竞争力风险。

五、盈亏平衡

图 8-12 列示了测算盈亏平衡的边际，我们就反算出公司毛利多少的时候不赚不赔，本例给出的毛利是 32%，也就是不考虑所得税的情况下（因为不赚钱就没有所得税），公司的费用总占比就变成了如图 8-13 所示的利润总额为零，也就是盈亏平衡了。换句话说，至少要让公司产品把日常费用赚回来。

			月薪（含社保公积）	时薪	工作效率		单品消耗人工时	单品消耗人工
加工费	甲设备技工	人	6 500	36.93		70%		0.333	17.59
	乙设备技工	人	6 500	36.93		70%		0.250	13.19
	丙设备技工	人	6 500	36.93		70%		0.083	4.40
	主任技师	人	15 000	85.23		70%		0.010	1.22
								36.39

	开发成本	预计销售件数(万)				单品摊销成本
开发成本摊销	5 000 000	50				10.00
产品生产成本:						662.53
毛利率:					32%	311.78
产品不含税单价:						974.31

图 8-12　考虑盈亏平衡的边际计算表

销售费用					15.0%	146.15
管理费用					5.0%	48.72
研发费用					8.0%	77.94
财务费用					3.0%	29.23
其他支出					1.0%	9.74
利润总额:						-
所得税:					25.0%	-
					0.0%	-

图 8-13　盈亏平衡点时利润总额为零

这就是产品定价前的成本核算过程。这种计算如果形成模板，那么测算产品成本就会比较快捷，只是中间涉及的参数更改比较多。

企业中能够掌握这种方法的人可能也不会有太多，成本核算就变得更重要。只要能够核算出相对正确的成本，再来考虑产品究竟以什么方式定价，就会让企业非常踏实。即便是定了一个比成本高的价格，也可以在内部核算中将正常市场定价的额度与这个相对较低的定价之间差额模拟成为市场开拓费用，这就更符合低价的实质逻辑，只是财务和税务的核算口径都不会将这部分费用当作市场费用。

预算与定价小结：

> 企业预算需要避免15个误区。
>
> 先从资金计划开始，逐渐过渡到利润预算及全面预算。
>
> 全面预算对企业的管理要求非常高，需要做好充分准备。
>
> 掌握实战中的预算七步走，确保预算能够落地。
>
> 产品或项目定价需要参考预算模型测算成本。
>
> 无论什么定价模型都离不开精准的成本测算。

第九章 —— Chapter
七个应用（二） night
——内控、绩效

本章纵览：

　　我国的上市公司在审计财务报表之前，需要接受内控审计，来验证公司内部管理是否有效。如果内控失效，那么财务数据的真实性就难以保证。其实，企业中不仅是内控，还有商业合规性对财务数据也会产生巨大影响，而绩效和考核体系同样需要财务更多的数据支持。

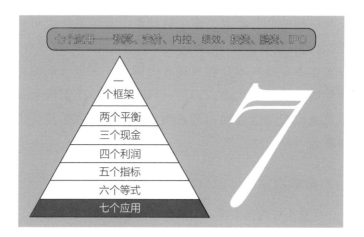

企业内控与合规运营

缺乏财务思维的内控是单线条和缺乏交叉验证的，缺乏内控的财务是没有根基且无法确保真实的。

内控与合规性在企业经营的过程中越来越重要。我国早期发展起来的企业凭借对市场敏锐的洞察力和超人的胆识开拓出一片广阔的商业疆域，那个时候整个市场都处于相对落后的状态，公司有没有内控、企业是否合规看起来好像都没有那么重要，许多企业都是从不合规发展壮大以后才逐渐合规的。企业那个时候的成功并不代表今天还可以这样做，今天的企业如果依然不重视内控与合规性，那么将难以发展壮大，甚至连生存都是问题。

一、内部贪腐，外部食腐

先从企业内部来说，一家企业如果缺乏内控，那么企业的贪腐、怠工现象将非常明显，会严重制约公司的健康成长。如果你用"贪污""挪用公款"等名词在百度搜索，那些触目惊心的案例会让人瞠目结舌，金额之大、年龄之小不断刷新历史纪录。金额少则几十万元，多则上千万元甚至上亿元的挪用，不仅企业严重受损，个人也毁了前途，实在是令人痛心疾首。

试想如果企业的内控是有效的，这些人何至犯罪。人心不能用来挑战和引诱，只要有利益就必定会有不法之徒趁虚而入。"人"之前一定不是所谓的什么"不法之徒"，都是良家子弟。可是一旦发现有缺口，就出现了魔鬼思维铤而走险。

在人类历史上所有组织的发展中，公司的发展相对其他组织是相当完善和体系成熟的，过程中不断遇到各种挑战，最终形成了今天的公司机制和企业管理体系。不能说公司机制已经完美了，至少是历史发展到今天为止所有组织中最为客观和最为公允的一种，也正是这样的机制才实现了许多投资人仅凭一纸协议就能够投入大量资金而放心其安全，也能够在法律上明确自己的权利和利益不受伤害。

建立有效内控不仅保护企业免受损失，更让员工有安全保障。

从外部来说，总是有各种所谓的"第三方"来挖掘公司的各种漏洞。美国有一些所谓咨询公司专门调查我国企业去美国或中国香港的股票市场上市企业，这种调查非常专业，也非常多维，商业上称之为"沽空公司"。它们专门发布报告打压上市公司的股价，从中赚取高额股价差而获利。"沽空"就是"卖空"，就是在股票价格较高的时候先将股票卖出，然后在股票下跌以后再买入股票平仓。有一家名叫"浑水"的公司在几年间针对我国在美国的上市公司发起一轮又一轮的攻击，就是发布其对这些公司的调查报告，声称发现了公司的财务报表存在重大虚假成分。可惜的是，这些被攻击的企业绝大多数都股票大跌，而且从此一蹶不振。图9-1就记录了某家我国在美国的上市公司被沽空公司打压以后股价大跌的情形。

我们绝不能说这些沽空公司就真的猜中公司的虚假报表，也不能说这些公司的手段像间谍，它们就是从日常的点点滴滴中发现漏洞，然后再一点一点地挖掘突破。浑水公司的第一份报告打压我国在美国的上市公司，就仅仅是根据上市公司报告，跑到这家公司门口去蹲点看看每天进出的运输车辆是否能够支撑公司的高额收入，跑到公司车间里看看工人是不是真的在工作，看看车间的机器是否正常运转，看看仓库里的货物是否为可销售的，甚至看看仓库的环境是否适合有特殊环境要求的产品存放。这些情况对于一个长期在公司里工作的人来说早已经习以为常，根本不会将这些视为问题。

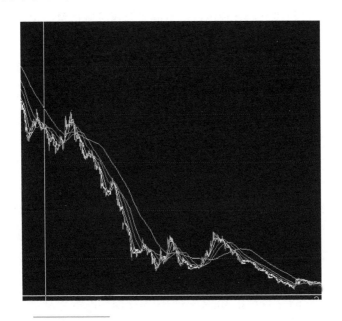

图 9-1　某家被沽空公司打压的中国境外上市公司股价走势

在美国也有一些律师专门帮助这些被攻击公司的股民来"集体诉讼"，而且打官司之前分文不收，而是用赢得赔偿金额的10%～20%作为律师费。因为这类集体诉讼成功率很高，所以律师也愿意做这样的生意。但对于被攻击的公司来说，就是雪上加霜。

有人会说，我国股市没有"沽空"机制，是不是就不用防范这类"不良"第三方了呢？虽然我国股市没有"沽空"，但你可以看一看我国上市公司中有多少因为内控漏洞以及不合规现象而蒙受损失的。

2018 年，我国的一家上市公司因为违反了美国的禁售令而遭受了中国历史上最高额的外国政府对中国企业的罚款，金额高达 8.9 亿美元，图 9-2 记录了这家公司的股票价格一度受到严重影响。许多国人愤愤不平，为什么一个外国政府能够处罚得了一家中国公司？这就不得不提美国政府的"长臂管辖权"了，就是只要这家公司跟美国多少沾点边，而你又违反了美国法律，那么美国就有权管你。你当然可以不理它，因为它在中国是没有执法权的，只要你不去美

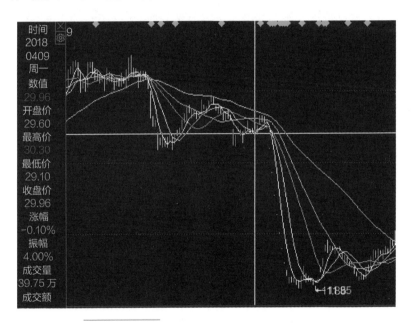

图 9-2　我国某上市公司被美政府打压时期股价大跌

国就可以。不过，美国的杀手锏就是美国的高科技产品和配件，因为这家中国公司的大量产品中都必须使用美国生产的核心组件，美国禁售这些组件给中国公司，那么中国公司就只能停产。这相当于完全扼杀了这家中国公司，所以不得不蒙受巨额罚款也要维持生产经营。

所以除非你的企业永远都不想做大，就永远以作坊思维来经营，尽管如此，你面临的很多内控问题如内部贪腐，以及来自行业监管部门和税务部门的监督，这种风险通常也不会是小事情。常听说企业的某某人贪污了公司公款而依然逍遥法外，原因就是此人掌握了公司偷税漏税的证据以及其他不合法的证据，要么就大家相安无事，要么就鱼死网破大家都坐牢。这就给企业和企业主套上了无形的枷锁，总是会被这种人所辖制，甘愿受损。如果你的企业不甘心永远默默无闻，一定要做大做强，那么我们前面说到的沽空公司、集体诉讼律师、美国长臂管辖等一系列的问题都会"如约而至"，哪一个一旦被触发都有可能让公司百年基业毁于一旦。

二、以财务思维建立内控，以有效内控支撑财务

首先，我们来看一看内控都控什么、怎么控。

凡是跟公司的资金、权限、责任、资产有关的都应当实施内部管控体系。有内控才会使流程有效，否则流程就是形同虚设。

内控的目的性很强，就是为了让需要管控的这些事物被真正有效地管控起来。它一定是一个管理的动态过程，内控本身是一种手段而非目的，是遵循既定目标前进的过程。它也是一个系列行动而绝非单一的碎片化的甚至是"运动"式的，跟企业日常经营互相交织在一起，也是因为经营活动的存在而存在。内控的影响和限制都非常明显，对内部日常运营有效性提供运营支持，对外接受监管提前达成其监管目标。其控制主体一定是每一位员工，而每一位员工既是控制主体又是控制客体。最终，内控也是对"人"而设，所有内控都是针对"人"而设立和实施的。也只有人来执行内控和遵守内控，内控体系才能真正有效运行。

对内控简单的理解就是在公司各个流程中的关键环节设置管理

点和监控点。例如在日常费用报销环节，企业通常采取的就是三级审核或二级审核；在合同评审的环节通常设置三级评审以及相关专业会审的机制。每一个审核点都由负责任的人员对事物进行各种审查，部门主管审核报销费用是否真实可靠；财务部门审核报销发票是否符合税务要求以及是否符合公司报销标准；公司管理层业务主管领导负责审核这项支出是否符合公司整体要求；公司领导人负责最终审批等。这每一个审核点都是公司的内控环节。

再如公司的采购环节，在公司采购从发出采购需求到最终入库中的各个重要环节都应当设置内控点。首先公司的采购需求因何而来，是生产需要还是市场需要，这一点需要有审核，否则公司想买什么就买什么，就会乱套。发出采购需求是否有三家以上的供应商可选，是否有招标流程，否则要么产品质量无法保证，要么价格高出市场水平，都会让公司蒙受损失。入库环节供应商是否按照采购订单来送货，多出来的货物是否形成公司的超买，公司是否在没有确认产品质量的时候就已经确认了对供应商的应付账款，这些都是需要严加管控的，否则公司就会白白对外支付多余的货款。

想要将内控真正落到实处，需要格外注意以下几点。

（1）合规合法控制。外部的法律法规是必须要遵守的，否则公司就是违法经营，早晚会出问题。例如，国家政策、财政法规、税法政策、质量要求、其他要求等都是企业在建立内控时必须考虑的因素。

（2）授权分权控制。随着企业的不断发展壮大，授权分权是必须要做的。人的管控能力是有限的，处理事务的能力也是有限的，必须有合理授权，而企业也是因为有各个层级的授权才组成了企业本身。对下级有所授权、对平级有所分权的基础在于岗位责任明确，权责分明清晰。授权与放权还是要区别对待的，过度放权也有可能给不负责任的工作者有机可乘。所以，授权的范畴一定是在监管范围之内的，而一名成熟的职业人应当懂得适度授权是对双方都有利的保护。

（3）不相容职务控制。只要内控点中涉及不相容职务，就必须真实地实施到位。例如，会计与出纳不能同岗，不能因为要节省人员开支而让出纳和会计由一个人承担，这就相当于给此人打了随意调拨公司资金且可以任意更改账务记录的"乐园"。尽管大部分人不会违法，但毕竟这是一个诱惑。所以，涉及经济业务处理的必须分工、涉及资产记录与保管的必须分工，涉及各职能部门相对独立的必须独立运行。

（4）业务程序标准化控制。尽管在企业发展初期缺乏各种工作流程，很多创始人也表示工作流程会使效率降低，但这种管理储备是必须要实现的，否则公司永远都只是一个作坊。不要期待一家作坊仅仅因为发展大了就自然能成为一个标准化公司，那是永远都不可能的。规模大了也就只能是一个大作坊，这很不利于企业的成熟增长，就好像是一个永远保持 7 岁思维的人就算长到 40 岁表面看很成熟，但依然还是一个不成熟的孩子一样。所以，企业在任何时候都应当有意识地不断实现标准化、制度化、流程化、程序化、清晰化，在公司内部实现环环相扣、互相牵制的管理模式。

（5）复查复核控制。内控很重要的一点就是复查复核，这一点就特别财务化，因为财务非常在意的就是这种交叉验证、反向验证的过程。在企业内部必须建立起记录与事实相核实的机制，以及各不同部门、不同平台记录与记录相核实的机制，正所谓账实相符、账证相符、账账相符。

（6）人员素质控制。内控毕竟是由人来执行的，那么人员素质的培养就尤为重要，内控有效与否关键在于执行人员的素质，即使制度完美但受制于执行人员素质本身，不仅要不间断地培养培训，也必须做到定期轮岗机制，让员工有机会了解更多的岗位以及实现互相监督。

当企业内控有效执行了，企业的财务能力自然就会得到大大提高。内控要实现的就是要保护企业的财产不受损失，保持公司的正常经营，保全公司的资产不被侵蚀，保证公司的权利责任不被滥用。

三、合规运营与财务代价

企业的合规必然要付出财务代价，任何一个合规都是有成本的。同样，任何一个不合规也都可能付出惨痛的财务代价。所以，企业的合规性与财务能力息息相关。

领导者首先就要认可这种合规性。我们经常接触一些发展不错的企业领导人，访谈之间最容易表态的就是企业以前可能存在不合规情况，但现在已经完全按照法律法规的监管要求来执行了，即使发现有不合规现象也会马上纠正。但当我们发现财务账面可能存在需要补缴大量税款的时候，领导人就难以再继续表态立即交纳了。这就是说，绝大多数企业领导人都希望堂堂正正地合规经营，只是许多人对于合规的常规代价认识不足。而许多财务工作者也有意无意地迎合领导人的意愿，千方百计地让公司节省开支，甚至许多已经触及了法律的边缘而不自知。所以，领导者需要清醒地认识到究竟公司需要合什么规，不合规的代价是什么，以及合规的代价又是什么。只要将这些事情的经济成本以及出现概率进行充分沟通，每个领导者对自己的决策后果有充分的认知，那么再做出选择就简单多了，对企业未来走向的认知也会清晰多了。

谈到合规，就是指企业及其员工的经营管理行为符合法律法规、监管规定、行业准则和企业章程、规章制度以及国际条约、规则等要求。合规风险就是指企业及其员工因不合规行为引发法律责任、受到相关处罚、造成经济或声誉损失以及其他负面影响的可能性。合规管理就是指以有效防控合规风险为目的，以企业和员工经营管理行为为对象，开展包括制度制定、风险识别、合规审查、风险应对、责任追究、考核评价、合规培训等有组织、有计划的管理活动。

简单理解，合规就是有法依法、有规合规、无规遵惯。有法律的一定要遵守；没有法律但有规章制度的一定要遵守；既没有法律又没有规章制度，但有行业惯例的，也需要遵守。其实，某些行业惯例也应当写入公司的规章制度中，只是可能惯例太多又难以归纳，才不会每个都进入公司的制度内控中。

有一些值得借鉴的合规经营法规可以参考一下，具体如下所示。

《企业境外经营合规管理指引》发改外资〔2018〕1916 号。

《中央企业合规管理指引（试行）》国资发法规 [2018]106 号 2018-11-09。

《中央企业违规经营投资责任追究实施办法（试行）》国资发 [2018]37 号。

《COSO 企业风险管理整体框架》[1994]。

COSO 是美国反虚假财务报告委员会下属的发起人委员会（The Committee of Sponsoring Organizations of the Treadway Commission）的英文缩写。

《ISO-19600-2014-合规管理体系-指南》。

《保险公司合规管理指引》（保监发【2007】91 号）。

《商业银行合规风险管理指引》。

尽管这些看起来都是央企、国企等大企业才需要的，但其设计思路和原理是逻辑清晰的，值得每个企业领导人借鉴。

想要在企业中建立一个合规体系，则必须至少考虑到以下几点。

（1）法律法规建立底线。法律法规是绝对不能逾越的底线，必须在企业内部严加监督管控。这一点与公司内控要求是完全一致的。

（2）全面覆盖监管要求。如果行业有监管部门或监管规范，需要在企业内部设置与之配套的规章制度和监管措施，也就是将行业和外部规范内化到企业的管理规定当中。有时企业的员工并不会关注外部的监管要求，而是对企业内部的要求格外重视，所以外部监管的内化尤为重要。

（3）遵守上级管理规定。如果公司有总部等上级单位的管理规定，则公司必须遵照执行。必要时，需将其内化成为公司的管理规定。

（4）充分尊重行业规范。行业规范与行业要求具有一定的特殊性，是只有本行业才会执行的规范和行为准则。尽可能将其内化为公司规定，或者在日常加强培训与宣贯。

（5）参考业内约定俗成的做法。最佳方式是形成公司内部的管理规定和行为准则成为官方管理规范，杜绝理解差异。

（6）贯穿业务全部流程。制定业务全流程的关键环节监控措施与内部管控机制，建立公司内部可执行、可监督的管理规定与行为准则。这一点与企业内控是连贯一致的。

企业的内控与合规是相辅相成的，领导者必须具有合规意识，并将这种意识用公司内控贯穿起来，加强企业宣传和培训，确保日常管理的财务有效性，就可能确保公司不会因突发事件以及外部监管亦或是不良第三方的攻击而蒙受更大的财务损失。

员工与企业绩效考核体系

企业发展很大程度上离不开绩效考核，绩效考核就是将企业的目标拆解成比较明确的目标，然后让各级组织或岗位能够以此为自身工作目标，并将此目标的达成与否与工资、奖金挂钩，这样就可以促使员工按照公司希望达成的目标来工作。

随着商业组织的不断完善和发展，市面上出现了繁杂的考核方法和各种各样的考核机制。常见的绩效考核方法有工作任务法、360度全方位考核、目标管理法 MBO（Management by Objectives）、关键绩效指标 KPI（Key Performance Indicators）、平衡计分卡 BSC（Balanced Score Card）、OKR 目标与关键成果法（Objectives and Key Results）等。

这些方法最好与公司的业务和发展阶段关联起来才会相对有效，而不是一味地去迷信某种新出现的方法。例如，被日本称为经营之神的稻盛和夫创建的阿米巴经营管理模式，也变成一种绩效考核的方法。很多中国企业将阿米巴经营管理模式作为解决企业管理受限的重要工具来使用，结果在开始运行后困难重重。在我国真正通过阿米巴经营管理模式运营能够有效产出优质绩效的企业寥寥无几，其原因就在于一些企业对于当前的经营模式和发展阶段并没有一个客观、公正、公允的评价。

最近有很多互联网公司特别推崇美国的 OKR 方法。严格意义讲 OKR 并不是绩效考核方法，而是一种鼓励员工发掘自己工作潜力的机制。很多公司在得知谷歌等国际知名企业由于运用 OKR 而业绩大增后，就一味诟病 KPI 等传统考核机制，并有不少文章抨击 KPI 使得类似于丰田这样的大企业都无法保持绩效增长，反而是 KPI 降低了丰田的工作效率。于是，许多企业转而全部采取 OKR 模式管理公司，即便出现了种种问题还依然坚持。可惜真实的情况是，很少有哪家中国企业由于执行了 OKR 模式使得管理井井有条并业绩大增的。所以，许多企业就又陷入了对绩效考核无从下手、无从选择的境况。

什么绩效考核方式才是真正有效的呢？绩效考核究竟与财务是怎样的一种关联方式呢？

我们没法对所有的绩效考核方式都进行评价，但至少有一点不容置疑，就是无论哪种绩效考核，它所要参考的数据绝大多数都会来自于财务。例如，公司的收入、毛利润、回款、净利润等这些指标。有了这些财务指标作为基础，才有可能让企业领导者去选择以何种方式去建立绩效考核。没有这些数据的支持，无论选择任何一种绩效考核方法，都无法让客观事实呈现。就好像我们前面讲产品定价方法一样，方法很多且千差万别，但只有一点是不变的，就是底层的产品成本计算是不变的。所以只有抓住了成本，才能有办法任意选择各种定价方法，绩效考核也不例外。所以我们这里只讲在绩效考核当中经常会使用哪些财务指标，这些指标的利弊是什么，以及适用的场景和阶段是什么。这些指标的计算在前面的各个章节里都已经讲过，所以这里就不再谈具体的计算方法，而是谈这些指标对于企业绩效考核的贡献。

图9-3列示了绩效考核经常会用的四个财务指标，接下来我们逐一简要讲述。

图9-3　绩效考核经常使用的四个财务指标

（1）收入，就是财务收入、含税收入、销售量、客流量、点击量、合同额等相关指标。

优：对收入考核的优势在于会充分鼓励员工扩大市场，发展壮大企业规模，更大力度地开拓市场占有率。

劣：其劣势也非常明显，就是未考虑企业是否赚钱。常常听到企业领导讲"不计成本也要拿下市场"，只是领导人需要清醒地认识这种"不计成本"也是有成本的，至少要知道这个成本会是多少，是不是自己能承担的。

适合：仅以收入为考核点的企业，通常处在发展初期或者急速增长期，且公司现金流比较充沛。例如，早年间的滴滴打车花费了巨额成本补贴司机、补贴乘客，使市场在短时间内迅速膨胀。那个时候滴滴打车是不缺资金的，大量投资人投入的资金支撑了公司的快速扩张。

（2）回款，就是客户付款额、按期回款率、坏账比例等。

优：落袋为安一定是好的，只有收回钱来才有可能是真的"赚到钱"；也只有有效减少了坏账，才能使企业不至于账面好看却没有真实收到现金。毕竟资金充足了企业才能有效地发展壮大。

劣：过于注重现金反而有可能会"打击"市场开拓，因为如果不允许客户赊账，则很多客户就不会采购，而且客户的压价也会相当严重，甚至会让公司的市场开拓受阻。

适合：公司极度缺乏现金，甚至再没有现金就影响生存，或者公司急速增长而没有外部资金支持的时期。某些行业天然就是现金流充足的，例如零售行业就极少有欠款机制，这类企业其实回款与收入是同步的，考核任何一个都可以。只是现金永远都是企业应当高度关注的考核点。

（3）毛利润，就是与产品或项目本身直接相关的"赚钱"。

优：非常清晰地将产品或项目上能够赚到的钱明确出来，而且产品的成本也利于计算和归集，让被考核者能够清晰地知道只要让成本减少了就能够得到更多的奖金，促使员工更多地对成本节省付出努力。

劣：过于考虑毛利润可能也会伤害市场开拓，因为竞争整体上是激烈的，为了拿下市场最多的手段就是降价，降价就意味着减少毛利润。同时，毛利润的考核也未考虑其他收支对公司整体利润的影响，缺乏对日常费用的管控。

适合：企业已经进入正轨，成本结构相对稳定，管理能力不需要太强的时期。

（4）净利润，就是公司实际的"赚钱"。

优：站在公司层面整体管控盈利能力，其考核结果与公司的经营目标吻合度极高。

劣：要求数据统计精细和及时，且要求分解到更加细致的岗位，管理难度非常大。许多公司不具备这种管理储备能力，无法达到真正有效的管理。

适合：公司处于相对平稳、成熟且管理能力比较强的周期，能够有能力做更多的管理投入。

比较好的方式是将这四个指标同时纳入考核机制，只是根据企业所处的不同发展阶段确定相应的比重。同时，纳入考核的好处就在于公司上下始终都关注这四个指标的变化，不会因为太过侧重某个指标而忽略了其他指标的变化。

内控与绩效小结：

企业内控需要形成机制，成为常规化工作。

内控不仅保护公司资金安全，更保护公司全方位安全。

企业合规性不容忽视，应用更高视野来审视公司管理。

绩效考核多种多样，但都离不开财务的基础数据。

绩效中最常用的指标有收入、回款、毛利润和净利润。

第十章 —— Chapter
七个应用（三）ten
——投资、融资与
IPO

本章纵览：

投融资是上市时财务工作的重头戏，无论是技术难度还是工作强度都很大，这需要更加综合的财务、金融等知识体系的支撑。至少需要建立对风险与收益的综合考量，而财务恰恰就提供了一个完美的投融资模型。掌握了这部分内容，就不会再对投融资以及 IPO 上市存在过多的盲区。

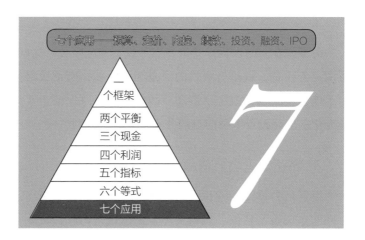

无论是投资、融资还是 IPO 上市，包含的内容都构成了相当丰富的知识体系。在财务书里不能不提这些大量运用财务知识的领域，所以我们更愿意将企业日常会遇到的问题以及实际落地的内容讲出来，还要将一些底层的逻辑性知识讲清楚，以达到一通百通的效果。

投资

大多数企业的投资都集中在财务投资和战略投资这两个用途上。所谓财务投资，就是投资目的只是为了赚钱；所谓战略投资，就是为了能在某个领域或上下游建立战略地位，以保证企业整体的利益最大化。战略投资本身的目的并不仅仅是赚取利息或分红。

一、充分考虑风险与估值

投资最为重要的就是保持应有的冷静客观的判断力，投资的核心问题是风险与估值，风险又涉及本金风险与收益风险。收益风险还比较容易被接受，投资本来就有风险，如果赚不到期望的收益也没有办法。不过本金风险就比较不容易被接受了，所以绝大多数企业的财务投资都会选择保本的投资或理财。战略投资则有着完全不同的规则，其更加看重的是被投资企业的战略价值。无论是何种投资，其实都有一个重要的投资估值需要确认。被投资方情况各异，作为一名外部人员，你很难深入了解拟被投资企业，就更别说对这家企业的公允价值做判断了。

目前，主流市场普遍采取的一个企业估值模型叫作"未来现金流量现值法"，也就是估计一家企业未来各年的自由现金流折现到今天是多少价值，从而确定一家公司的整体价值。毕竟一家公司存在的目的就是要赚钱，要赚回可自由支配的现金。所以，企业估值模型更在意的不是账面上的利润，而是赚取的现金。

企业估值 = 可预计年限每年自由现金流折现之和 + 未来永续增长期自由现金流折现之和

如图 10-1 所示的就是企业估值的实操层面计算公式，这个公式看起来复杂，但其实一点都不难。这个公式整体上分为两大部分，第一部分是未来几年，每一年都能相对准确地预计出具体金额，将这期间的每一年的自由现金流折现到今天的合计数；第二部分是在后续的未来，也就是永续增长的阶段，这个阶段难以预计每一年的金额，就用每年平稳增长的模型来计算，然后将这个金额再折现到今天。这两部分相加就可以获得企业估值。

$$\text{企业估值} = \Sigma \frac{\text{企业第 } N \text{ 年的自由现金流}}{(1 + \text{折现率})^n} + \frac{\dfrac{\text{企业未来每年现金流}}{\text{折现率} - \text{复合增长率}}}{(1 + \text{折现率})^N}$$

图 10-1

所谓自由现金流，就是企业日常经营的现金净流入减去为了实现日常经营而必须增加投入的资本性支出。例如，购买固定资产、无形资产等之后，还剩余下来的现金就是自由现金流。为什么要这样算呢？其实企业日常经营不是只有当期的收支现金，更有使用长期资产的一些投入，而长期资产是一次性的先期投入，投入以后在未来几年逐渐释放它的价值。对于企业整体现金来说，就是需要将这些已经前期支出的钱在发生时做扣减，才能得到一家企业真正完全属于自由支配的现金是多少，而这部分现金也很有可能就是用于股东们分配或者说拥有的那部分当年赚取的现金。

通常，折现率都是以投资人期望得到的理性回报比例为依据。目前，大多数企业估值都愿意采取 12%~15% 的比例来测算。从公式上看，折现系数越大，则估值结果越小；折现系数越小，则估值结果越大。

这个公式看起来十分复杂，但其实其含义非常简单。整体上把公司未来发展分为两个阶段，第一个阶段是可预计阶段，第二个阶段是永续增长阶段。公式中的第一部分就是可预计阶段，现实工作中通常是 5~10 年的时间。这 5 年距离公司目前的时间比较接近，每年的情况也容易大致上预计，所以就可以比较详细地测算具体每一年的自由现金流是多少。只要确定了这个数值，然后再选加折现系数，就可以很容易地算出来每年的折现金额是多少。加总起来就是今天来确定这家企业未来 5 年的价值体现。

公式中的第二部分就是永续增长阶段，也就是在未来不能很确定地看到这家企业每一年的发展，但至少我们可以估计在正常情况下每一年都会有所增长。通常，每年有 5%~10% 的增长率。这里对于任何一家企业都会有一个假设前提，就是这家企业永远不会倒闭，这个期间叫永续增长期。永续增长期就是将未来每一年的增长选加到折现率上来测算永续增长期的企业价值，然后再从那个永续增长开始年时点折现到今天，也就是两轮的折现加总就是这家企业的估值了。

市面上有很多估值方法，诸如市盈率法、市净率法、市收率法等，其实所有底层逻辑还是这个自由现金流折现的方法。

其实，在预算那一章的内容的基础上再进一步计算，就能得到自由现金流，企业稍加改造就完全可以转变成一个企业估值应用模型中的现金流部分。现金流一旦保证了，只要再选加一个普遍能够接受的折现率，那么就可以随时用企业估值模型测算公司价值了。而我们更希望看到的是在企业内部总是有这么一个模型用于企业的预算每年甚至每个月来调整，由此来测算企业价值究竟是否符合市场客观规律。我们建议每一家企业都能够在内部建立这个模型，作为测算未来发展和增长的一个标尺。

对于上市公司来说，这个模型尤为重要和客观，上市公司通常看到的是股票的价格，股票价格乘以股票总量就是企业的总市值。这个总市值是被市场复杂因素所包裹的，并不一定就是客观的企业估值。我们知道很多企业的市盈率非常高，有的超过100倍甚至是几百倍。虽然利润并不是自由现金流，但这个数值还是可以参考的。如果将上市公司看作处于永续发展期，利润假定就是自由现金流，而公司每年增长5%的话，那么一家200倍市盈率的企业折现率就很可能只有5.5%[计算公式为：200=1/（折现率−5%）]。也就是说，如果这家公司不再永续增长了，那么折现率也只有0.5%，这是少到连银行最短期的定期存款利率都不如的数值。可想而知，股市的疯狂使很多失去理性的行为持续发生。

二、估值与盈利

从整体上来说，投资特别关注的就是冷静客观地判断风险，只有在风险相对可控的情况下才能去考虑关于估值和盈利的情况。建议企业投资时必须关注如图10-2所示的四个方面。

第一，随时监控。企业内部必须随时监控资金的增减，外部必须随时监控被投资方的经营情况。如果在一段时间之内资金非常紧张，就根本不要做任何投资，确保日常经营才是重要的；如果有一段时间或者预计某时期能有大量的现金存量，那么就应当考虑做适度的理财投资。对于已经投资的外部企业，至少应当每个月获得被投资方的财务报表,由此来查看被投公司的经营情况是否有明显问题。投资人也可以协商索取更多的可以判断公司是否面临经营危机的数据,例如银行交易明细或大额资金收支等。

图 10-2　企业投资的四点关注

　　第二,适度理财。超过一定周期的暂存现金可以考虑低风险的理财,例如定期存款、国债等。因为国债通常都是中长期的,如果你的冗余资金是短期的,就一定不要去做长期投资。当决定要做战略投资时,应当看投资的这家企业是否给出合理的估值报价。运用我们上面所讲的方法来测算,或者向对方索取其估值模型——测算,尽量确保公司不被过高估值而浪费资金。

　　第三,管控风险。这也是最重要的一点,我们极度不建议高风险投资,必须明确现有资金的使用目的并非短期炒作,而是用于企业经营发展。有一些企业在突然间获得大量融资或者大量收取客户预付款时,会觉得大量现金存储于账户上是一件非常可惜的事情,从而愿意把钱拿出来去做一些短线炒作，例如购买股票。这种做法是非常危险的。我们特别建议想要投资什么就必须先了解什么，否则宁可不投资。如果对股市并不是特别了解，或者说其实很多股市的价格波动并非在公司价值线的上下波动，而有可能这些股票的价格在远远高于公司价值的上方上下波动，很多情况都是短线炒作的投机行为。挪用公司日常经营所暂存的现金去做这种投机是非常不理性的选择，甚至可以说是一种赌博行为。希望各公司都能够建立起对这种风险管控的规章制度，任何投资都必须由董事会或股东会批准，以免公司经营者为了赚取所谓眼前的蝇头小利而丧失了公司本金的安全性。

第四，杜绝欺诈。 企业还需要关注网络诈骗、电话诈骗、投资诈骗，以及欺诈营销等，表面上看是一种投资，但实际上就是被一些不良分子所欺诈，很有可能血本无归。

关注到这四点以后再去考虑投资，可能就会更加冷静和客观了。从整体上来说，投资是公司非常重要的一项工作，管理得当则收效显著，失去管理则很有可能让公司蒙受巨大损失。所以，公司必须在风险和估值这两方面深入地做工作，或者有足够好的团队来负责这项工作，否则宁愿从银行买一些无风险的理财产品也不要去做高风险投资。

融资

现金一定是企业最为重要的资源。企业资金不足或受限以及准备谋求更大发展时，就需要从外部获得资金支持。融资能力是一个企业是否健康以及是否能够高速发展的重要保障之一，所有的融资都是有代价的。所以在考虑融资的同时，必须充分考虑代价与风险之间的关系。

一、充分考虑代价与风险的平衡关系

企业融资需要考虑代价与风险的平衡关系，如图 10-3 所示。接下来，我们逐一进行简要叙述。

图 10-3 融资需充分考虑代价与风险的平衡关系

1. 融资首先考虑的重要问题就是代价。

融资主要的代价就是利息、股权、信息透明和接受监管。

（1）**利息**。使用债权融资就应当为债权人提供利息作为报酬，否则债权人没有任何必要为你提供资金。而且贷款利息一定要高于国家央行的基准利率，债权人的盈利主要是赚取利息差。所以在考虑融资的时候，一定要充分考虑公司的盈利能力是否能够完全覆盖融资利息。

（2）**股权**。股权融资就要出让一部分公司的股权来获得资金，这部分股权就作为融资的代价。表面上看股权融资不需要支付利息，很长一段时间好像都不需要额外的成本负担，但公司相当于长期将股权分给了投资人，理论上讲投资人就可以永久性地获得企业未来收益的分配权。债权则不同，当归还所有贷款本金以后就不需要再支付任何利息代价。

（3）**信息透明**。虽然不同方式的融资有不同层级的信息透明，但毕竟是需要将企业的信息向外部有限方公开。例如从银行贷款，那么就有义务向银行提供公司相关的财务数据和有关业务数据，来证明公司是稳定健康的，以及资金是按照银行规定的用途来使用的。如果是股权融资，也会需要向投资人公开财务等相关信息。如果是上市，就会需要向所有公众公开公司更多的财务数据。

（4）**接受监管**。无论是债权人还是股权投资人，都有可能对公司的某些数据或某些行为进行监管。例如，债权人可能会要求公司资产负债率不得超过多少，一旦超过则有权提前终止贷款等；股权投资人要求公司的资金必须用于什么支出，一旦破坏约定，投资人就有可能要求公司做相应的赔偿。投资人可能还会跟公司或创始人签订对赌协议，要求在某一个阶段必须达到怎样的业绩水平，如果没有达到，则有可能由公司或创始人做出赔偿。如果是上市公司，则会接受来自各个监管部门和公众的监督。

2. 融资其次考虑的核心问题就是风险

（1）**无法归还利息的风险**。如果公司不能通过日常经营所获得的利润归还相应的利息，那么债权人就有可能要求提前偿付所有的本金，以及将公司纳入一个黑名单当中，甚至影响整个公司的信用体系，这对未来的融资会是一个严重的打击。

（2）**无法归还本金的风险**。如果公司不仅无法归还利息，连本金都难以筹集到，那么这种风险是有可能会导致公司的最终倒闭和破产。有的公司会用新债去偿还旧债，这种方式在短期之内资金周转不开的时候会比较有效，但长期来说还是要通过公司的日常经营来获得足够的现金以支付银行或金融机构的本金。

（3）**违反对方或第三方监管的风险**。也就是说，如果债权人或投资人与你有相应的限定要求，如果你达不到的话，就会有一些监管上的风险。特别是当公司在公共融资或者 IPO 的时候，你的相应的监管部门就会比较多，而且公司必须严格遵守相应的法律法规来运行，一旦违反某一项规定就有可能给公司带来严重的风险。

二、融资的种类

融资主要有债权融资和股权融资两种，如图 10-4 所示。

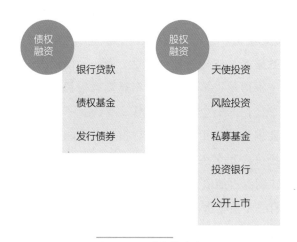

图 10-4　融资的种类

（1）债权融资主要是银行贷款、其他金融机构贷款、债权基金或发行债券。

银行贷款、其他金融机构贷款和债权基金的逻辑比较简单，通常银行采取抵押和信用方式给予贷款。抵押贷款通常要求公司提供抵押物或质押资产，且资产本身价值要打比较大的折扣来对照贷款额。例如，以 100 万元的房产作为抵押，有可能就会按照 50 万元或 60 万元这样的额度发放贷款，一旦还不上贷款，则抵押房产就可能会被银行拍卖。抵押贷款通常贷款的金额相对较大，周期相对较长。信用贷款是金融机构根据公司的信用等级给予相对短期和相对小额的贷款。

发行债券对于公司本身的资质、信用等级和规模要求比较高，债券与贷款最大的不同就是债券多是面对公众发行的，主要资金来源多是公众，贷款则是金融机构给予资金。通常，发行债券周期比较长，资金相对会比较高。发行债券的利息率通常要高于相同市场的银行贷款利率，否则就不会有足够的吸引力让公众来购买债券。

当然，还可通过一些第三方平台进行债权融资，例如 P2P 公司。我国早期的非银行 P2P 等网贷平台风险较高，这种风险对于出资人和贷款人都具有很大影响。有的企业会考虑众筹，要么是通过员工借款，要么是通过公众来众筹。这里会有一些法律上的限制，并不是所有的企业都可以安排众筹，一旦触及法律监管风险，则代价会很大。

（2）股权融资主要是指机构或个人对公司投资并获得公司部分股权。财务投资人通常有天使投资、风险投资、私募基金、投资银行和公开上市等，另外还有战略投资人会最终占有公司更多的股权并融入其原有战略版图中。

天使投资是指在创业公司非常早期甚至还没有产品的时候，投资人给予研发产品的启动资金。天使投资的资金通常不是很多，股权占比相对会多一些。天使投资风险极高，因为这个阶段创业公司的生存能力很弱，很大概率最终无法生存下去，只有极少数创业公司能够活下去并真正发展壮大，而天使投资人只要投对了几个公司，就能覆盖其他失败的项目损失。过了初创阶段的股权融资通常是风险投资或私募基金，在这个阶段的企业产品已经成型或上市，获得了用户认可。为了快速占领市场，需要大量资金支持，一旦市场抢占成功，公司就会快速成为行业内举足轻重的企业。在公司上市之前通常会有投资银行给予一轮融资来帮助企业进一步夯实市场和产品，公开上市则是通过公众购买股票来获得股权融资资金。

无论是天使投资还是风险投资,也无论是私募基金还是投资银行,其投资的主要目的还是通过后期的退出来赚取差额，很少有股权投资人会一直陪企业走到最后。当然，企业在发展过程中不排除有战略投资人给予资金并占有更大比例的股权。对于获得资金的公司来说，无论这些投资人未来在什么时间退出，只要公司发展良好，那么投资的退出就是投资人与其他投资人之间的交易，而对公司的资金没有太大影响。

三、融资能力的打造

前面讲的这些都是基础的融资知识，对企业真正有价值的是如何能够建立获得融资的能力，无论是股权融资还是债权融资。

我国有不少融资能力超强的公司，哪怕长期不赚钱，长期大量负债，依然有投资人愿意投资。暂且不评论公司优劣，单就融资能力而言，不得不佩服这些动辄融资几百亿元的亏损企业，的确能力超强。反而有些产品非常好、市场也买账的公司却无法得到更多资金用于发展。冷静下来思考，非常重要的原因就是公司对于未来商业发展的思考是否深邃以及表达方式是否足够有吸引力。这种模式是有成熟模板的，例如一份成熟的"商业计划书"（Business Plan，简称 BP）。BP 的逻辑其实就是一个整体上说服别人的综合思维，就好像辩论赛的辩手，你总要找出最能体现你方论点的最有价值的论据，而对你方不利的论据就轻描淡写。而所有这些论据中，"财务计划与分析"是 BP 中最重要却也是最容易被忽视的一点，这部分做好了最不容易被反驳，做不好则最容易被挑战。

图 10-5 列出了商业计划书的常规结构，内容涉及投资人关心的几乎所有问题。只要能将这个架构真正内化成自己的思维方式，你对外部的宣讲和路演就会变得非常有结构性和有思路。因为商业计划书的底层逻辑就是贯穿所有的股权融资和债券融资投资人

想要了解的发展全貌，让外人毫无质疑地相信你的产业能够在未来创造更高、更系统、更连续的业绩增长，能够为投资人带来丰厚的回报。

1. 公司概述
2. 研究与开发
3. 产品或服务
4. 管理团队和管理组织情况
5. 行业及市场
6. 营销策略
7. 融资说明
8. 财务计划与分析
9. 风险因素
10. 退出机制

图 10-5　商业计划书的常规结构

尽管这类模板千差万别，但有一点是所有版本都必须有且基本一样的，那就是"财务计划与分析"，可惜也正是这一部分常常做得最粗糙和经不起推敲。因为传统财务课程里很少涉及与现实管理体系与融资体系相结合的财务知识，才让本身具有很大价值的工作变得没有技术含量。

图 10-6 列出了财务计划与分析应当完成的四项关注点。**第一点是基于业务实质的客观真实预测，而不是想当然地用数字堆砌。**这就必须对业务非常了解，而且对未来的业务发展有一个特别清晰的认识和相互贯穿的逻辑描述。这一点基于预算章节的内容，财务计划与分析其实就是企业真实运营下的未来预算，并且这个预算更经得起推敲和外部挑战。这不仅是企业财务人员要做到的，更是企业领导者需要具备的最重要的思考方式。

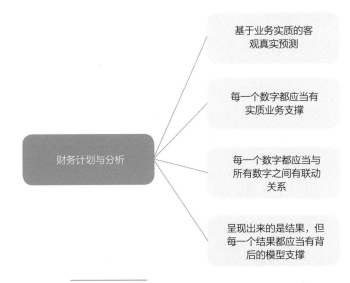

图 10-6　财务计划与分析应当关注的四项重点

　　第二点是每一个数字都应当有实质业务支撑。所有在文件里看到的数字都应当有确切的可叙述的业务表现，这与我们做预算的思路十分相似。我常常听到创始人抱怨说："我连明天如何生存都还不知道，怎么可能如此精细地想到未来这么具体的业务体现出来的数字呢，还不如脚踏实地干好眼前的工作。"这种说法既对也不对。对的是创业者就应当是实干家，每一步都能够落地。不对的是如果始终只看眼前而不时刻着眼于未来，那么公司一定不会成为了不起的公司。有的时候领导者就是要在未来虚幻与眼前现实之间找到绝对的平衡，才能够让企业有机会走得更远。所以，在掌握财务逻辑以后的未来宏观思维的细化分解就显得尤为重要。例如，你在某年预计有 1 000 万元研发费，那么这不应当仅是一个由比例推算出来的数字，而是应当描述出来这 1 000 万元需要开发什么内容、需要用多少人、在几月份招聘多少、职位是什么、级别是什么、是具有什么背景的人才，以及需要购买什么测试设备和材料、是否需要得到客户的亲测、是否需要在什么环节做一些极端的破坏性试验，而这样的试验会获得什么收获以及付出怎样的代价。这才是一个领导者应当有的思维。

有人会说："作为领导者要想这么细，是不是会占用太多的时间以至于不能做好日常管理了呢？"有句话说得好"磨刀不误砍柴工"。现实公司中的领导者多是在两极分化间游走，一类是凡事亲力亲为，下属都不如自己勤奋；另一类是只关注未来而将眼下过度授权甚至忽视了对企业的管控力。第一类太过现实而没有时间思考未来，第二类又太过理想而忽略了与现实的结合。论坛上听众更喜欢第二类领导者，因为他们有远大的理想抱负，能够看到别人看不到的未来趋势、外部人士不关心企业内部的真实情况怎样；而企业中员工更喜欢第一类领导者，没有官架子，能解决现实难题，是典型的带兵打仗的骁勇将军。实际上，这两类人都很难带领企业走得很远，但这两种思维方式的结合却是完美的。能够将实质业务思考得足够深邃以至于未来如何具体实现都能思考得很到位，这样的领导者借助财务框架就很容易将这份财务计划做到无懈可击，也只有这样的财务计划才真正能够说服投资人。

第三点是每一个数字都应当与所有数字之间有联动关系。也就是说，每一个数字并不是孤立的。当一个数字变动，相应的数字就会与之发生同步变动。例如，收入增加50%，那么成本自然要随之变动。收入要增加，是否需要增加人手？办公场所是否需要增加？收入要增加，产能是否达到极限，如果没达到，则考虑相应的水电费的增加；如果达到产能极限，则需要考虑增加生产设备的投入。所以，任何一个财务计划的数字都是与其他相关数字联动的，绝不能孤立地看待任何一个数字。

第四点是呈现出来的数字背后必须储备好所有的计算逻辑。也就是说，每一个数字背后都有一连串模型计算来支撑。当投资人对商业计划的财务数据提出质疑的时候，你总是能用这背后一连串逻辑模型计算出来的数字加以解释。当然，最为重要的其实是未来事项商业目标的自洽性。如果你自己都存留那么多没有思考明白或者没有想过的障碍，那么你的投资人也不会相信你。

融资不是越多越好，而是比刚好多一点就可以。资金越多其实所付出的成本就越大，应当根据公司发展的轨迹和发展节奏有目的、有规划地获得适合的融资。绝大多数投资都不是为了让企业满足最低生存而做出的，更多的投资人是为了寻求公司未来发展中的机会。

IPO（如何具备 IPO 的财务能力）

曾经有一家公司决定上市，上市之前必须经过会计师事务所的审计，在审计人员进入公司现场之前就会让企业准备诸如交易明细、往来明细、合同明细、盘点资料等材料。按理说，这些都是企业的日常资料，即便做不到信手拈来也不会无法提交。结果，这家企业就是无法提交，审计人员也因此而长期无法开展工作。

这类公司实在不是少数，他们的财务被审计人员称为"三一三不"，即一问三不知、一要三不给、一数三不准（见图 10-7）。审计人员问财务什么问题都得不到正面回答，特别是谈到业务方面更是不知所措，只能是去问过业务人员以后再给出谨慎答复，这就是业务与财务严重脱节的表现。审计人员要什么数据都不能很快给出来，并不是财务人员不愿给或者故意设置障碍，而是真给不出来，给不出来的主要原因就是日常数据的积累并没有按照应当有的最简单的业务逻辑来归集。这类明细如果是没有日常积累，想要马上编制出来就相当困难了。最让审计人员不能接受的是，财务人员提供相同口径的数据却每次都有差异，也就是各个渠道给出的相同数据之间无法自洽、相互矛盾。很显然，这就是财务的基础工作中并没有建立起相互关联、相互验证的数据模式，一旦被挑战则许多数据都站不住脚。

图 10-7　IPO 企业常常出现的"三一三不"

　　经常有人说，企业上一次市，财务要"扒几层皮"。如果是上述这类情况，的确是要付出十分巨大的工作量。可是这些工作哪一项不是应当日常就做好的呢？其实，由于上市而造成工作量突增，都是因为日常没有按照正常逻辑来建立核算基础所导致的。

　　企业一旦计划上市，很快会有很多机构来为你服务，诸如投行、券商、律师事务所、会计师事务所等，这些都是在上市之路上必不可少的。他们也会给你非常多的专业建议，你所要做的就是更多地获取比较信息加以判断，最终做出决策是否上市以及在哪上市。

　　财务问题是造成 IPO 被否的重要原因，想要上市就必须及早给予足够的重视。上市路上任何轻视财务工作的思想都可能直接导致上市失败，甚至可能会面临监管部门的处罚，严重者还会面临犯罪指控。

一、IPO 被拒的财务原因

　　中国 A 股市场的 IPO 被拒或上市后被监管部门问责的原因主要是财务造假、财务核算薄弱、内控务虚、关联交易不公允、遭受举报等。中国香港联交所的原因则是估值依据不足、过度包装、财务表现倒退、质疑是否可持续等。理论上讲，只要公司不存在上述问题，就不会导致上市失败。如果自身业绩足够好，没有人愿意选择财务造假，往往都是因为业绩看起来不是那么理想，以及财务核算体系过于粗糙而经不起推敲。以中国 A 股市场为例，你可以登录中国证监会网站查看所有 IPO 被拒的公告，除了造假或关联交易以外，最常看到的财务问题就是"会计基础工作不规范，财务报表的编制不符合企业会计准则和相关会计制度的规定""会计基础工作薄弱"。一家公司如果被外部评价为"财务基础工作薄弱、不规范"，那么其内部真实的情况有可能更严重，这样的企业是没有办法在任何一个股票市场上市的。

IPO 上市审核最为关注的无非就是收入、利润等关键指标的成长性、持续性以及杜绝操纵性。财务要做的不是"造"出来这些要素，而是真实反映客观事实，以及有足够的预见性和预警性。这就需要企业在没有计划上市时就搭建能够随时反映这些要素的框架，以及建立与业务完全贯穿的财务体系。否则仅靠上市前突击"攒数"，即便上市成功了，未来在接受更多的监管和公众审视时也很难不露马脚。

二、如何构建符合 IPO 规定的企业财务能力

《中华人民共和国证券法》第十三条规定："公司公开发行新股，应当符合下列条件：（一）具备健全且运行良好的组织机构；（二）具有持续盈利能力，财务状况良好；（三）最近三年财务会计文件无虚假记载，无其他重大违法行为。"从法律层面上看，并没有对拟上市企业的财务有明确规定，这并不是法律不重视财务工作，而是核算工作本应按照真实、客观、完整的原则自洽记录，这是非常基础的工作，法律层面都没有必要做任何展开。这反而让许多企业

的财务人员不知所措，无从下手去准备。相信读完本书，如果能够理解前面所有章节并尝试去做到了，那么上市过程中根本不会在财务基础建设上遇到阻碍。法律给出来的是最低标准，正常企业若要进入到相关法条环境下，一定要比最低标准高很多才是正常的。

如图 10-8 所示，我们总结了证券法对发行新股公司的三项要求。

图 10-8　证券法对发行新股公司的三项要求

1. 组织机构——管理完整有效

先从组织机构上看，公司的内部治理结构和管理结构必须健全和运行良好，外部的股权结构必须在适应相应的股票市场要求下健全和运行良好。

所谓内部治理结构，百度百科的解释是："所谓公司治理结构，是指为实现资源配置的有效性，所有者（股东）对公司的经营管理和绩改进行监督、激励、控制和协调的一整套制度安排，它反映了决定公司发展方向和业绩的各参与方之间的关系。典型的公司治理结构是由所有者、董事会和执行经理层等形成的一定的相互关系框架。根据国际惯例，规模较大的公司，其内部治理结构通常由股东会、董事会、经理层和监事会组成，它们依据法律赋予的权利、责任、利益相互分工，并相互制衡。"简单理解就是你作为公司股东，是否能够有效控制这家公司相应比例的那部分权利以及是否能够有效传递意愿要求公司遵照执行。

管理结构就是我们通常在企业网站上看到的"管理架构图"，总经理带领的管理班子，以及各分管领导带领的公司各个部门等，即公司通过怎样的架构来组织日常生产管理。它当然要完整有效，如果一看就缺少非常重要的管理环节，那么这家公司就很有可能存在无法持续增长甚至持续经营的危险。

如果是在境外上市，则需要提前考虑境外上市的股权结构搭建。中国是外汇管制国家，中国内资企业是没有办法在境外股票市场直接上市的，所以就需要将上市主体移到境外注册，但实质经营主体依然在中国境内，这被称为"搭海外架构"。目前主要有两种形式，即红筹与VIE。所谓红筹，就是将中国的经营主体变为一家外商独资企业，而让公司股东在境外成立一家公司来控制中国境内的这家经营主体，实现经营成果可分配到境外的模式。红筹的前提是中国经营的业务没有超出政府对外资的限制。如果政府对外资有限制，例如在中国的网站必须由中国公司控制，这样的公司就需要在红筹的基础上用"协议"控制一家境内公司。协议控制也就是股权上没有任何关系，这种通过协议控制一家境内公司使之未来盈利可以通过协议方式转到外商独资企业并随时分配到境外的架构就是可变利益实体（Variable Interest Entities，简称VIE）架构。目前，中国大陆在美国、中国香港股票市场上市的公司多采用红筹和VIE

架构。

2. 财务——体现业务实质

财务建设的一个重要因素就是要体现业务实质。只有能够真正体现业务实质，才能考量财务是否表现了持续经营和持续盈利。如果连真实业务都无法体现，那么持续经营或持续盈利就只能是用数字堆砌起来的，而没有了任何真实意义。许多公司就是因此而丧失了上市的机会。前面提到过，不是领导者想造假，谁都不会无缘无故地喜好这类风险。仅是因为政策监管底线以及投资人都希望企业有"概念"，才能让投资人和公众满意或者是惊喜，只有震撼到了公众，才能把股票定价做得"惊艳"。显然，这样的诱导会让许多还没有达到"惊艳"的公司想方设法变得惊艳，这就失去了财务应当有的功能。

持续经营能力强调的是"能力"，是财务数据表现出来的强壮的一面，要么是市场能力强，要么是产品能力强，要么是技术先进性强，这些强最终都会落在销售收入的持续增加上。而财务状况良好主要聚焦在盈利能力和现金流上，盈利丰厚以及现金充盈，是财务良好的重要体现。另外，在资产结构上以及持续增长上的良好也会被格外重视。

如果企业已经具备了所谓的持续经营和持续盈利能力，而财务并没有表现出来，也是不行的。所以，有一些企业在准备上市之前不得不找第三方机构帮忙将财务账重新记录以体现业务的真实情况。请注意，这里的重新记账可不是为了造假，而是将原先不真实的账务还原成符合业务实质的真实账务。绝大多数非财务人士只听过财务造假，却很少听说财务还原成真实。没错儿，就是长期以来财务部门没有能力将财务按照真实业务来记录，这种限制无论是能力问题还是资源受限问题所致都是不符合上市条件的。

3. 违规违法——底线不能碰

财务造假、违反法律法规的事情一定不要做，在上市之前更需要将以前不慎为之的触犯底线的事情全部规避，否则根本不可能上市。会计无虚假就是不存在财务造假，中国财政部直属的三大会计学院都将国家总理题词中经典的一句劝勉"不做假账"作为校训。财务造假或许能够在一个时间段里让公司快速获得公众和媒体的认可，甚至连续不断地获得资本市场的青睐，不过谎言多了必然要用更多的谎言来弥补前面的谎言，最终的结果还是窟窿大了就盖不住了。许多已经被证监会发现的财务造假公司都被处以严厉的处罚，尽管已经上市或已经获得了不少资金，但到头来还是一场空。所以，中国的公司更应当学会做真账！如果连什么是"真"都没法理解，那么就已经在假账里徘徊了。

另外，就是相关的法律法规底线一定不能触碰。许多公司曾经有过故意避税的现象，在上市之前也多半都向当地税务部门主动补税；许多公司曾经没有按照标准给员工足额上社保，在上市之前也会与当地社保部门沟通并主动补足。换句话说，以前的不规范在上市前都必须全部弥补完毕，否则都将成为无法上市的原因，但并不是弥补就一定能上市。所以，对于尚未上市又打算要未来上市的公司，应当更加谨慎对待这些将来一定会被反复审查的事项，提前规避所有违规问题，及早改善并以正确的经营方式管理公司。

关联交易是上市公司与上市框架外的关联方之间的交易或资金往来等事项，关联交易很容易出现利益输送或转移资源的现象。尽管关联交易并不是禁止行为，但需要证明关联交易的定价是公允的以及交易是具有业务实质的，否则就会被监管部门挑战。当然也包括更为严重的大股东挪用资金，在没上市之前大股东挪用公司资金好像并没有太多的监管，但上市后则不同，公开的财务数据中就可以看得到，并且作为上市公司有义务披露大股东挪用资金的事项，这属于必须披露的内容。如果让股民知道大股东将上市公司资金挪作他用而并不是用于公司经营，那么股票价格一定会受到严重影响。

如果公司有违规事项隐瞒不报，在中国A股上市的公司一旦被发现，则会面临严重的处罚甚至牢狱之灾。在美国或中国香港上市的公司如果有隐瞒行为，一旦被沽空公司盯上，轻则股票大跌，重则官司缠身，公司很可能就会从此一蹶不振甚至面临倒闭。仔细想来，如果公司当初没上市也就不会面临这么多的监管，无论是官方的还是民间的；如果不上市可能还能走得更远一些，结果上市反而导致了公司更快失败。这又何必呢？

作为企业领导者，面对是否上市的问题一定要非常清晰地深入思考利弊。还是那句话，融资并不是钱越多越好，也并不是什么公司都应将上市作为最终目标，上市仅仅是获得了充足的资金以及另一段旅程的开始。真正有价值的企业，领导者最先考虑的永远都应当是如何让公司更长久地活下去，其次才是赚钱。有理想的领导者更多会考虑如何为人类、为社会贡献什么，这些都要建立在企业还活着的基础上。所以，领导者应当将企业的信息中枢系统打造起来，这个中枢系统就是财务！任何时候都应当将财务能力建设放在至关重要的地位上，尽管财务人才还比较欠缺，真正懂经营的财务人员也是"一将难求"，但这不应当成为阻碍领导者建立信息中枢的门槛。领导者通过对财务的自我学习并初步建立起财务的思维方式，就可以逐步在企业内部参考财务底层商业逻辑经营管理公司，并可以提出对数据分析的要求。只要这种要求提出来了，就相当于给了自己的财务部门一个目标，财务人员也可以通过解决问题的思路逐渐提高自己的能力。领导者和财务工作者相互配合，凭借财务能力完美诠释这商业逻辑，终将能够打造了不起的企业，让更多的企业都能理性持续地不断发展下去。

投资、融资与 IPO 小结：

投资最为重要的考虑因素是风险与估值

投资中的企业估值模型可以扩展成为许多资产的估值模型。

投资风险一定是首要考虑的，切不可贪图表面收益。

融资最为重要的考虑因素是代价与风险。

融资的代价有可能是利息，有可能是股权。

融资的风险就在于无法归还利息或本金，以及违反外部监管或承诺。

需要构建符合 IPO 的财务体系来避免 IPO 因财务不规范而被拒。

11

第十一章 ———— Chapter
未来"财世界"   eleven
与财务团队建设

本章纵览:

　　会计是最容易被人工智能所代替的,可是会计行业则不会被任何新技术所代替,而是更多新技术会促进会计的成长和成熟。新技术在底层逻辑面前永远都是双刃剑,手工操作尽管会变得黯淡无光,但如果不具备手工操作能力的财务人员很可能会变成新技术的奴隶而没有任何正误判断力。

　　领导者理解财务逻辑,才能够更好地利用新技术为企业决策提供支持;财务工作者理解财务与管理的底层逻辑,才能够更好地为领导者提供他们真正想要的信息。

未来"财世界"不仅仅是当前财务规则与人工智能、大数据、云计算等的结合，更是夯实底层逻辑并不断扩展到企业全业务流程全数据的"大数据结构下的大财务"。

财务本来就应当为业务服务，而业务也本来就客观存在于可平衡的现实当中，只是目前的财务限于权责发生制的框架而无法反映业务全貌。当前，许多未上规模的企业财务的重要职责是帮助业务不要触及违规红线或者想办法规避越线所造成的不良后果，财务成了业务在监管面前的遮羞布。其实从功能上讲，业务本来就应当不违反各项监管规定，或者说业务就应当懂得监管限制，而不是仅仅依靠财务体系实施提醒。只有让财务不仅仅依靠给业务提醒监管底线而塑造的价值，才能让财务真正体现其应有的价值。

财务的底层逻辑，是贯穿于业务之中的天然的和完美的框架链接体系。将企业运行的所有数据运用大数据计算分析能力迭加到财务框架下，才是未来企业真正实现财务业务一体化的运行思路。业务与财务天然就是一体的，业财融合仅仅是将财务恢复到本来应该有的模式而已。目前，财务的确与业务有许多脱离。

未来"财世界"

一、人工智能手段的提效降本应用

1. 自动建立数据源与财务核算

这也是当前企业建立财务自动化的主攻战场。扫描识别、自动记账、信息孤岛等,这个层面的仅是工具上的革新而非本质上的财务革命。人类财务发展的第一阶段是手工记账,第二阶段是计算机记账,自动化记账或者叫人工智能记账是第三阶段。

图 11-1 展示了人工智能下系统互通互联自动完成财务记账的逻辑图。人工智能最先需要解决的问题就是数据源问题。因为数据一旦结构化进入数据库系统以后,理论上可以转换成任何口径供企业来使用,转换成财务口径更不是难事。而从系统外进入数据库的这个关口,在人工智能尚未全面覆盖公司业务的时候仍然是主要依赖手工录入,例如员工报销差旅费或零星采购,利用 OCR 扫描识别技术就在很大程度上解决了这一部分数据。在 2019 年前后 OCR 识别技术已经相对成熟,对单据和我国发票的识别率是比较高的。不过 OCR 技术在嵌入业务流程中仍然有待成熟,因为票据识别技术本身的强大并不能让彻底完成财务体系的所有数据源问题。财务的所有数据源还大量涉及从其他系统中传输的数据,例如 ERP、CRM、OA、销售系统等,这就需要将信息孤岛治理也纳入整体解决方案中。我们在前面章节简单提及过信息孤岛治理,就是利用公司内业务各个环节的等式关系构建解决方案逻辑,利用信息化软件开发能力实施落地即可实现。当企业所需要的所有数据都变为结构化数据以后,财务部门就可以将会计所需要的相关数据从数据库中读取,加工后便成为财务分录进入财务系统中。解决了数据源问题,财务甚至使用 20 世纪 90 年代的软件计算能力都能解决自动化记账,因为借贷

关系其实是属于相对稳固的一种数据逻辑。

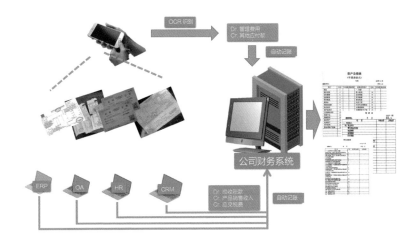

图 11-1　人工智能下系统互通互联自动完成财务记账的逻辑图

2. 自动预警机制的形成

数据的检测与预警，永远都是财务最具价值的管理手段。为了确保数据的绝对准确，财务天然的平衡关系使得可验证性大大加强。利用大数据计算能力使得原先由于计算量过大而无法用普通计算能力实现的那些数据有效性检测会变为可能。大量的细节化检测使得原先孤立的数据或隐藏潜在问题的数据都被挖掘出来，便可使企业数据的业务服务能力大大加强。

绝大多数领导者都会认为财务已经具有了很好的预警能力，其实由于受计算能力和模型建立的限制，绝大多数财务都无法真正地对业务数据实施足够的预警。大数据和云计算能力就能够解决这些问题，无论是数据错误还是真实的异常。当一个异常数据进入系统时，现在只能依靠肉眼去发现，嵌入大数据监控的财务系统则会出现在异常报警装置中。当预测到公司未来三个月可能出现资金链吃紧时，就能收到财务预警系统的提醒，并同时给出可能的解决方案。例如,适当减少供应商付款总量并同时给销售团队提高欠款催收级别,以及给出可融资的金融机构成本与时间效率对比参考。这样的预警，才是有效的以及对企业真正有帮助的。

3. 公共数据单向流入与内部数据可选流出

上市公司财报、行业数据分析、政府公开数据等都可以作为企业用来参考分析对比的数据源，并且一些底线式的监管要求也会成为格式化数据流入企业用以提前预警。当企业普遍具备大数据计算能力的时候，这些有价值的外部数据就可以迭加在企业内部数据上加以参考分析。上市公司财报等数据既然是公开的，就一定有结构化数据的存在，无论是中国上市还是在任何一个股票市场上市。企业通常需要一个标杆或者是行业目标来做对照参考，传统的下载数据耗费大量的时间和精力是导致无法深入对照分析的重要原因。在未来只要提前将企业财务数据、预算数据以及外部的参考数据进行关联，分析数据就多出了许多维度，让企业能够紧跟行业发展以及即时追踪行业变化，以便做出自己企业的应对决策。

内部数据的向外流出就是一个严控的可选项，因为这已经涉及了数据的安全问题。典型的应用就是企业向政府提交财务数据用来计算各项税费。上市公司对外公开的数据会经过企业内部审核以及会计师事务所审计的双重把关，而未来企业可选数据流出的接口也是经过严格内部审核的，必要时也同样需要会计师事务所或者税务师事务所的审计审核方可实现对外流出，以确保企业不会有隐私流出。如果企业未来想要获得融资等资源而不得不向外提交相关数据，也会是有一定的内部数据可验证的底层关联，而不会因财务造假递交孤立的数据而使得获取数据一方被蒙骗。或许，仅这一点就很有可能对于未来的第三方鉴证诸如会计师事务所或税务师事务所的工作产生重大影响。

4.即时化的数据分析反馈

当下，财务数据最为人诟病的恐怕就是及时性问题。财务所呈现出来的及时性在非常长的时期中是以月为单位，而企业决策需要的及时性恐怕是天、小时、甚至更短的时间。就好像从购物网站下单以后立即就会回传一个订单执行的数据，这个及时性就是秒级别。财务数据其实完全可以做到跟大数据云计算相同的及时性，就是即时化的数据记录分析和反馈。与此同时，将即时生成的数据与分解到足够细颗粒的预算做即时跟踪，与从外部单向流入的行业或特定数据做即时比对，让领导者能够随时随地看到企业正在发生的变化，无论是收入成本还是费用支出，全部都是在财务框架的结构下综合化即时呈现的。

财务记录与大数据技术发展速度相比之所以进程缓慢，不仅是因为大数据开发人员缺乏财务结构能力和财务架构想象力，也因为财务人员缺乏大数据思维和开发思维。技术上实现自动记账、自动预警、外部数据交互、即时分析呈现等完全没有任何门槛，云计算能力远超过了财务数据所能触及的领域，或者说财务架构所涉及的开发技术门槛是零，但会计技术本身门槛却不低。另一个层面就是绝大多数意见领袖级成功人士也未必真正体会财务对现代商业社会的巨大到不可估量的价值，就好像马车时代的创新思维就是要发明一个更快的马车，而不会想到造一辆汽车。没有苹果手机之前所有手机厂商只会想到要生产有更多按键的手机，而不会考虑只留一个按键的智能手机。财务架构在商业社会中所起到的价值被严重低估和轻视，我们看到的科幻电影里那些飞来飞去的交通工具以及瞬间爆发的巨大能量武器，都忽略了其对应的那个平衡对方的变化，而财务体系就是一个永远平衡的近乎能量守恒公式一样完美的商业第一性诠释。人类的发展离不开商业的发展，商业的发展离不开财务的深入应用，未来人类商业体系的发展将会与财务嵌合得更加紧密。

二、底层逻辑在业务层面的扩张

从这里开始才真正是颠覆式财务发展，未来全资源下大财务与权责发生制财务的有机结合。

现行的权责发生制财务依然用于常规财务核算和报告体系，这也是我们整本书里所描述的。目前，全球所有的财务体系均采用这样的逻辑，无论是国际会计准则还是中国会计准则或者美国会计准则也不例外。既然权责发生制设定得如此完美，就一定有其顾及不到的领域。也就是说，权责发生制涉及的就只是明确的、确定的，而不是企业尽量全面的资源全貌，因为太多的资源是不确定的或难以计量的。

图 11-2 展示了全资源下大财务框架与会计准则下权责发生制财务框架，这两个框架是相互嵌套的，其层次和确认依据有很大不同。所谓全资源下大财务框架，是基于双轨多维最小单元分类的第一性应用于全局化的全资源业务管理。当然，这个全资源是相对的，是尽可能全面的能够估计到的那些资源。未来信息化的发达程度远比我们今天想象的要丰满得多，如果不提前将财务的平衡性嵌入到系

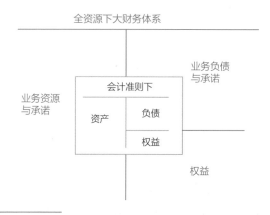

图 11-2　全资源下大财务框架与会计准则下权责发生制财务框架

统中,未来就要付出更大的代价来加以弥补。目前,在除财务系统以外的所有数据系统均没有将财务的双轨制(借贷记账法)嵌入到数据结构中。其实,企业中所有的数据无论与财务是否相关,其底层都天然具有双轨性。所谓双轨性,就是任何一笔业务的发生都会涉及"钱"与"事"的双重性质。而这样的数据可以归属于企业管理层面的业务逻辑数据,或者是称之为"财务外围的资产负债表与利润表",可以与财务报表迭加起来组成业务管理层面的大报表。

例如,公司在 ERP 系统中给供应商下达了一个 100 万元的采购需求。这个动作在财务层面是完全不做任何记录的,因为这 100 万元的采购货物并没有转移权利义务,可是这个动作的确已经产生了彼此的承诺,以及未来工作将会相当依赖这个承诺的执行到位程度。这是企业必须加强管理的,所以企业的 ERP 里要明确管理。这个动作其实可以嵌入一个业务层面的借贷逻辑,借方可以记录一个供应商应履约的项目,贷方可以记录一个采购待执行的项目。借方这个项目可以归属在大资产中,贷方这个项目可以归属在大负债中。这样的数据集合就可以跨越财务目前的对全业务链的限制,将业务全貌用财务这个完美的平衡体系记录下来,形成一个公司业务层面的完整财务报表。当然,这样的报表是管理层面的,是企业内部管理使用的,是不必符合会计准则的,而所有真正财务报表的数据源都将从这份大财务报表的数据中而来。

领导者当然不必考虑这些所谓借贷的项目都是什么,这些可以交由未来大财务管理体系的专业人员来设计和实施即可,而领导者需要学会的就是如何在平衡的框架下来读懂这些数据和利用这些数据做出客观决策。

再如用户点击量,或者是客户需求商机。点击量本身并不会 100% 引发客户付费,同样,客户需求商机本身也不会 100% 引发客户签约。这些都存在一个历史判断概率。例如，100万次点击量根据历史数据会带来1.2万元销售收入，这个1.2万元是即时性的动态调整的。那么大财务下的虚拟收入1.2万元就与100万点击量产生了动态逻辑关系。同理，客户需求商机集合有1 000万元，根据历史数据成功签约率5%，那么大财务下的收入就有50万元虚拟收入。那么点击量的业务借贷关系可能是：借方是未来应收款1.2万元，贷方是未来收入1.2万元（含未来增值税）。当真正实现收入时，则从这些虚拟数据中转入到真实账务中即可，差额可做虚拟数字冲回。商机本身的业务借贷关系可能是：借方是未来应收款50万元，贷方是未来收入50万元（含未来增值税）。而商机的记录也可能有两种方法，一种是全额法，就是将1 000万元全部做记录，以还原公司所触及的市场边界；另一种是净额法，就是仅记录50万元，以还原公司的市场成功率。

所有这些业务逻辑的借贷数据，未来都会对财务报表产生直接的关联影响。企业如果建立了这样的管理体系，试问业务与财务怎么可能是脱节的呢？已经实现了100%的逻辑贯穿，财务人员如果不懂业务就没法在企业中生存，而业务人员也明确知道自己的努力对于企业的价值究竟是如何体现在大财务报表中的，哪怕是拜访了一次客户拿回来一个有价值的商机都是大财务报表中的贡献体现。

又如员工资源，许多组织最重要的价值就是员工团队，如果你收购了一家这样的公司，这里的原有团队全部离职，那么这家公司很可能就是一分不值，因为离开了这个团队，企业重新招聘，那么原有的价值就完全丧失了。我们知道，当下会计准则里是不会核算员工价值的，因为员工不符合"资产"的定义。员工是独立个体，是不可实质交易的，所以会计核算不到员工。不过，这里可以参考运动员的转会费来实现对所有员工的价值估算。运动员转会费其实是一种"购买使用权"的计量，这种计价方式除了市场定价以外，主要是测算此名运动员在未来是否给俱乐部带来足够多的现金流，只要这名运动员创造的未来现金流现值大于现在转会费的价格，就是划算的。如果扩展到每一个员工都给出一个模型，计算出每一个岗位上的员工能够给公司创造的价值并以未来现金流量现值法来估算其价值，那么所有员工"头顶上"就都会顶着一个随时变动的个人在本企业身价的估值。如果将这个估值按照大财务理论嵌入到企业中，那么企业整体资源思维下的资产负债表将会更加客观地反映企业应当有的估值。当然，这类员工的估值模型会异常复杂，涉及的因素也非常多，每个因素的独立估值标准也难以统一，计算量也非常大。只能依靠于未来 HR 体系的更加完善以及懂财务的 HR 以数字化估量员工价值模型建立起来以后，运用大数据和云计算的模式加以反复测算验证，才能够获得这一类的应用级估值模型。企业自我积累起来的品牌价值也同样无法在现行会计准则下的估值，不过用大财务思维并借助员工资源估值的思维方式，同样也可以在企业资源报表中加以体现。

三、绩效分解逻辑的内部贡献定价

未来，许多企业里的许多岗位再也没有固定工资了。

彼得·德鲁克在《管理的实践》中说过："当我们谈到成长与发展时，隐含的意思是人类可以决定自己的贡献是什么。我们习惯上总是认定基层员工——有别于管理者——只是听命行事，既没有责任也无法参与有关自己或他人工作的决策。这表示在我们眼中，基层员工和其他物质资源没有什么不同，而我们也根据机械法则来考量员工对于企业的贡献。这是很严重的误解。"特别是对于知识工作者，彼得·德鲁克特别在意每一个人无论职位高低都必须考虑为组织的贡献而存在。对于企业来说，所有贡献的最终体现就在利润和现金流上。这样其实就可以以内部交易和内部定价的逻辑来给每个人的每一项工作都估算出其贡献值，而这些贡献值最终全部都落点在企业的利润和现金流上。日本经营之神稻盛和夫提出的阿米巴经营模式与彼得·德鲁克提出的"贡献"如出一辙。不过阿米巴经营模式之所以很难真正推行，其关键因素在于没有按照财务逻辑来记录每个人每个岗位的贡献值，以及严重缺乏内部岗位间交易的估值合理性。

　　图11-3展示了未来员工以贡献值来计算薪酬的云计算模式。未来许多企业的每个岗位都将成为真正独立的经营主体，每位员工入职时即可获得一个随身芯片，相互之间的工作关系在系统底层都将变成有明确估值的工作成果。每位员工"头顶上"每天都在跑贡献值累计数字的变化，如同游戏里的人物。而每个人的薪酬的唯一计算逻辑就是"头顶上"每个月累计的贡献值，依据贡献值获取报酬。而每位员工每天都能知道自己的工作成效是否达到预期，或者距离预算还有多远，这种即时反馈机制很容易让员工了解当下自己的处境。

图 11-3　未来员工以贡献值来计算薪酬的云计算模式

当然,想要建立起如此庞大的内部交易体系是十分不易的,其复杂性超过了当下会计核算的几十倍。不过这也不是不可能的,其唯一的限制就是模型的建立和反复测算。目前,大数据、云计算以及人工智能技术的计算能力完全可以覆盖这些需求,技术上没有门槛。门槛就在于对企业经营熟知度足够高,以及能够以财务记录交易和内部抵消逻辑来建立模型能力的人太少,甚至很少有人能想得到这样的方式。有些模式的确需要花费大量的时间和精力才有可能运行。不过一旦模型建立成功,就可以在全球所有企业中推广。未来整个企业管理将会发生翻天覆地的变化,人工智能真正成为提高人管理能力的工具,在企业内部一起工作都是为最终的企业目标来服务和贡献的。而 HR 现存所有的考核方法也都将发生重大变化,许多传统方式也都会逐渐被淘汰。这就是未来财务的魅力所在,它将改变人类管理企业的方法,优化企业管理的工具,强化企业对每个人的贡献计量。

四、弱相关外部数据建模

图 11-4 展示了弱相关外部数据的一种建模过程。美国一家专门运用卫星技术企业常年跟踪一些商业组织,以此来找到某些因素与股价的变化关系。例如,这家公司用卫星连续五年跟踪美国一家大型百货公司全美 96 个连锁零售店的 25 万个室外停车场的停车情况,最终得出的结论是这家百货公司的股价与停车数量高度相关。停车多则顾客多,顾客多则流量大,流量大则成交量大,成交量大则利润额高,利润额高则股价高。不仅这一家百货公司,这家卫星应用公司还发现其他类似百货公司都有相似的逻辑。这家公司还观察了特斯拉,当年著明车型 Model 3 刚推向市场的时候供不应求,所有人都怀疑特斯拉能否按期交付,而马斯克又保证肯定能按期给每一位预定的顾客。这家卫星应用公司就观察特斯拉工厂每天的进出车辆,

观察工厂仓储和原材料进出，分析其生产能力并判断特斯拉能否按期交货，最终证实这个推断是正确的，Model 3 成为特斯拉当时销量最大的车型。

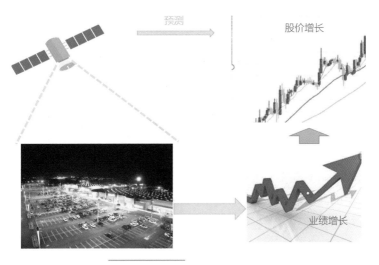

图 11-4　弱相关外部数据的建模

这些看起来与公司业绩毫不相关或者相关性很弱的信息，却能够体现出企业经营高度一致的轨迹。其实就是企业的领导者和财务工作者完全忽略了这些弱相关性数据，准确来说是表面上弱相关，或者说没有被发现的隐藏强相关信息。这些逻辑的逆向推导都是成立的，还是以商场为例。股价主要影响的业绩指标是利润，想要让零售公司的利润提高唯有提升销量，想要提升销量，就要吸引更多的顾客进店。换句话说，顾客进店率越高利润越大。在美国，绝大多数家庭都是开车购物的，所以停车场的停车数量就反映了到店顾客的大体数量，只要经过一段时间的停车数量采集并与股票价格关联编制成模型，经过一段时间的修正基本上就可以使用了。在我国或许不是用卫星看停车场，如果找调查公司常年采集某商场的客流量做推算，其实效果是完全相同的。

如果企业的领导者和财务工作者能够有更多的精力建立这个模型，其实就可以利用这个模型真正帮助企业提高绩效。大数据和云计算等技术恰恰缺少这种关联性的逻辑，而传统手段和统计数据的计算能力一定不能支撑这样的模型。只要能将逻辑模型建立起来，采集数据和计算本身根本不会有任何障碍。未来这种所谓弱相关数据逐渐就会显露出其内核的强关联性，还有更多的没有被挖掘出来的关联数据正等待企业领导者和财务工作者去挖掘、去利用。

财务团队建设

企业领导者学习财务知识，目的是为了能够清楚地认识到财务的管理价值，通过对财务的理解来更全方位地进行企业管控。学习财务知识的目的当然不是让企业领导者亲自做财务工作，不过领导者了解在什么时期请什么样的财务人员建立什么样的财务组织还是很有必要的，毕竟财务是为企业管理服务的。财务工作者也应当懂得自己具备什么样的能力才能够被领导者所看重，做什么样的工作才能够真正为企业经营管理提供价值。

一、企业发展各阶段对财务部门的职能要求

整体来说，财务内部建设应当基于集团整合的完整逻辑来建立企业的财务基础。例如，基于同一流程不同主体的分录组建设、基于不同阶段的财务组织架构与能力模型、建立集团化财务管理制度和规范、建立集团化财务流程及管控方案、建立合并报表为基础的集团报表体系等。当然，企业很小的时候没有必要如此复杂。但没有哪家企业注定一直都不成长，在很小的时候就应当建立这些构想，一旦有机会发展，这些思想储备就全部都需要应用起来。

1. 初创阶段

企业在初创阶段很简单，就是管好自己的钱，不要少收钱、不要多付钱，让公司账户里始终有钱，确保企业生存。只要有一个忠诚的出纳帮助你管好钱，找一个代理记账应对外部监管就够了。只是这个阶段的出纳其实还兼顾着统计、核算、分析等各个财务功能的雏形功能，出纳的忠诚只是底线，给领导者做好数据帮手才是有价值的。

2. 增长阶段

随着企业发展壮大，需要考虑搭建自己的财务部门，或者将代理记账更换为更为专业的财务外包。具体多大算是大呢？政府的标准与企业自身的真实情况有很大差异，并不是由政府公布的"小微企业"标准来确定公司是大是小，而是由企业领导者根据经营管理难度和想要储备未来发展能力进行综合考量来确定的。所以，领导者必须依照本公司的管理复杂程度自行判断在什么阶段需要建立财务部门。例如，你期望获得的数据始终无法提供，你想要参考的数据总是出错，如果不是因为人员能力素质欠缺。就是你需要建立稍微完善的财务部门的时候了。

当然考虑成本因素，财务外包也是可以选择的，只是我国真正能把财务外包这件事做好的也并不很多，许多号称财务外包的公司其实都在做代理记账。代理记账和财务外包最大的区别就在于，代理记账只能根据你提供的票据做借贷记录，其目标是按时报税；财务外包则是依据企业的业务流程设计出成熟的实现路径，并将这个路径用财务记账的方法来立体记录。财务外包的目标不仅是按期报税，更是为企业的经营决策提供依据。只所以称之为财务外包，就是本来应该自己招聘财务人员，可是招聘来以后领导者对于财务专业能力没有判断力、日常管理缺乏经验、效率无法保障。而财务外包是一群有丰富经验的财务人员用相对较低的服务费提供全套的财务服务，这在企业成长的过渡期间是很好的选择。

如果企业自建财务部门，则至少需要一个专业能力强的财务经理，由其组建财务团队，团队至少有出纳、会计等岗位。另外，其实在这个阶段也需要提前考虑搭建股权激励的基础核算能力，以备公司未来给员工股权激励时财务部门已经做好了充分的准备。另外，对于关联交易与内部交易的区分也需要在这个阶段提前打好基础，否则未来都会是非常麻烦的事情。如果企业未来有上市需求，那么在这个阶段最好开始筹划逐渐建立起企业估值模型的基础。

3. 扩张阶段

随着企业进一步扩张，企业这时候就必须有自己的财务团队了，而且一定要"兵强马壮"，特别是财务部门的领导者必须是经验丰富的财务高手。这个阶段不得不考虑长期跟领导者"打天下"的财务工作者何去何从，论忠诚度他们没有问题，可论专业度可能就会逊色不少。领导者除了考虑妥善安顿好随从财务以外，更要主动寻找德才兼备的财务领导者。在这个阶段，只有由专业人士组建的团队才能够支撑企业真正的需求，即便是未来上市也不会有太大障碍。如果这个阶段依然选用没太大远见的财务负责人，企业未来想要更大的发展就会遇到许多根本解决不了的问题。

这个阶段企业的财务建设必须与业务流程紧密结合，并且尽可能打通企业内部的所有信息源孤岛，不要让数据传递成为财务工作的阻碍，将更大的精力用于企业发展决策和业务支撑。

4. 成熟阶段

在成熟阶段，企业的业务全部走上正轨，随着规模不断扩大，客户稳定、供应商稳定，每年都稳定增长。企业内部各个业务部门和职能部门也都相对稳定，很可能这个阶段已经完成了上市。那么这个阶段的财务组建就相对简单了，在财务负责人的带领下将财务统计能力贯穿企业的完整业务流程，并协助相关部门做好公司的预算、绩效等工作，把好企业合规的关卡，为企业决策提供更多的分析和支撑。

二、选拔管理人员：具备什么能力才能胜任财务管理岗位

如果企业还没有财务负责人，那么最好寻求第三方的帮助，例如，让会计师事务所合伙人或者成熟公司的 CFO 来帮助你选拔。毕竟财务是一个非普通逻辑的专业，因为几乎都是人为的规定，所以通过常识性逻辑没法判断一个财务人员对财务准则的掌握是否到位，只能依靠更加专业的人士来协助。从考核点上来说，主要关注如图 11-5 所示的财务管理岗位应当具备的三项能力或许对领导者有所帮助。同样，作为财务工作者也应当在日常工作中积累相关经验以符合更高层次的需求。

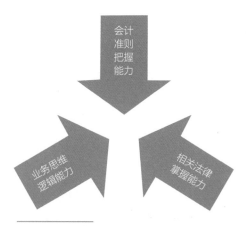

图 11-5　财务管理岗位应当具备的三项能力

1. 会计准则把握能力

会计准则是一名财务人员必须懂得的，毕竟这是财务工作的最基础依据，或许很多财务的专业度就体现在对会计准则的掌握和理

解上。可惜我国有许多财务工作者可能一生都没有读过会计准则，都是师傅带徒弟学来的，而师傅也没有读过会计准则，那么许多会计准则里的精髓就完全掌握不了。不是让财务人员对会计准则完全掌握，因为这的确太有难度。企业经常涉及的一些准则和底层逻辑是必须掌握的，例如收入确认规则、资产确认规则等。一个财务人员如果连这些准则要求都不能够吃透，那么他只能做会计而永远无法成为财务专长的 CFO 了。

2. 相关法律掌握能力

财务人员应当懂得所有的税法，以及各类经济法规。财务的任何记录都有可能会影响企业的税负，企业的任何决策都有可能让税负突增，而企业的任何经营决策都离不开经济法的约束。有时候，律师对于经济法和税法的掌握程度还不如会计师。财务人员必须随时跟踪政府近期发布的相关政策，至少要建立起这种追踪政策和解读政策的能力，而不是仅靠公众号去了解。

3. 业务思维逻辑能力

掌握了准则、学会了法律，最终还是要应用在企业的流程中。这一点也是普通财务人员与财务高手最大的差别。一名财务高手应当依据企业现有的业务流程将财务分录全部内嵌进去，并同时甄选出内控点和设置必要的内控功能，让财务流程与业务流程尽可能镶嵌一致。只要能做到这一点，这位财务人员基本上能够驾驭任何企业的财务经理以上的职位了。

另外，财务管理岗位还应当具备对员工的管理能力以及与外部相关部门联络的能力，例如税务部门、金融部门、投资机构和审计部门等。

选好了财务负责人，让内行人管内行人再合适不过了。就好像一家企业如果只有开发人员而没有开发管理者，那么写代码的质量标准就没人能监督得了，出了问题也没有办法及时察觉。有了合格的财务负责人，领导者就可以提出对财务部门的工作要求，让财务负责人来代替完成。

结束语：

我们用一个金字塔将财务的基础知识点和应用搭建起来，也是为了能够更加简单、更加结构化地让领导者快速掌握财务能力。世界上著名企业的许多高管都具备相当到位的财务理解能力和掌控能力。财务是一个近乎完美的商业逻辑呈现方式，任何商业行为都不应当偏激，否则即便是今天赚到了大笔的钱也会在明天亏掉或者消失。用财务逻辑来管理企业是最佳的商业选择，它能够让你的企业在竞争中始终保持冷静客观的判断力。只有在任何时候都能保持这种有数据支撑的冷静，企业才能持久立于不败之地，才能够更长久地为社会做更大的贡献。